**애덤 스미스
함께 읽기**

일러두기

· 자주 인용하는 애덤 스미스의 『도덕감정론』은 '도덕', 『국부론』은 '국부'로 줄여 쓰기도 했다. 예컨대 『국부론』 1편 2장은 '국부 1.2'로, 『도덕감정론』 1부 2편 3장은 '도덕 1.2.3'으로 표기했다. 카를 마르크스의 『자본론』 역시 '자본 Ⅰ, 2'(『자본론 Ⅰ』 2장)와 같이 표기했다.

· 애덤 스미스의 책 원문을 우리말로 옮길 때는 그 뜻을 해치지 않으면서 가능한 한 간결하게 번역했다.

애덤 스미스
함께 읽기

다시 보는 『도덕감정론』과 『국부론』

장경덕 지음

글항아리

타임슬립, 300년의 대화

상상력은 은히 우리를 절대 존재하지 않는 세계로 데려다준다.

하지만 그것 없이 우리는 어느 곳에도 갈 수 없다.

_칼 세이건, 「코스모스」

나는 상상한다. 영국의 애덤 스미스가 조선의 정약용을 만난다. 다산이 유배된 강진의 바닷가에서 둘은 밤새 대화한다. 밀수꾼들이 분주히 드나드는 에든버러의 해안과 달리 강진의 바닷가는 고요했으리라. 기름진 청어를 부리는 큰 배와 밤늦게까지 물고기를 손질하는 아낙들로 북적이지 않았으리라. 가난한 선비를 살찌운다는 물고기 하나만 놓고서도 두 학자는 나라의 부와 백성의 삶에 관한 통찰을 끝없이 풀어낼 수 있었으리라.[1]

청어잡이는 한낱 고기잡이의 문제가 아니었다. 배를 만들고 파도를 헤치는 기술의 문제이고, 바다를 지키는 국방의 문제이며, 이 고마운 생선을 누구나 값싸게 사 먹을 수 있게 널리 유통하는 문제였다. 청어잡이에게 장려금을 줘야 할지, 세금은 얼마나 거둬야 할지도 논할 수 있었으리라. 다산은 흑산도로 유배된 형을 떠올린다. 정약전은 청어의 맛이 담백하다고 했다. "정월에 포구로 들어와 해안을 따라가며 알을 낳는데, 억만 마리가 떼 지어 와서 바다를 가릴 정도다. (…) 건륭 경오년(1750) 이후 10여 년 동안 매우 많다가 그 후 줄었으며, 가경 임술년(1802)에 매우 많아졌고, 을축년(1805) 이후에 또 줄었다가 많아졌다."[2]

청어는 세계 역사를 바꾼 물고기다. 네덜란드는 청어잡이를 혁신해 부자 나라가 됐다. 그 주도권을 넘겨받은 영국은 최강의 해상 제국으로 떠올랐다. 1800년대 중반까지 이어진 소빙하기는 근세 동아시아에도 청어라는 선물을 안겨줬다. 한류성 어종인 청어는 한반도 해역에 흔했다. 1653년부터 13년간 조선에 머문 네덜란드 동인도회사의 선원 헨드릭 하멜은 한반도에서 "우리가 북해에서 잡는 것과 같은 청어"가 많이 잡힌다고 했다.[3] 청나라 어부들도 이 뜻밖의 선물을 반겼다. 에도시대 일본은 청어잡이로 상업을 크게 일으키고 금융의 혁신을 이뤘다.

청어잡이는 고려시대부터 시작됐다. 일본이나 중국보다 앞섰다. 그러나 조선은 큰 배로 먼바다까지 나가 청어를 잡고, 그것들을 유통하는 물류와 금융의 혁신을 꾀하고, 이웃 나라와 교역하며 시장을 넓히고, 그에 따른 세수를 바탕으로 국방을 튼튼히 하는 선순환을 이뤄내지 못했다. 하멜 일행은 "코레시안" 뱃사람들에게 동북쪽으로 계속 나아가면 어떤 땅이 나오는지 물어봤다. 그들은 "아무것도 없고 한없이 넓은 바다만 있다"라고 답했다. 그 너머는 보지 못한 것이다.

조선의 청어는 네덜란드나 스코틀랜드의 청어와 같았다. 그렇다면 조선은 왜 이 기름진 물고기로 더 큰 부를 창출할 수 없는가? 스미스는 이렇게 물었으리라. 조선의 지식인들이 그의 통찰을 얻을 수 있었다면 훗날 청나라 어선이 조선의 앞바다로 밀려들고 일본 배가 동해를 휘젓고 다닐 때 얼마나 요긴하게 쓰였을까?

청어잡이에서 시작해 이리저리 뻗어나가던 이야기는 결국 나라와 백성의 부에 관한 논의로 다시 모일 것이다. 다산은 맹자의 가르침을 되새긴다. 백성은 먹고살 것이 있어야 한다. 그것이 없으면 늘 바른 마음을 지킬 수 없다.[4] 나라와 백성이 같이 부강해지려면 어떻게 해야 하나? 백성은 스스로 이로운 것을 좇을 것이다. 그 자연스러운 노력을 억누르고 가로막아서는 안 되리라.

다산이 말한다. "백성이 이익을 좇는 것은 물이 아래로 흐르는 것과 같지요."[5] 애덤 스미스가 답한다. "자기 처지를 개선하려는 모든 개인의 자연스러운 노력은 참으로 강력한 동력이지요. 그 힘이 자유롭고 안전하게 발휘되도록 했을 때 다른 어떤 도움 없이 그 자체만으로도 사회에 부와 번영을 가져올 수 있습니다."[6]

조선의 지배층은 청어잡이 따위를 논할 마음이 없었다. 정약용에게 영향을 준 실학자 박제가는 상공업을 키우고 해상무역으로 시장을 넓혀야 한다고 외쳤다. 그러나 조정에는 메아리조차 없었다.[7] 권력자들은 당파 싸움에 여념 없었다. 수탈은 극심했다. 관리들은 부패했다. 둔전屯田을 관리하던 하급 관리들은 마구잡이로 세를 거뒀다. 열을 거두면 아홉은 딴 주머니로 들어갔다. 다산은 탄식한다. "세상은 그 터럭 하나하나 병들지 않은 것이 없습니다."[8] 스미스 역시 당파의 해악을 잘 알았다. "적대적인 당파들의 증오는 사회적인 것이든 종교적인 것이든 흔히 적대적인 나라들의 증오보다 더 격렬하지요. 상대 진영에 대한 그들의 행동은 얼마나 잔학합니까?"[9]

그 시대 조선의 지식인들이 실제로 이 '세속의 철학자'를 알았더라면 어떻게 됐을까? 나라와 백성의 부를 증진하려는 그들의 주장은 훨씬 더 급진적이고 풍부해졌으리라. 한 세기 뒤 현실이 된 쇄국과 식민 지배의 역사는 달라졌을지도 모른다. 실제 역사는 이런 상상에 찬물을 끼얹는다. 애덤 스미스는 다산이 유배되기 11년 전인 1790년에 이미 세상을 떠났다. 둘의 만남은 처음부터 이뤄질 수 없었다. 다산의 방대한 장서 가운데 베이징에 머물던 프랑스 신부나 아시아를 누비던 동인도회사 선원이 전해준『국부론』이 끼어 있었을 리도 없다. 스미스는 가톨릭을 믿지 않았고[10] 동인도회사를 격렬히 비난했다.

애덤 스미스가 1776년『국부론』을 펴내 유럽에서 다시금 이름을 날릴 때 박제가는 청의 수도에서 시인으로 이름을 얻는다. 2년 후『북학의』를 통해 설파한 그의 부국론은 스미스의 국부론과 통하는 데가 많다. 하지만 당시 유럽의 베스트셀러였던『국부론』은 청나라로 전해지지 않았다. 청과 교류했던 조선의 실학자들에게도 알려질 수 없었다. 1786년 정조는 서양 서적 수입을 금했다.

일본은 메이지 시대의 대장성 관리가 1880년부터 이 책을 자국어로 옮기기 시작한다.『부국론』의 완역은 1888년에 이뤄진다.[11] 중국에서는 영국 유학을 다녀온 청나라 말기의 사상가 옌푸嚴復가 애덤 스미스의 사상과 자신의 사회개혁론을 버무려 1901년『원부原富』를 출간한다. 한국에서『국부론』번역은 1950년대 후반에 부분적으로 이뤄지다 1970년대 들어 완역본이 나오기 시작한다.[12]

・・・

2017년 설 연휴 첫날. 스물여섯 살의 젊은이는 막걸리 한 통을 훔치다 붙잡힌다. 그는 이틀이나 굶었다. 부모를 찾아갈 수는 없었다. 은행 화장실 수돗물을 마시며 허기를 참던 그는 마트 물건을 훔치기로 마음먹는다. 차라리 구치소에라도 가자. 하지만 그 뜻은 이뤄지지 않는다. 마트 주인은 선처를 부탁하고 경찰은 그를 훈방한다. 경찰은 먹을 것도 들려 보낸다.

젊은이는 울산의 작은 조선소에서 일했다. 명문대 졸업장도 대단한 기술도 없는 그는 조선업의 불황이 덮치자 바로 일자리를 잃었다. 그는 부산으로 내려가 공사장을 돌아다녔다. 하지만 막노동으로는 자존감을 지킬 수 없었다. 젊은이는 얼마나 좌절했을까? 불안과 소외감은 얼마나 컸을까? 그가 일자리를 잃기 전에 한국 조선업은 놀라운 성공 신화를 썼다. 하지만 한국 경제와 조선업의 압축적인 발전에 대한 찬사는 그에게 얼마나 공허한 것이었을까?

애덤 스미스의 나라는 오랫동안 세계 조선 산업에서 압도적인 우위를 차지했다. 산업혁명에서 가장 먼저 달려나간 영국은 나무 대신 철로 배를 만들었다. 배는 바람 대신 증기기관의 힘으로 나아갔다. 20세기 초 이 나라는 전 세계 선박 건조에서 60퍼센트 넘는 비중을 차지했다.[13] 20세기 중반 영국은 한 세기 동안 지켜왔던 조선업의 왕좌를 일본에 넘겨준다. 21세기가 되자 그 자리는 한국 차지가 된다. 오대양을 주름잡던 영국 해군은 이제 한국 조선업체에 배를 주문한다. 청어잡이 배조차 아쉬웠던 정약용의 시대와 비교하면 얼마나 놀라운 반전인가?

하지만 한국은 거대한 산업 사이클의 정점에서 그 자리에 올랐다. 정점 다음은 내리막길이다. 젊은이는 그 지점에서 굴러떨어졌다. 한국이 중국 조선의 인해전술에 밀리면 세계 조선의 무게중심은 그쪽으로 옮겨 갈 것이다. 젊은이가 옛 일터로 돌아갈 가능성은 그만큼 줄어들 것이다. 갈수록 사람을 적게 쓰는 제조업의 취업 문은 더 좁아질 수 있다. 그가 나날이 똑똑해지고 힘이 세고 쉬지 않고 일하며 아무런 불평도 하지 않는 로봇 일꾼에게 일자리를 빼앗길 가능성은 갈수록 커질 것이다. 미국의 경영학자 워런 베니스는 우스갯소리를 했다. 미래의 공장에는 종업원이 둘뿐일 것이다. 하나는 사람, 하나는 개다. 누구든 그 이유를 들으면 그냥 웃어넘길 수 없다. 사람은 개에게 먹이를 주고 개는 사람이 기계를 만지지 못하게 감시하는 일을 맡는다. 막걸리를 훔치던 젊은이는 이 놀라운 가속의 시대를 어떻게 살아가야 할까?

애덤 스미스는 더 느린 세계를 살았다. 그는 19세기부터 글래스고와 클라이드강 주변이 세계 조선업의 허브로 부상하는 것을 지켜보지 못했다. 타이태닉호를 건조하던 벨파스트의 조선소가 텅 비는 것도 보지 못했다. 지구 반대편 한국에서 세계 최대의 조선 산업이 번창하리라고는 상상도 할 수 없었으리라.

그가 21세기 한국의 거대한 조선소와 실직한 젊은이를 본다면 무슨 말을 해줄 수 있을까? 누군가는 한국 조선업과 경제의 발전이 자유무역을 주장한 스미스의 사상 덕분이라고 할 것이다. 누군가는 젊은이의 좌절과 거대한 불평등이 정글 같은 자본주의를 낳은 스미스의 사상 탓이라고 할 것이다. 그는 후세가 만들어낸 낯선 자신을 맞닥뜨리게 되리라.

애덤 스미스는 1723년 6월 5일 이전에 태어났다.[14] 그리고 3세기가 지났다. 그는 67년을 살고 세상을 떠났다. 하지만 그의 생각들은 지금도 살아 움직이고 있다. 애덤 스미스 하면 무엇이 떠오르는가? 누군가는 맨 먼저 『국부론』을 떠올릴 것이다. 누군가는 '보이지 않는 손'을 떠올리고, 또 누군가는 이기심과 탐욕과 자유방임주의와 정글 자본주의를 연상할 것이다. 그의 『도덕감정론』을 생각하는 이는 많지 않을 것이다. 그의 공감과 자유, 정의의 철학을 제대로 알아보려는 이는 드물 것이다.

우리는 참으로 많은 발전을 그의 가르침 덕분이라고 생각한다. 너무나 많은 문제를 그의 잘못된 가르침 탓으로 돌리기도 한다. 우리가 그를 얼마나 잘 이해하고 있는지는 돌아보지 않는다. 그러면서도 지난 3세기 동안 자본주의와 시장경제가 진화(혹은 퇴화)하면서 이룬 온갖 성취와 그 과정에서 불거진 온갖 폐해의 뿌리를 찾아 거슬러 올라가고 또 올라가면 결국 그를 만나게 되리라고 믿는다.

막걸리를 훔쳐야 했던 젊은이의 문제를 생각해보자. 그는 오늘날 불안정한 노동자계급을 뜻하는 '프리캐리아트'에 속한다.[15] 누군가는 자유시장과 자본주의 체제가 경제와 사회의 놀라운 진보를 낳았다고 믿으며 소외나 불평등은 그 과정에서 나타나게 마련인 부차적이고 일시적인 마찰쯤으로 치부할 것이다. 누군가는 그런 소외와 불평등을 초래하는 체제가 근본적으로 부조리하고 부도덕하므로 뜯어고쳐야 한다고 생각할 것이다. 논쟁은 끝이 없다. 두 진영 다 자신의 논리에 힘을 싣고 권위를 더하고자 애덤 스미스를 끌어들인다.

스미스는 누구나 자유롭게 자신의 이익을 좇을 수 있는 체제를 바랐다.

> 모든 사람은 정의의 법칙을 어기지 않는 한 완전히 자유롭게 자신의 이익을 자신의 방식으로 추구하고 자신의 노력과 자본으로 다른 어떤 사람이나 계급과도 경쟁할 수 있다.(『국부론』 4편 9장)

그는 동시에 타인의 행복과 불행에 공감하는 도덕적 인간을 믿었다.

> 인간이 아무리 이기적이라고 하더라도 그의 본성에는 분명히 다른 이들의 운명에 관심을 갖고, 설사 그들의 행복을 바라보는 즐거움밖에는 아무것도 얻지 못할지라도 그 행복이 자신에게 필요한 것으로 여기게 하는 어떤 원리들이 있다.(『도덕감정론』 1부 1편 1장)[16]

다른 이들의 행복은 우리에게 필요한 것이다. 다른 사람의 행복과 불행이 우리 행동에 달려 있을 때 우리는 감히 자기애의 감정이 시키는 대로만 행동하지 않는다. 우리의 경제적 자유는 정의의 법칙을 존중하며 행사해야 한다.

스미스가 19세기 이후의 폭발적인 생산성 향상과 부의 축적을 지켜볼 수 있었다면 무척 놀랐을 것이다. 그는 오늘날과 같은 전례 없는 세계화와 불평등을 다 내다보지 못했다. 하지만 그는 18세기 미국의 독립 혁명가들에게 영감을 주었고, 20세기 시카고의 경제학자들에게 우상이 됐으며, 21세기 한국의 정치 지도자와 관료와 기업가와 학자들, 그리고 공감의 본성을 지니고 이익을 추구하는 모든 개인의 머릿속에 살아 있다. 누군가의 가치와 이해관계 속에서 만들어진 스미스가 좀비처럼 돌아다니기도 한다.

애덤 스미스는 현재의 역사다. 21세기 사람들은 21세기의 눈으로 그를 본다. 사람들은 흔히 그에게서 보고 싶은 것만 본다. 그는 누군가의 정치적 무기가 된다. 그를 자유방임과 시장근본주의의 원조로 예찬하는 이와 바로 그런 이유로 그를 공격하는 이 모두 그의 책에서 자신의 무기를 발견한다. 그의 사상은 양날의 칼이다. 잘 쓰이면 참으로 유용하나 잘못 쓰이면 매우 위험하다.

존 메이너드 케인스(1883~1946)는 "가장 실제적인 사람조차 흔히 오래전에 죽은 경제학자의 아이디어의 노예가 된다"고 했다. '죽은 경제학자' 가운데 스미스는 첫손으로 꼽아야 마땅하다. 경제사상사를 정리한 로버트 하일브로너는 경제학이야말로 사람들을 위험한 바리케이드 앞까지 몰아세우는 학문이라는 사실을 잊지 말아야 한다고 했다. 경제는 몇몇 학자의 문제일 뿐이라고 생각하는 이는 그 사실을 잊고 있다.

그렇다면 애덤 스미스는 과연 누구인가? 우리는 그에 관해 만들어진 신화를 어떻게 벗겨낼 것인가? 그는 무엇을 말하고 무엇을 말하지 않았는가? 21세기 한국에서 왜 3세기 전 애덤 스미스를 다시 만나보려 하는가? 우리는 그에게서 어떤 가르침과 영감을 얻을 것인가? 이것이 바로 이 책의 가장 중요한 화두다.

왜 미국 사람들은 콩고민주공화국 사람들보다 100배나 잘살까? 누구나 자유롭게 자기 이익을 추구할 수 있다면 공감과 정의는 왜 필요할까? 시장은 어떤 이기적인 행동도 사회적으로 바람직한 결과를 낳도록 이끌어주는 마법의 손일까? 일자리를 잃고 막걸리를 훔치려던 젊은이에게 국가는 어떤 손을 내밀어야 할까? 이런 물음은 모두 스미스가 품었던 의문과 같은 것이다.

애덤 스미스는 인간의 과학을 하고자 했다. 그는 인간의 본성을 탐구한 도덕철학자이면서 부의 본질을 꿰뚫어본 정치경제학자다. 누구나 중학생만 되면 애덤 스미스라는 이름을 들어보게 된다. 누구나 『국부론』을 알고 있다. 하지만 실제로 잘 읽지는 않는다. 경제학자들조차 그렇다. 애덤 스미스는 누구보다 널리 알려졌으나 그만큼 잘못 알려져 있다. 그렇다면 누구든 평생에 한 번쯤은 그와 깊은 대화를 나눠봐야 하지 않을까? 오늘날 우리 사회의 가장 중요하고 절박한 문제들을 외계의 언어를 쓰는 것 같은 경제학자들에게만 맡겨둘 수는 없지 않은가?

이 책은 그를 만나보려는 이들에게 유용한 길잡이가 되기를 바라며 쓴 것이다. 책은 먼저 18세기 이후 인류의 놀라운 물질적 진보의 역사를 훑어보면서(제1장) 저마다 다른 자유를 말하는 각 진영이 어떻게 애덤 스미스를 무기로 삼는지 알아본다(제2장). 이어 스미스의 철학에서 핵심을 이루는 자유(제2장)와 공감(제3장), 정의(제4장)의 개념을 곱씹어본다. 『국부론』과 『도덕감정론』을 압축적으로 읽으며 왜 어떤 나라는 부유하고 어떤 나라는 가난한지, 공감하는 인간은 어떻게 자기애를 다스리며 도덕적 판단을 내릴 수 있는지 생각해본다. 이미 여러 차례 스미스를 만나본 독자라면 먼저 시장의 보이지 않는 손(제5장)과 호모 에코노미쿠스(제6장)에 관한 신화부터 벗겨볼 수 있을 것이다. 대상속의 시대를 맞아 더 심각해질 불평등 문제(제7장)와 새롭게 불붙은 무역 전쟁(제8장)에 관해 스미스라면 무슨 말을 했을지 알아본다. 우리 모두 어느 정도는 상인이 된 오늘날 상업사회와 자본주의 체제를 고민해보고(제9장) 인간의 본성에 대한 지칠 줄 모르는 탐구자였던 스미스의 삶과 생각의 흐름을 따라가본다(제10장).

애덤 스미스나 경제학에 관해서는 아무것도 모른다면서도 소득과 부의 창출과 그 불평등에 대해서는 깊이 고민하는 독자라면 그와의 대화에서 흥미로운 것들을 찾을 수 있을 것이다. 우리는 스미스가 누리지 못한 여러 행운을 누리고 있다. 그의 통찰이 가득한 『도덕감정론』과 『국부론』을 읽을 수 있다는 것도 그중 하나다. 우리는 그가 남긴 책을 통해 3세기 전의 그를 만나볼 수 있다. 평생에 한 번쯤은 만나봐야 한다면 더 늦기 전에 그에게 말을 걸어보자. 여기엔 몇 차례의 타임슬립이 필요할 것이다.

차 례

프롤로그

　　타임슬립, 300년의 대화　**005**

제 1 장　**여왕의 스타킹**　**019**

　　부국 클럽 | 비스킷 공장에서 | 국가는 왜 실패하는가?

제 2 장　**조용한 혁명**　**047**

　　무기가 된 애덤 스미스 | 지킬인가, 하이드인가? | 우리는 저마다
　　다른 자유를 말한다

제 3 장　**내 마음속의 위대한 재판관**　**077**

　　공감이란 무엇인가? | 가난한 집 아들 | 나는 사랑받을 만한가?

제 4 장　**물고기의 정의를 원하는가?**　**107**

　　플루트는 누가 가져야 할까? | 작은 물고기를 보라 | 먼 곳의 목
　　소리

제 5 장　**보이지 않는 손의 신화**　**129**

　　마법의 손 | 거인들을 공격하다 | 거품 속에서

제6장 호모 에코노미쿠스는 없다 **163**

빵집 주인은 무엇으로 사는가? | 가장 속이기 쉬운 사람 | 다시 사람을 보라

제7장 우리에게 모든 것을 **185**

대상속의 시대가 왔다 | 누가 애덤 스미스의 이름으로 불평등을 합리화하나? | 막걸리 도둑의 미래

제8장 손목을 자르리라 **217**

2 + 2 = 1 | 감자칩과 반도체 칩 | 절인 청어 이야기 | 금이냐 황소냐

제9장 우리는 모두 상인이다 **253**

상업사회와 자본주의 | 체스판의 말처럼 | 혁신의 예언자

제10장 스미스 씨의 벌통 **281**

세상에서 가장 멍한 사람 | 당파와 광신 | 나는 더 많은 일을 할 수 있었네

에필로그 상상하라 **304**

행복은 판돈에 있지 않다 | 미래는 우리 손에 달려 있다

부록 마술의 교과서 **312**

주 **319**

참고문헌 **336**

찾아보기 **346**

제 1 장

여왕의
스타킹

애덤 스미스는 부의 본질을 꿰뚫어보았다. 「국부론」이 나온 후 2세기 반 동안 지구촌은 참으로 놀라운 물질적 진보를 이뤘다. 한때 여왕만이 누리던 것을 이제 평범한 여성들도 누릴 수 있게 됐다. 그러나 오늘날에도 누군가는 가난에서 벗어나고 더 큰 자유를 얻고자 목숨 걸고 국경을 넘는다. 우리는 다시 묻는다. 왜 어떤 나라는 부유하고 어떤 나라는 가난한가?

여왕은 모두의 추앙을 받아야 했다. 1558년 스물다섯 살에 잉글랜드의 군주가 된 엘리자베스 1세는 패션의 아이콘이었다. 아버지 헨리 8세처럼 제왕의 권력을 굳히고 국민의 동경심을 자극하는 데 이미지와 옷차림을 영리하게 이용할 줄 알았다. 패션은 당혹스러울 만큼 화려했다. 어마어마하게 비싸고 장엄한 스타일의 옷깃과 화려한 자수, 순결을 상징하는 진주가 돋보였다.[1]

여왕의 초상화에서 스타킹은 잘 보이지 않는다. 크게 부풀린 긴 치마 안에 감춰져 있었다. 애덤 스미스는 『국부론』에서 스타킹 이야기를 꺼낸다. "잉글랜드에서 스타킹을 처음 신은 사람은 엘리자베스(1세) 여왕이었다고 한다. 여왕은 그것을 스페인 대사에게서 선물로 받았다."[2] 그렇다면 그 스타킹은 특별히 사치스러웠을 것이다.

엘리자베스 1세는 1560년에 뜨개질로 만든 실크 스타킹을 처음으로 신어보았다. 너무나 부드럽고 편안했다. 그 착용감에 반한 여왕은 앞으로 다시는 모직물 스타킹을 신지 않겠노라고 선언했다. 전해진 이야기를 들어보자. 여왕은 곁에 있던 두 총신에게 의견을 묻는다. 레스터 백작(로버트 더들리)은 그 섬세한 스타킹이 "요정이 신기에 좋은 것"이라며 아름다운 여왕에게 완벽히 어울린다고 아부한다. 하지만 국무상 윌리엄 세실(훗날 버글리 남작)은 걱정스러운 낯빛이다. 평민이 비싼 옷을 입지 못하게 사치 금지법을 만든 이는 바로 여왕 자신이 아닌가? 1559년의 법은 백작 이상의 귀족이 아니면 누구도 금은이 들어간 천이나 공단, 비단, 담비 가죽으로 만든 의류를 착용할 수 없게 했다. 세실의 걱정에 대해 엘리자베스 1세는 이렇게 답한다. "세상 사람들은 내 비단 양말에 관해 알 필요가 없노라."[3]

실크 스타킹은 다른 왕가에서도 애용한 사치품이었다. 1566년 스웨덴 왕 에리크 14세는 물품 재고를 조사해 기록한다. 그는 스페인에서 수입한 스물일곱 켤레의 실크 스타킹을 가지고 있었다. 한 켤레의 값은 시종의 한 해 봉급과 맞먹었다. 그런 스타킹을 신는다는 것은 보통 사람들에게는 딴 세상 이야기였다.

잉글랜드의 사치 금지법은 오래전부터 있었다. 헨리 7세 때의 법(1487)은 "주홍색이나 다른 색깔로 물들인 최고급 직물 1야드를 16실링 이상으로 파는 사람은 누구든 야드당 40실링의 벌금을 부과할 수 있다"라고 규정했다. 에드워드 4세 때(1463)는 노동자들이 1야드에 2실링이 넘는 직물을 입지 못하게 했다. 또한 한 켤레에 14펜스 넘는 양말을 신는 것도 금했다.

사치 금지법이 제정될 당시 그 양말은 얼마나 비싼 것이었을까? 스미스는 따져본다. 법 제정 당시 14펜스(스미스가 살던 시대의 돈으로는 28펜스)로는 두 포대 반의 밀을 살 수 있었다.[4] 스미스의 시대에 같은 양의 밀을 사려면 5실링 3펜스(63펜스)를 내야 했다. 그 양말은 가난한 하층민의 스타킹 가격으로는 지나치게 비싼 것이었다. 스미스는 "사회의 진보가 제조품의 진실한 가격에 미치는 효과"를 설명하다 여왕의 실크 스타킹 이야기를 했다. 옛날에는 직물 가격이 왜 그토록 비쌌을까? 스미스는 "그때는 상품들을 시장에 내놓는 데 더 많은 노동이 필요했기 때문"이라고 답한다. 기계가 신통치 않았던 옛날에는 같은 직물을 생산하는 데 훨씬 더 많은 품이 들었다는 것이다.

오스트리아 출신의 경제학자 요제프 알로이스 슘페터(1883~1950)는 훗날 이렇게 쓴다. "엘리자베스 (1세) 여왕은 실크 스타킹을 가졌다. 자본주의의 성취는 여왕들을 위해 더 많은 실크 스타킹을 제공하는 데 있지 않고, 여공들이 점점 더 적은 노력으로 그것들을 살 수 있도록 하는 데 있다."[5]

실크 스타킹은 제국을 지배하는 여왕이나 누리던 호사였다. 그것을 공장에서 일하는 평범한 소녀들도 쉽게 살 수 있게 되기까지는 대략 4세기가 걸렸다. 『국부론』을 쓴 시점을 기준으로 하면 스미스는 그중 절반의 역사를 보았고 그다음 절반은 보지 못했다. 그는 산업혁명과 자본주의의 여명기에 살았다. 아직 자본주의라는 말이 쓰이기 전이었다. 스미스는 대신 '상업사회'라는 말을 썼다. 물론 그가 말하는 상업사회는 자본주의와 다른 개념이다. 그러나 그 엄밀한 구분은 잠시 미뤄두자. 여기서는 여왕의 스타킹이 여공의 스타킹이 되기까지 경제적 진보와 부의 확산이 어떻게 가속되어왔는지 조망해보자.

실크 스타킹은 오랫동안 특권층의 전유물이었다. 하지만 생산 기술이 발전하고 임금이 올라가면서 스타킹 한 켤레를 얻기 위해 내어주어야 하는 노동 시간은 꾸준히 줄어들었다. 사람의 손과 두 바늘 대신 스타킹을 짜는 기계가 발명되고 그 성능이 갈수록 향상된 덕분이다. 또 값비싼 실크를 대체할 레이온(인조견)과 나일론이 나오면서 마침내 여왕만이 느꼈던 황홀한 착용감을 누구나 느낄 수 있게 됐다.

스미스 사후 1세기쯤 지났을 때 실크 스타킹은 이미 대중적인 소비 제품이 돼 있었다. 미국 작가 케이트 쇼팽이 1897년에 내놓은 소설 「실크 스타킹 한 켤레」를 보자. 기대하지도 않았던 15달러를 손에 쥔 서머스 부인은 쇼핑에 나선다. 아이들에게 사주리라 마음먹은 것이 많았다. 하지만 한 매장에서 아주 부드럽고 감촉이 좋은 뭔가가 손에 느껴졌다. "살에 닿은 실크의 촉감이 얼마나 좋은지" 부인은 그 황홀한 감각과 소비의 욕망을 거부하지 못한다. "새 스타킹과 부츠와 딱 맞는 장갑이 그녀의 태도를 기적처럼 바꿔놓았다. 그녀는 자신감이 생겼고, 잘 차려입은 사람들 무리에 속해 있다는 느낌이 들었다." 서머스 부인이 산 실크 스타킹은 2달러 50센트짜리였다. 그녀는 1달러 98센트로 할인한 가격에 그 황홀한 감촉을 샀다. 물론 당시 1달러는 지금의 1달러보다 훨씬 귀했다. 그래도 실크 스타킹이 언제든 보통 사람들의 손에 닿을 수 있게 됐다는 것은 확실했다.

그다음 세대는 더 좋은 스타킹을 더 싸게 신을 수 있었다. 미국 화학 업체인 듀폰은 1938년에 나일론이라는 합성섬유를 발명했다. 패션 산업에서 19세기 말의 레이온이나 1950년대 말의 스판덱스는 중요한 도약이었다. 그러나 나일론은 그야말로 패션의 혁명을 불러왔다. 나일론은 무엇보다 값이 쌌다. 신축성도 뛰어나 어떤 여성의 몸에도 잘 맞는 스타킹을 만들 수 있었다. 1939년 뉴욕 세계상품박람회에서 나일론으로 만든 스타킹을 선보인 듀폰은 이듬해 본격적인 상품 판매에 나섰다. 대성공이었다. 시판 첫해에만 6400만 켤레를 팔았다.

1930년대 말에는 미국과 일본 사이의 긴장이 높아졌다. 일본산 실크 스타킹 공급이 끊기자 수요는 때마침 나온 나일론 스타킹으로 몰렸다. 제2차 세계대전 중에는 방산용 나일론 수요가 급증했다. 나일론으로는 낙하산을 먼저 만들어야 했다. 시장에서 스타킹이 자취를 감추자 아름다움을 포기할 수 없는 여성들은 창의적인 해법을 찾았다. 꼭 스타킹을 신은 것처럼 보이게 종아리 뒤쪽에 솔기를 그려넣는 것이었다. 그렇게 억눌렸던 수요는 전쟁이 끝나자 다시 폭발했다. 메이시 백화점은 6시간 만에 5만 켤레 완판을 기록하기도 했다. 수입한 실크 스타킹 목록까지 작성해 관리하던 스웨덴 왕이 봤다면 어떤 기분이었을까?

스타킹 하나만 놓고 기술 진보와 부의 확산을 말하면 작은 이야기를 너무 부풀린다고 생각할지도 모르겠다. 그렇다면 좀더 종합적인 지표를 찾아봐야 한다. 먼저 부와 소득의 개념부터 생각해보자. 부는 어느 한 시점까지 쌓은 것이고 소득은 일정한 기간에 번 것이다. 카푸친 씨가 30년 동안 일해서 5억 원의 재산을 모았다고 하자. 그의 집과 주식과 예금을 다 합치고 부채는 뺀 순자산이다. 이 금액은 그가 지금껏 쌓은 부를 나타낸다. 그는 또 지난 한 해 동안 5000만 원을 벌었다. 대부분은 일해서 받은 급여이고 나머지는 주식을 팔아서 남긴 이익과 예금에서 나오는 이자다. 이 5000만 원은 그의 한 해 소득이다. 이 중 1000만 원을 저축하면 그만큼 재산이 불어난다. 한 나라의 살림에 대해서도 부와 소득은 같은 식으로 생각할 수 있다.[6]

애덤 스미스는 국가의 부에 관한 잘못된 생각부터 바로잡는다.

부가 화폐 혹은 금과 은으로 이뤄져 있다는 생각은 화폐가 거래 수단으로서, 그리고 가치의 척도로서 이중적인 기능을 하는 데서 자연히 생기는 통속적인 관념이다.(『국부론』 4편 1장)

그렇다면 부란 무엇일까?

(토머스) 홉스가 말했듯이 부는 힘이다. (…) 재산을 소유함으로써 그가 즉각적이고 직접적으로 얻는 힘은 모든 노동에 대한, 혹은 당시 시장에 나와 있는 모든 노동생산물에 대한 지배권을 살 수 있는 구매력이다.(『국부론』 서문)

한 나라의 금과 은이 갑자기 두 배로 늘어나면 같은 금이나 은으로 살 수 있는 상품과 서비스는 두 배로 늘지 않고 오히려 절반으로 줄어들 수도 있다. 한 나라의 부는 신이나 자연이 내려주는 것이라기보다 사람들이 일해서 일궈내는 것이다. 사람의 노동이 부의 원천이다. 스미스는 『국부론』 서문을 이렇게 시작한다.

모든 나라의 연간 노동은 한 해 동안 생활하면서 소비하는 모든 필수품과 편의품을 공급하는 원천이며, 이 필수품과 편의품은 언제나 그 노동으로 직접 생산한 것이거나 그 생산물로 다른 나라에서 구매한 것들이다.(『국부론』 서문)

한 해 동안 생산한 것은 노동자와 자본가, 지주와 같은 여러 계급의 소득이 된다. 스미스는 또 노동을 상품 가치의 진실한 잣대로 봤다.

> 어느 나라에서든 토지와 노동의 연간 총생산은 (…) 자연히 토지의 지대
> 와 노동의 임금, 자본의 이윤으로 나뉘며, 그것은 서로 다른 세 계급, 즉
> 지대로 살아가는 이들과 임금으로 살아가는 이들, 이윤으로 살아가는
> 이들의 수입이 된다.(『국부론』 1편 11장)

> 그가 마음대로 쓸 수 있거나 살 수 있는 노동의 양에 따라 부유해지거나
> 가난해진다. 그러므로 어떤 상품이든 그것을 소유하지만 사용하거나 소
> 비하지 않고 다른 상품으로 교환하려는 이에게 그 가치는 그 상품으로
> 그가 구매하거나 지배할 수 있는 노동의 양과 같다. 따라서 노동은 모든
> 상품의 교환가치를 가늠하는 진실한 잣대다.(『국부론』 1편 5장)[7]

스미스는 생산적 노동과 비생산적 노동을 구분했다. 그가 여러 서비
스를 비생산적 노동으로 본 것은 잘못이었다. 오늘날 나라 경제에서 서
비스업은 제조업보다 비중이 훨씬 높다.[8] 후세의 학자들은 스미스가 말
한 연간 생산물이라는 개념을 가다듬고 발전시켜 국내총생산GDP 통계
를 만들었다. GDP는 한 나라가 한 해 동안 얼마나 많은 상품과 서비스
를 생산하는지 말해준다. 생산한 것은 곧 분배돼 누군가의 소득이 된다.
소득은 다시 소비나 투자로 지출된다.

경제학자들은 GDP를 20세기 최고의 발명품 중 하나로 본다. 물론 지
금 같은 GDP는 언젠가 쓸모없어질 것이다. GDP는 시장에서 거래되지
않는 것들의 가치를 인식하지 못한다. 손에 잡히지 않는 무형의 자산과

지식 서비스가 중요해질수록 이런 결점은 커질 것이다. 지금의 GDP는 경제의 성장이 얼마나 지속 가능한지도 따지지 않는다. 그러나 한 나라와 개인의 삶이 얼마나 나아지고 있는지를 가늠하는 데 GDP만큼 실용적인 지표는 아직 나오지 않고 있다. GDP 통계를 보면 여러 나라와 여러 시점을 손쉽게 비교해볼 수 있다. 여기서는 스미스가 살았던 18세기 이후 각국의 1인당 GDP가 얼마나 늘어났는지를 보려 한다. 앵거스 매디슨(1926~2010)이라는 영국 경제학자 덕분에 우리는 먼 과거까지 거슬러 올라가도 상당히 믿을 만한 추정치를 얻을 수 있다.

[그림 1-1]은 2011년 국제 달러 기준으로 1700년부터 2018년까지 각국의 1인당 GDP를 나타낸 것이다. 물가 차이는 제거됐으므로 1700년의 1달러나 오늘날의 1달러가 갖는 구매력은 같다. 같은 달러로 표시됐기에 네 나라의 구매력은 바로 비교할 수 있다. 이 3세기 남짓한 기간에 영국의 1인당 GDP는 16배 가까이 늘어났다. 오늘날의 영국인은 3세기 전 영국인보다 구매력이 16배 크다는 뜻이다. 그만큼 삶은 풍요로워졌다. 참으로 놀라운 번영이다. 그중 대부분은 산업혁명 이후에 늘어난 것이다. 애덤 스미스는 1723년에 태어나 1790년에 세상을 떠났다. 그의 사후 228년 동안 영국인의 구매력은 12배 넘게 늘었다. 하지만 그 전 228년 동안에는 74퍼센트 느는 데 그쳤다. 그가 살았던 67년 동안에는 구매력이 16퍼센트 느는 데 그쳤다. 19세기 이후 2세기 남짓한 기간에는 미국(21배)과 일본(29배), 중국(14배) 모두 1인당 실질 GDP가 가파르게 늘어났다. 한국은 1960년대 이후에만 1인당 구매력을 24배 넘게 늘리는 압축적인 발전을 이뤘다.

여왕의 스타킹

[그림 1-1] 부국으로 가는 길

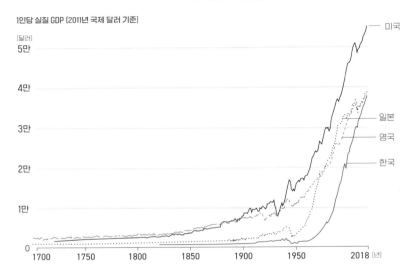

1인당 실질 GDP (2011년 국제 달러 기준)

*1700년부터 2018년까지 영국의 1인당 실질 GDP는 15.7배로 늘어났다. 영국인의 구매력이 그만큼 증대됐다는 뜻이다. 같은 기간 일본의 1인당 실질 GDP는 36배가 됐다. 1720년부터 2018년까지 미국의 1인당 실질 GDP는 31.2배로 늘었다. 한국의 1인당 실질 GDP는 1911년부터 2018년까지 34.2배로 늘었다. 같은 기간 일본(16.1배), 미국(5.6배), 영국(4.8배)과 비교할 때 훨씬 빠르게 구매력을 늘렸다. 1인당 구매력 면에서 미국은 20세기에 들어서기 직전에 영국을 제쳤다. 이 그래프를 보면 한국은 21세기 들어 일본을 따라잡고 막 추월하려 하고 있다. 그러나 국제통화기금IMF이 추정한 각국의 구매력 기준 1인당 GDP에서 한국은 2018년에 이미 일본을 추월했다. 에필로그의 [그림 b]를 보라.

출처: 매디슨 프로젝트 데이터베이스 2020

부국 클럽

"죄송해요, 엄마. 해외로 가려던 건 성공하지 못했어요. 정말 사랑해요." 2019년 가을 어느 날 스물여섯 살의 베트남 여성이 영국행 냉동 컨테이너 안에서 보낸 문자는 비통했다. 마지막 문장은 가슴을 찢는다. "전 죽어가고 있어요. 숨을 못 쉬겠어요." 냉동고에 숨어 기회의 땅으로 가려던

39명은 모두 죽었다. 비극을 전하는 외신을 접하며 나는 2000년 여름 런던에서 지켜본 사건을 떠올린다. 유럽과 영국을 잇는 도버 항에서 대형 트럭의 짐칸을 열어젖힌 세관원은 후끈하게 끼쳐오는 악취에 놀랐다. 질식사한 사람들이 토마토 상자와 함께 나뒹굴고 있었다. 58명의 중국인 밀입국자 중 생존자는 두 명뿐이었다.

한때 여왕만이 누리던 호사를 평범한 여성들도 누릴 수 있게 됐지만 더 큰 자유를 찾아 부자 나라로 가려는 행렬은 끊이지 않는다. 지구촌 인구 80억 명 중 줄잡아 8억 명은 다른 나라에 가서 살고 싶어한다. 못사는 나라 인구의 40퍼센트는 잠재적 이민자다. 그러나 부자 나라의 순찰대와 장벽은 이들을 결연히 막아선다.

유엔은 지구촌의 이민자가 2억8000만 명을 웃돌 것으로 추산한다.[9] 베를린 장벽 붕괴 후 세 배로 늘었다. 이민은 궁극의 투표다. 해마다 중동과 아프리카, 아시아, 중남미에서 수백만 명이 조국을 탈출한다. 그들이 목숨까지 걸면서 국경을 넘는 것은 자신과 가족의 미래가 폭력과 빈곤에서 벗어난 자유로운 삶이기를 열망하기 때문이다. 지난 몇 세기 동안 인류는 놀라운 물질적 진보를 이뤘다. 그러나 여전히 어떤 나라는 잘살고 어떤 나라는 못산다. 부국 클럽의 문은 쉽게 열리지 않는다.

『국부론』이 나오고 한 세기쯤 지났을 때다. 1870년 조선은 구미와 일본의 압력에도 문을 닫아걸고 있었다. 링컨이 노예 해방을 선언하고(1863) 일본이 메이지 유신을 단행하고(1868) 독일이 통일 제국을 이룰(1871) 즈음이었다.[10] 당시 구매력 기준 1인당 소득으로 따졌을 때 세계 최고 부자 나라는 영국과 호주, 뉴질랜드, 미국이었다. 네덜란드와 벨기에, 덴마크, 프랑스, 오스트리아, 스위스, 독일, 아일랜드, 이탈리아, 노르웨이, 스페인, 스웨덴 같은 유럽 여러 나라가 19세기 말 20대 부국의 반열에 올랐다. 남미의 농업 부국 우루과이와 아르헨티나도 눈에 띈다. 증기선과 냉동저장법 덕분에 농산물 수출 호황을 누리며 도약한 아르헨티나는 20세기 초까지도 프랑스나 독일보다 잘살았다. 21세기에 국가 부도 사태를 맞은 그리스도 19세기에는 부국 클럽의 일원이었다.

그로부터 한 세기 남짓 지난 1988년 부국 클럽은 어떻게 달라졌을까? 큰 지각변동은 없었다. 유럽의 부국들은 여전히 부유했다. 미국이 영국을 제치고 세계 최고 부자 나라가 됐고 남미의 농업국과 남유럽 국가들이 밀려난 자리에 룩셈부르크와 아이슬란드, 핀란드 같은 북유럽의 작은 나라들이 새로 진입했다. 이들은 그 전부터 20위권에서 멀찍이 떨어져 있지 않았다.

이 중 놀라운 사례가 하나 있었다. 한 세기 전에는 이 클럽을 넘보지 못했던 일본이 아시아 국가로는 유일하게 구미 열강과 어깨를 나란히 한 것이다. 지하자원으로 졸부가 된 것이 아니라 산업화로 부를 일궈 이 반열에 오른 것은 대단히 드문 사례다. 1990년대 초 MIT의 경제학자 레스터 서로(1938~2016)는 일본과 유럽, 미국의 각축전을 분석하면서 역사가 주는 분명한 교훈 하나를 이야기했다. 진정한 부국이 되기는 참으로 어렵다는 교훈이다. 그는 지난 한 세기 동안 산업화를 통해 부국 클럽에 들어간 사실상 유일한 나라로 일본을 꼽았다.[11]

부자 나라로 가는 경주는 단거리 질주가 아니라 마라톤과 같은 것이다. 서로는 연평균 3퍼센트 넘는 성장을 한 세기 동안 이어가야 20대 부국에 확실히 자리 잡을 수 있다고 봤다. 3퍼센트 성장을 100년 동안 계속하면 국민소득은 19배로 커진다. 절대 쉬운 일이 아니다. 서로는 20세

[표 1-1] 부국 클럽

순위	1870년	1988년	2022년
1	영국	미국	룩셈부르크
2	호주	룩셈부르크*	싱가포르*
3	뉴질랜드	스위스	아일랜드
4	미국	캐나다	카타르*
5	네덜란드	덴마크	스위스
6	벨기에	아이슬란드*	노르웨이
7	우루과이	노르웨이	아랍에미리트*
8	덴마크	스웨덴	미국
9	프랑스	일본*	브루나이*
10	오스트리아	프랑스	덴마크
11	스위스	호주	네덜란드
12	독일	벨기에	대만*
13	아일랜드	서독	오스트리아
14	이탈리아	영국	아이슬란드
15	캐나다	핀란드*	스웨덴
16	아르헨티나	네덜란드	독일
17	노르웨이	오스트리아	호주
18	스페인	이탈리아	벨기에
19	그리스	뉴질랜드	핀란드
20	스웨덴	이스라엘*	바레인*

1870년과 1988년 순위는 앵거스 매디슨 프로젝트, 2022년 순위는 IMF의 구매력평가 기준 1인당 GDP를 기준으로 했다. 2022년 순위에서 산마리노와 안도라는 10위와 16위를 차지할 수 있으나 인구가 각각 3만여 명, 7만여 명인 초소형 국가여서 제외했다. * 표시는 새로 진입한 나라를 뜻한다.

기에는 일본이 이 좁은 문을 통과했지만 21세기에는 이 클럽에 새로 들어가는 나라가 하나도 없을지 모른다고 했다. 그는 한국의 부국 클럽 진입 가능성을 낮게 봤다. "1980년대에 성공 사례로 꼽히던 한국은

여왕의 스타킹

1990년대 초에는 브라질, 아르헨티나와 더불어 파산 가능성이 있는 나라로 보였다. (1990년대 초의) 사회적 불안을 보면 누구든 이 나라가 지금부터 100년 후에 20대 부국에 들 것으로 점치기를 주저할 수밖에 없다."[12]

21세기 경제 전쟁에서 미국이나 일본보다는 세계 최대 시장을 가진 유럽이 주도권을 쥘 것으로 본 서로의 예언은 빗나가고 있다. 그는 1990년대 이후 중국의 무서운 질주도 내다보지 못했다. 그렇다면 한국이 21세기 부국 클럽에 들 가능성을 낮게 본 그의 예언도 빗나갈까?

1988년 이후 이 클럽에 새로 진입한 곳 중 싱가포르와 대만은 넓은 땅이나 지하자원에 의존하지 않고 산업과 무역으로 부를 일군 나라다. 싱가포르는 인구가 한국의 10분의 1 남짓한 도시국가다. 대만은 중국의 안보 위협에도 불구하고 반도체 글로벌 공급망에서 핵심적인 자리를 차지하며 부국으로 부상했다. 기세등등하던 일본은 순위 밖으로 밀려났다. 카타르, 아랍에미리트, 브루나이, 바레인 같은 나라들은 석유 자원이 고갈되면 언제든지 이 클럽에서 밀려날 수 있다. 인구가 100만 명도 안 되는 룩셈부르크나 아이슬란드 같은 소국은 제쳐놓고 생각할 수도 있겠다.

IMF는 2022년 한국의 1인당 GDP가 3만3592달러로 세계 30위를 기록할 것으로 전망했다.[13] 이는 시장환율(명목환율)로 계산한 것이다. IMF가 추정한 2022년 한국의 구매력 기준 1인당 GDP는 5만3574달러로 세계 28위다. 이 기준으로 한국이 20대 부국에 들려면 20위권 밖의 사우디아라비아와 영국, 프랑스, 몰타, 캐나다를 제쳐야 한다. 바레인, 핀란드, 벨기에, 호주, 독일도 따라잡아야 확실히 이 클럽에서 자리를 굳힐 수 있다.

지난 반세기 동안 놀라운 속도로 선진국을 따라잡았던 한국이 이전과 같은 질주를 계속하기는 어렵다. 한국의 인구는 세계에서 가장 빨리 늙어가고 있다. 그만큼 성장도 느려질 것이다. 누군가가 이미 걸어간 길로 쫓아가지 않고 새로운 길을 내며 앞서가기는 훨씬 더 어렵다. 한국이 진정한 혁신의 선도자가 되지 못하면 21세기 부국 클럽에 잠시 들어가더라도 금세 밀려날 수 있다. 한국은 중국이라는 거대한 용이 잠자고 있을 때 고속 성장을 할 수 있었다. 용이 잠에서 깨어났을 때는 그 등에 업혀 날 수 있었다. 하지만 앞으로도 그런 행운이 계속되리라 보기는 어렵다.

30년 전 레스터 서로가 지적했듯이 부국 클럽의 문은 생각보다 좁다. 19세기 말부터 지금까지 이 클럽에서 한 자리를 차지하고 있는 나라는 미국, 호주, 네덜란드, 벨기에, 덴마크, 오스트리아, 스위스, 독일, 노르웨이, 스웨덴이다. 이 10개국은 좀처럼 자리를 내주지 않고 있다. 한국이 이 좁은 문으로 들어가려면 새로운 국부론이 필요하다. 그것은 마라톤의 승자가 될 수 있는 전략이어야 한다. 부국 클럽의 문을 단숨에 박차고 들어가는 것보다 그 자리를 확실히 지킬 수 있느냐가 문제다. 그렇다면 21세기의 신국부론은 어떤 것일까? 이 화두를 품고 있는 이는 누구나 다시 애덤 스미스를 찾게 된다.

비스킷 공장에서

영국 작가 알랭 드 보통은 비스킷에 관해 더 알아보기로 했다. 그는 어느 날 런던 서부의 유나이티드 비스킷 본사를 찾아간다. 이 나라의 거대한 비스킷 시장을 주름잡는 회사가 실제로 어떻게 돌아가는지 보고 싶었다.[14] 비스킷을 구우며 오후를 보내는 사람들은 그 별것 아닌 일을 시키려 상근직 5000명을 고용하는 회사가 있다는 사실을 알면 놀랄지도 모른다. 혼자 부엌에서 잠깐이면 할 수 있을 일들이 이 회사에서는 따로따로 나뉘어 각자의 일과를 채우고 있었다. 세밀한 분업은 감탄할 만한 생산성을 낳았다.[15]

작가는 오늘날 분업의 의미를 생각한다. "의사는 보일러 고치는 법을 배우는 데 시간을 낭비하지 않고, 기관차 운전사는 아이들 옷을 꿰매는 법을 배우는 데 시간을 낭비하지 않으며, 비스킷 포장 기술자는 창고 보관 문제를 공급망 관리 전문가에게 넘기고 자신의 에너지는 롤 포장 메커니즘을 개선하는 데 쏟는다. 그렇게 하는 것이 모두에게 가장 큰 이익이 된다. 이런 사회에서는 모든 일이 전문화되므로 아무도 다른 사람이 하는 일을 이해하지 못하게 될 날이 올 것이다."

그는 의문을 품는다. "오후 한나절에 할 수 있는 일의 요소를 분리해 40년 동안 할 수 있는 다양한 직업으로 세분화하는 것이 경제적으로 얼마나 큰 이익을 주는지는 몰라도, 그 과정에서 의도하지 않은 부작용이 생기지 않는지 궁금해진다. 특히 동쪽으로 흘러가던 구름이 유나이티드 본사 건물 위에 낮게 걸려 있는 음울한 날이면, 그 결과로 얻은 삶이 얼마나 의미 있게 느껴지는지 묻고 싶은 유혹에 사로잡히게 된다."[16]

알랭 드 보통이 이해한 분업의 원리는 『국부론』의 첫머리에 나온다. 애덤 스미스는 노동자들이 분업을 통해 각자 맡은 공정에서 쌓는 전문성과 그 결과로 나타나는 규모의 경제에 깊은 인상을 받았다. 그는 어린 시절 가까운 못 공장에 가봤다. 다양한 철물 작업을 대장장이 혼자서 할 때보다 여러 명이 나눠서 할 때 더 좋은 못을 더 많이 만들 수 있다는 원리를 일찍이 깨쳤을 것이다. 그는 『국부론』에서 핀 공장의 예를 통해 그 원리를 설명한다. 한 사람이 철사를 뽑아낸다. 그다음 사람은 이것을 곧게 편다. 세 번째 사람은 이것을 자른다. 네 번째 사람은 이것을 고정하고 다섯 번째 사람은 철사 끝부분을 갈아 머리를 붙일 수 있게 만든다. 머리를 붙이는 작업은 각별한 기술을 요한다. 분업과 전문화 덕분에 그 공장은 노동자 한 사람이 하루에 수천 개의 핀을 생산할 수 있다. 팀을 이루지 않고 따로따로 핀을 만들었다면 한 사람이 하루에 스무 개도 못 만들 수 있다. 아예 하나도 만들지 못할 수도 있다. 공장 규모가 커서 노동자 한 명의 평균 생산량이 늘어날수록 그만큼 핀 하나의 평균 생산원가는 낮아질 것이다.

분업은 원시적인 수렵과 목축 시대부터 이뤄져왔다. 누군가가 활과 화살을 다른 사람보다 더 빠르고 솜씨 좋게 만든다고 하자. 그는 자신이 만든 것을 사슴이나 멧돼지 고기와 바꾼다. 그렇게 하면 자신이 직접 사냥하러 나가는 것보다 더 많은 고기를 얻을 수 있음을 알게 된다. 목수와 대장장이도 그런 식으로 등장한다. 분업은 "교환하고 거래하려는 성향"과 맞물려 있다. 이런 성향은 인간에게서만 찾아볼 수 있다. 그레이하운드 개 두 마리가 같은 토끼를 몰 때는 일종의 협력을 하는 것처럼 보인다. 하지만 우연히 같은 목표에 대한 욕망이 일치했을 뿐이다. "어떤 개가 다른 개와 뼈다귀 하나를 신중하고 공정하게 교환하는 것은 누구도 본 적이 없다. 어떤 동물이 몸짓과 울음으로 이건 내 것이고 저건 네 것인데 나는 이걸 주고 저걸 받겠다고 표현하는 것을 본 적이 없다."(국부 1.2)

분업 체제가 확립되면 각 개인은 자신의 생산물로 제 욕망 중 극히 작은 부분만 만족시킬 수 있다. 그는 자신의 생산물 중 스스로 소비하고 남는 것을 다른 사람의 생산물과 교환함으로써 대부분의 욕망을 만족시킨다. 시장은 그 욕망을 충족하는 상품의 수요와 공급이 끊임없이 조절되는 곳이다. 이때 상품의 수요에 따라 형성되는 시장 가격이 상품을 공급하는 데 드는 여러 비용을 반영하는 '자연 가격'과 꼭 일치하는 것은 아니다. 둘은 서로 벌어지기도 하고 좁혀지기도 한다.

요컨대 사람들은 자신이 쓰고 남는 생산물을 교환할 수 있다는 확신이 있으면 저마다 가장 잘하는 일에 전념할 수 있다. 각자 타고난 재능에는 큰 차이가 없어도 사회는 고도의 전문성과 효율성을 기대할 수 있다. 그래서 "모든 사람은 교환으로 살아가며, 다시 말해 어느 정도 상인이 되며, 사회 자체는 제대로 된 상업사회로 발전하게" 된다.(국부 1.4) 현대사회가 지금과 같은 물질적 풍요를 누리는 것은 이처럼 분업과 전문화를 통해 규모의 경제를 달성한 덕분이다.[17]

애덤 스미스는 교환과 거래에 따르는 규범과 제도의 진화에 주목한다. 어떤 동물이 다른 동물이나 인간에게 뭔가를 얻어내려면 그의 호의를 얻어야 한다. 달리 설득할 방법이 없다. 그러나 인간은 다르다. 문명화된 사회의 인간에게는 언제나 도움과 협력이 필요한데 다른 사람들의 자선에만 기대서는 그것을 얻을 수 없다. 거지조차 전적으로 자선에만 의존할 수 없다. 내가 원하는 일을 해주면 그들 자신에게도 유리하다는 것을 보여주어야 도움과 협력을 얻을 수 있다. 자기를 사랑하는 그들의 마음이 내게 유리한 쪽으로 작동하도록 설득해야 한다는 뜻이다.

> 우리가 식사를 기대할 수 있는 것은 푸줏간이나 양조장, 혹은 빵집 주인의 자비심 때문이 아니라 그들 자신의 이익에 대한 그들의 고려 때문이다. 우리는 그들의 인간애에 호소하지 않고 그들의 자애심에 호소하며, 그들에게 우리 자신의 필요를 말하지 않고 그들에게 유리함을 말한다.(『국부론』 1편 2장)[18]

거래에는 공감이 필요하다. 상대가 무엇을 바라고 무엇을 가치 있게 여기는지 알아야 한다. 정의도 필요하다. 누구든 다른 사람이 가진 것을 침해해서는 안 된다. 오로지 이기적인 생각과 행동만으로는 거래도 협력도 이뤄질 수 없다. 거래의 상대는 모두 독립적이고 평등하며 자유로운 개인들이다.

거래는 편리하게 이뤄져야 한다. 푸줏간 주인과 빵집 주인이 서로 필요한 것을 제때 딱 원하는 만큼만 교환하기는 쉽지 않다. 사람들은 물물교환의 불편함을 줄이려 화폐를 쓰게 된다. 처음에는 여러 물건이 화폐로 쓰였다. 역사적으로 소나 소금, 조개껍데기, 말린 대구, 가죽, 담배, 설탕, 가죽 같은 것이 화폐로 쓰였다. 스미스가 살던 시대에도 스코틀랜드에서는 못을 들고 가 빵이나 맥주를 사 먹는 일이 드물지 않았다. 그러나 결국 오랫동안 변하지 않고 잘게 쪼갤 수 있는 금이나 은이 가장 유용한 화폐로 자리 잡는다.

여왕의 스타킹

여기까지 설명한 스미스는 또 하나의 중요한 통찰을 보여준다. 금과 은이 곧 부가 아니라는 통찰이다. 그렇다면 다시 한번 물어볼 수 있겠다. 왜 어떤 나라는 잘살고 어떤 나라는 못살까? 그 답은 뜻밖에 간단하다. 한 나라의 생활 수준은 그 나라의 생산성에 달려 있다. 나라마다 생활 수준이 다른 것은 일정한 노동을 투입해 생산할 수 있는 상품과 서비스의 양에서 차이가 나기 때문이다. 인간의 노동은 가치를 만들어낸다. 분업은 전문화와 기술 향상으로 그 노동이 훨씬 더 많은 가치를 만들어낼 수 있게 해준다. 분업이 생산성을 높여주는 것이다. 분업은 시장이 커질수록 촉진된다.

> 제조업이 얼마나 완전해질지는 전적으로 노동의 분업에 달려 있음을 잊지 말아야 한다. 어떤 제조업이든 노동의 분업이 얼마나 도입될지는 (…) 시장의 크기에 따라 달라진다.(『국부론』 4편 9장)

다시 말해 국가의 부는 생산성에 달려 있고, 생산성은 분업에 달려 있으며, 분업은 시장의 크기에 달려 있다. 시장을 키우려면 온갖 정치적, 제도적 걸림돌을 없애고 자유를 확대해야 한다.

국가는 왜 실패하는가?

볼셰비키 혁명 후 소비에트 러시아를 다녀온 미국 언론인 링컨 스테펀스가 말했다. "나는 미래를 보았다. 잘 작동하고 있었다." 혁명 정권은 가난과 부, 뇌물, 특권, 폭정, 전쟁 같은 거악들을 뿌리 뽑겠다고 선언했다. 그러자면 훈련된 소수가 경제 구조를 과학적으로 재편할 필요가 있다고 주장했다. 한마디로 독재 체제가 필요하다는 말이었다. 그렇게 하면 몇 세대 후에는 먼저 경제 민주화를 이룰 수 있고 나중에는 정치 민주화도 가능하다는 것이었다. 실제로 제1차 5개년 경제계획이 시작된 1928년부터 반세기 동안 소련 경제는 무섭게 성장했다. 중앙의 계획과 명령을 통해 비효율적인 농업 부문의 자원을 공업 부문으로 재분배하면서 급속한 산업화를 이뤘다.

1970년 노벨경제학상을 받은 폴 새뮤얼슨은 소련의 경제적 우위를 점쳤다. 1948년에 출간한 그의 경제학 교과서는 2019년까지 20판이 나왔다. 40여 개 나라에서 400만 부 넘게 팔린 것으로 추산된다. 새뮤얼슨은 1961년 판 교과서에서 소련의 국민소득이 1984년에 미국을 앞지를 가능성이 있고 1997년에는 그렇게 될 가능성이 크다고 내다봤다. 1970년대부터 소련 경제의 기세는 꺾여버렸으나 새뮤얼슨은 1980년 판에서도 그 생각을 바꾸지 않았다. 다만 소련이 미국을 추월할 가능성이 있는 시기를 2002년, 그럴 가능성이 큰 시기를 2012년으로 늦춰 잡았을 뿐이다. 그는 누구보다 시장경제와 자본주의 체제의 작동 원리를 잘 꿰고 있었다. 이 걸출한 경제학자는 소련 제국이 무너지기 불과 10년 전까지도 그 체제의 혁신 능력을 믿었던 것일까?

적어도 한동안은 그럴 만했다. 군사와 우주 분야에서 소련의 과학기술은 눈부셨다. 1957년 10월 4일 소련은 스푸트니크(동반자)라는 인공위성을 쏘아올렸다. 미국인들은 경악했다. 공 모양의 위성은 시속 1만 8000마일로 날아갔다. 미국 언론은 "러시아의 달이 지구를 돌고 있다"

라며 흥분했다. 4년 후 소련은 유리 가가린을 태운 유인우주선을 발사했다. 핵탄두를 실어나를 탄도미사일과 같은 기술로 만든 로켓이었다.

　소련은 일찍이 무기 개발과 산업 발전에 반도체가 얼마나 중요한지 알아보았다. 1950년대부터 곳곳에 연구 시설을 만들어 가장 뛰어난 과학자들을 불러모았다. 젊은 공학자 유리 오소킨은 1962년에 처음으로 집적회로를 만들었다. 그 이듬해에는 러시아의 실리콘 밸리로 키워질 젤레노그라드도 제 이름을 얻었다. 소련은 확실히 과학기술 분야의 초강대국이 될 것 같았다. 그러나 곧 한계에 부딪혔다. 리가의 반도체 공장에서 일하던 오소킨은 1980년대 말 몇몇 직원의 해고를 요구하는 KGB와 불화한 끝에 자리에서 밀려나고 말았다. 소련의 반도체 수요는 소비재보다 군수 산업에 지나치게 몰려 있었다. 그만큼 시장은 좁았다. 광범위한 글로벌 공급망에 접근할 수도 없었다. 분업이 가능한 나라는 동독밖에 없었다. 미국과 유럽, 일본, 한국, 대만의 협력 네트워크로 투자 위험을 분담하던 서방과 경쟁할 수 없는 구도였다.

　스푸트니크가 미국의 하늘을 가로지른 것은 로버트 노이스와 고든 무어를 비롯한 한 무리의 혁신가들이 페어차일드 반도체를 설립하고 사흘이 지났을 때였다. 미국이 소련과 우주 및 군비 경쟁을 벌이면서 미국 컴퓨터와 반도체 시장은 확실한 수요처를 찾았다. 로켓과 미사일 앞쪽의 뾰족한 노즈콘에 첨단 반도체를 집어넣어야 했다. 스푸트니크의 충격은 역설적으로 실리콘 밸리의 성장에 든든한 발판을 마련해주었다. 지구촌에서 첫 인공위성과 유인우주선을 쏘아올렸던 나라는 냉전에서 패했다. 우크라이나와 전쟁을 벌이는 러시아는 정밀 유도 무기에 들어가는 반도체에 목말라했다. 소련의 기세를 믿었던 새뮤얼슨은 무엇을 보지 못했을까?

　대런 애스모글루와 제임스 A. 로빈슨은 소련처럼 실패하는 국가의 근본적인 문제는 제도에 있다고 지적한다.[19] 모두를 끌어안는 포용적인 정치경제 제도는 발전과 번영을 불러온다. 하지만 지배층만을 위한 수탈적인 제도는 정체와 빈곤을 낳는다. 포용적 제도는 누구나 창조하고 혁신할 수 있게 동기를 부여하고 유인을 제공한다. 수탈적 제도는 이런 유인을 말살해 국가의 실패를 부른다.

　애스모글루와 로빈슨은 『국가는 왜 실패하는가』에서 우리를 미국과 멕시코의 국경에 걸쳐 있는 노갈레스라는 도시로 이끈다. 담장 하나로 나뉜 이 도시의 한쪽 주민은 평균소득이 다른 쪽 주민의 세 배에 이른다. 인종과 역사와 문화가 같은 두 지역의 격차를 낳은 것은 바로 제도의 차이다. 한밤중에 한반도를 내려다보면 어둠에 묻힌 북쪽과 밝게 빛나는 남쪽이 극명한 대조를 이룬다. 이 역시 지리나 문화가 아니라 제도의 차이에 따른 것이다.

　포용적 제도가 불러올 창조적 파괴가 두려운 지배층은 수탈적 제도를 고집한다. 식민지 시대 콩고의 지배자는 쟁기는 보급하지 않았으나 총기는 재빨리 받아들였다. 합스부르크의 황제와 러시아의 차르는 철도를 놓지 못하게 했다. 이슬람 왕조는 인쇄술 보급을 막았다. 창조적 파괴는 부와 소득은 물론 정치 권력도 재편하리라는 것을 알았기 때문이다.

　부자 나라와 가난한 나라의 차이는 흔히 아주 작은 데서 비롯된다. 14세기 서유럽에서는 흑사병으로 노동력이 부족해지자 대중의 힘이 강해졌다. 하지만 동유럽에서는 봉건 체제의 지배층이 오히려 대중을 더 쥐어짰다. 왕권이 약했던 영국에서는 명예혁명이 일어나 권력 독점을 허용하지 않는 다원적 정치 제도가 자리 잡았다. 영국은 포용적인 제도로 혁신과 창조적 파괴의 유인을 제공했기 때문에 산업혁명의 꽃을 피울 수 있었다. 그러나 신대륙의 황금과 교역 기회를 지배층이 독점한 스페인은 지는 해가 되고 말았다.

수탈적 체제 아래서도 경제는 성장할 수 있다. 생산성이 낮은 부분에 자원을 몰아주면 적어도 한동안은 빠르게 성장할 수 있다. 그러나 1970년대 이후 소련에서 보듯이 진정한 혁신과 창조적 파괴가 없는 성장은 오래갈 수 없다. 새뮤얼슨은 수탈적 체제의 한계를 보지 못한 것이다. 포용적이었던 사회가 퇴행할 수도 있다. 거대한 로마제국이 쇠퇴한 것이나 지중해를 주름잡던 베네치아가 역사박물관으로 전락한 것만 봐도 알 수 있다. 시장경제가 곧 포용적 제도를 의미하지는 않는다. 공정한 경쟁의 장이 마련되지 않으면 독과점 기업이 혁신을 막아설 것이다. 애스모글루와 로빈슨의 이야기는 하나의 국부론이다. 그들은 기본적으로 애덤 스미스의 주장을 되풀이한 것이다.

스미스는 1776년 『국부론』을 펴냈다. 책의 부제는 "여러 국가의 부의 본질과 원인에 관한 탐구"다. 그 탐구의 목적은 명확했다. 스미스는 국가와 국민이 더 부유해질 수 있게 하는 실제적인 방도를 제시하려 했다.

정치경제학은 정치가나 입법자를 위한 과학의 한 분야로서 두 가지 목적을 두고 있다. 첫째, 국민에게 풍부한 수입이나 생계 수단을 공급하는 것, 더 정확히는 그들이 스스로 그런 수입이나 생계 수단을 얻을 수 있도록 하는 것이며, 둘째, 국가나 연방에 공공 서비스에 필요한 충분한 수입을 제공하는 것이다. 정치경제학은 국민과 국가 모두를 부유하게 하는

길을 제안한다.(『국부론』 4편 서문)

그 길은 국가의 통치 구조에 따라 달라질 것이다.

모든 통치 구조는 오로지 그 아래서 살아가는 이들의 행복을 증진하는 경향에 비례해서 평가된다. 이것이 통치 구조의 유일한 용도이자 목적이다.(『도덕감정론』 4부 1장)

『국부론』의 첫 두 편은 노동과 자본이 국부를 증진하고 상업사회를 발전시키는 원리를 설명한다. 다른 세 편은 역사적으로 서로 다른 각국의 국부 증진 과정과 정치경제학 학설 체계를 평가하고 입법자들이 무엇을 해야 하는지를 이야기한다.

제1편은 노동의 생산력을 키워주는 여러 원인과 그 생산물을 노동자와 자본가, 지주를 비롯해 서로 다른 여러 계층 사람들에게 분배하는 질서를 다룬다. 애덤 스미스 사상의 핵심을 이루는 노동 분업과 교환 성향, 이익 추구를 이야기한다. 그의 유명한 핀 공장과 빵집 주인 이야기가 여기서 나온다. 제2편은 자본의 성질과 축적에 관해 논한다. 금과 은으로 뒷받침되지 않는 종이돈이 스코틀랜드 통화의 3분의 2를 차지하자 스미스는 지폐의 남발을 심각하게 경고한다. 법으로 이자를 제한할 수 있다는 견해는 그를 자유방임의 주창자로 알고 있는 많은 독자를 놀라게 한다.

제3편은 로마제국 이후 각국의 국부 증진 과정을 훑어본다. 상업과 제조업은 개인의 자유와 안전을 증진해 봉건질서의 예속에서 벗어나게

해준다. 제4편은 중상주의 비판에 집중한다. 스미스는 금과 은이 곧 부라는 관념을 깬다. 그가 보기에 상인과 제조업자들의 비열한 탐욕과 독점욕에 휘둘려 이웃 나라를 거지로 만들려는 정책은 어리석은 것이다. 자신의 이익을 추구하는 개인은 보이지 않는 손에 이끌려 그가 전혀 의도하지 않은 목적을 달성한다. 자신의 삶을 개선하려는 인간의 자연스러운 노력이 자유롭고 안전하게 발휘되도록 하면 부와 번영을 이룰 수 있다. 제5편은 국가의 재정 지출과 조세 수입에 관련된 제도와 정책을 평가한다. 누구나 자신의 능력에 비례해 세금을 내야 하며 부유한 이들은 그보다 조금 더 많이 내야 한다. 세금은 공평하고 명확해야 하며 편리하게 낼 수 있어야 하고 최소 비용으로 거둬야 한다. 식민지 무역을 독점하는 것은 손실만 초래한다. 황금빛 제국 건설의 꿈을 이루지 못하면 포기해야 한다.

애덤 스미스는 18세기를 살았다. 그 시대 사람들은 대부분 농사를 지었다. 공장을 가지고 있어도 가족 기업이거나 기껏해야 소수의 동업자가 힘을 모은 형태였다. 아동 노동은 당연했다. 주식회사 주주들은 무한 책임을 지고 은행들은 저마다 종이돈을 찍어냈다. 스미스는 19세기의 급속한 산업화를 예견하지 못했다. 기술 혁신의 폭발력을 다 알아보지도 못했다. 오늘날의 기준으로 보면 그의 화폐와 금융 이론은 조악한 것이다. 맥락을 모르고 보면 소액권 발행이나 주식회사에 관한 그의 시각은 이상해 보인다. 그의 노동가치설은 경제학자들을 혼란에 빠트렸다. 『국부론』에 대규모 실업과 공황에 관한 체계적인 이론은 없다. 경제성장의 엔진으로서 인구 증가는 중요하게 다뤄지지 않는다. 그는 오늘날과 같은 글로벌 거대 기업들의 경쟁 구도는 상상할 수 없었다.

요제프 슘페터는 애덤 스미스를 높이 평가했다. 하지만『경제 분석의 역사』에서 "『국부론』에는 1776년 당시에 완전히 새로웠을 사상이나 원리, 혹은 방법론이 단 하나도 들어 있지 않다는 것이 사실"이라고 했다. 물론 지나친 평가절하다. 그러나 스미스의 철학과 이론은 매우 절충주의적이며 그의 작업이 주로 여러 사상과 이론을 모으고 발전시키는 방식으로 이뤄졌다는 것은 분명하다.

애덤 스미스는 확실히 세속의 철학자였다. 추상적인 관념의 세계에만 머물지 않고 현실 속에서 모두가 더 행복하게 더 나은 미래를 만들어갈 수 있는 길로 안내하려 했다. 『국부론』은 단순히 인간의 본성과 부의 본질을 이해하는 데 그치지 않고 개인과 사회의 선택 기준 및 행동 원리를 제시하려는 기획이었다. 스미스의 생각은 케인스가 말한 "죽은 경제학자의 아이디어" 가운데 늘 첫손으로 꼽힌다. 그렇다면 스미스가 가장 힘줘 말한 것은 무엇일까? 지난 2세기 반 동안 인류가 이룬 놀라운 번영은 국부의 본질과 원인을 탐구한 그의 가르침을 따른 덕분일까? 아니면 그와는 무관하게, 혹은 그의 잘못된 가르침에도 불구하고 이룬 성취일까? 지난 2세기 반의 숱한 논쟁에도 불구하고 오늘날 우리는 또다시 묻게 된다. 왜 어떤 나라는 부유하고 어떤 나라는 가난한가?

제 2 장
조용한
혁명

도덕철학자 스미스와 정치경제학자 스미스가 두 얼굴을 가졌다는 이른바 '스미스 문제'는 뿌리 깊은 오해가 낳은 것이다. 밀턴 프리드먼 같은 경제학자나 마거릿 대처 같은 정치인들은 그에게서 보고 싶은 것만 보았다. 그는 저마다 다른 자유를 말하는 진영의 정치적 무기가 됐다. 한편에서는 신성화되고 다른 편에서는 악마화됐다. 오늘날 애덤 스미스의 오용과 남용은 얼마나 심각한가?

|||

스코틀랜드의 인버네스와 가까운 컬로든. 1746년 4월 16일 이 황량한 들판에서는 망명한 스튜어트 왕가 제임스 2세의 아들을 왕위에 올리려는 재커바이트 반란군[1]과 하노버 왕가 조지 2세의 왕좌를 지키려는 정부군 사이에 최후의 결전이 벌어진다. '젊은 왕위 요구자' 찰스 에드워드 스튜어트가 이끄는 반란군은 장렬하게 싸운다. 하지만 국왕의 아들인 '도살자' 컴벌랜드 공작의 정부군은 우세한 화력으로 재커바이트를 압도한다. 반란군은 불과 한 시간 만에 궤멸한다.

한 세기 전으로 거슬러 올라가보자. 1642년부터 10년 동안 벌어진 왕당파와 의회파의 잉글랜드 내전에서 의회파가 승리한다. 청교도 혁명이다. 국왕 찰스 1세의 목이 잘리고 공화국이 세워진다. 승리를 이끈 올리버 크롬웰은 독재로 치닫는다. 그가 죽자 1660년에는 망명했던 찰스 2세가 돌아와 왕정을 되살린다. 찰스는 후계자를 얻지 못하고 그의 동생 제임스는 가톨릭을 고집한다. 개신교 진영은 제임스가 왕위에 오르지 못하게 배척하는 법안을 청원한다. 이 청원자들이 휘그당이고 그 반대 진영이 토리당이다. 법안은 부결된다. 동생은 1685년 왕위에 올라 제임스 2세가 된다. 그는 가톨릭을 부활시키고 왕권을 강화하려 한다. 의회는 그의 조카이자 사위인 네덜란드의 오렌지 공 윌리엄(오라녜 공 빌럼)을 끌어들인다. 제임스 2세는 1688년 프랑스로 도망친다. 명예혁명이 완성되고 오렌지 공은 윌리엄 3세가 된다. 뒤이은 앤 여왕에게는 직계 혈통이 없었다. 가톨릭 왕족은 배제되고 하노버의 먼 친척이 불려온다. 조지 1세. 애덤 스미스는 조지 1세(1714~1727년 재위) 때 태어나 조지 2세(~1760)와 3세(~1820)의 시대를 살았다.

스미스는 컬로든의 피비린내가 완전히 가시지 않은 1746년 8월에 커콜디로 돌아온다. 그는 20대 초에 옥스퍼드에서 재커바이트 봉기에 따른 분열과 혼란을 지켜봤다. 1756년부터는 18세기의 세계대전이라는 7년 전쟁[2]도 벌어졌다. 그가 『국부론』을 쓸 때는 미국 독립전쟁의 불길이 타오르기 시작했다. 『국부론』은 1776년 3월 9일 런던에서 출간됐다. 같은 해 7월 4일 아메리카 식민지는 독립을 선언했다. 스미스가 『도덕감정론』을 마지막으로 손볼 때는 프랑스혁명의 도화선에 불이 붙고 있었다. 그는 격변과 혁명의 시대를 살았다.

장로교 신자에 휘그당 성향이었던 애덤 스미스는 재커바이트 쪽에 기운 옥스퍼드 베일리얼 칼리지의 정치색 때문에 힘들어했다. 그가 보기에 스코틀랜드는 잉글랜드와 합침으로써 여러 이득을 봤다. 무엇보다 "스코틀랜드의 중하위 계층이 늘 그들을 억압했던 귀족의 손아귀에서 완전히 풀려났다"는 것이 큰 이득이었다. 그 혜택은 연합에 따라 늘어날 세금 부담을 상쇄하고도 남는 것이었다. 스미스는 아일랜드도 영국 연방에 들어감으로써 교역의 자유를 얻을 뿐만 아니라 훨씬 더 억압적인 귀족들에게서 완전히 해방되리라고 봤다.(국부 5.3) 소용돌이치는 것은 나라 안팎의 정세뿐만이 아니었다. 경제와 기술 변화의 흐름도 빨라지고 있었다.

『국부론』이 세상에 나오기 하루 전에 스코틀랜드의 발명가 제임스 와트(1736~1819)가 또 다른 역사를 썼다. 토머스 뉴커먼의 증기기관을 개량해 에너지 효율을 획기적으로 높인 기계가 버밍엄의 한 탄광에서 돌아가기 시작했다. 와트는 1757년부터 글래스고대학에서 과학용 기구를 만들고 고치는 일을 했다. 뉴커먼의 기관을 수리하기도 하며 증기력을 연구하던 그는 어느 날 증기를 실린더 안에서 냉각시키지 않고 응축기로 빼내서 식히면 열효율을 몇 배나 높일 수 있겠다는 생각을 했다. 산업혁명의 심장 구실을 할 증기기관은 그의 머리와 손끝에서 더 믿을 만한 동력으로 재탄생했다. 에너지 효율은 곧바로 두 배가 되고 다시 네 배가 됐다. 와트의 첫 번째 증기기관은 말 여섯 마리의 힘을 냈다. 20년이 채 안 돼 그 힘은 말 190마리와 같은 수준이 됐다.

글래스고대학 행정을 맡고 있던 스미스는 공간 배정 문제로 와트를 만나기도 했다. 와트는 클럽에서 스미스와 토론하기도 했다. 두 천재에게는 비슷한 점이 있었다. 와트 역시 훗날 불안과 우울증에 시달렸다. 스미스처럼 와트도 그 증상에 대한 치료법으로 가능한 한 말을 많이 타라는 충고를 들었다. 스미스는 와트와 그의 혁신들을 잘 알고 있었을 것이다. 그 단서가 하나 있다. 와트는 복사기도 발명했다. 당시 정부 관리나 법률가, 은행가, 사업가들의 문서는 일일이 사람 손으로 베껴야 했다. 사업 상대와 끊임없이 편지와 도안을 주고받던 와트는 문서를 똑같이 복사할 수 있는 도구가 있으면 좋겠다고 생각했다. 그는 1780년에 당시로서는 첨단이었던 기술을 적용한 복사기로 특허를 받는다. 원리는 이렇다. 아교질의 특수한 잉크로 쓴 편지와 반투명의 얇은 종이를 겹쳐놓고 롤러로 압착한다. 편지 글씨는 복사지에 거울 이미지로 찍힌다. 그걸 뒤집어서 읽으면 된다.

들고 다닐 수 있게 만든 복사기는 첫해에만 630개가 제작됐다. 미국 독립전쟁을 이끈 조지 워싱턴은 곧바로 이 발명품을 채택했다. 펜실베이니아의 밸리 포지에서 내보내는 편지와 명령서를 베끼기 위해 수많은 사람을 데리고 다닐 필요가 없어졌다. 인쇄업으로 돈을 벌기도 했던 정치 사상가 벤저민 프랭클린과 미국 제3대 대통령 토머스 제퍼슨도 이 편리한 기계를 열심히 이용했다. 제퍼슨은 자신이 고안한 모델도 가지고 있었다. 그는 훗날 뒤를 이어 대통령이 될 제임스 매디슨에게도 복사기 사용을 권했다. 이 복사기가 없었다면 미국 건국의 아버지들이 남긴 기록은 많이 사라졌을 것이다.

스미스도 이 복사기를 사서 썼다. 그는 1780년 가을 『국부론』 발행인에게 보내는 편지에 8기니를 동봉하면서 가격이 6기니인 복사기와 5실링인 포장 상자, 그리고 한 묶음의 복사 용지와 각종 잉크를 보내달라고 한다.[3] 스미스가 직접 쓰는 글씨는 평생 학생 같은 둥그스름한 필체를 벗어나지 못했다. 에든버러에서 강의할 때부터는 대필자를 썼다. 『도덕감정론』 원고를 수정하고 『국부론』 초고를 쓸 때도 대필자의 손을 빌렸다.

그즈음 스코틀랜드에서는 산업혁명의 불씨가 살아나고 있었다. 1760년에 폴커크에 들어선 캐런제철소는 와트가 재설계한 증기기관의 실린더도 주조하고 훗날 트래펄가와 워털루에서 불을 뿜을 대포(캐러네이드)도 만들게 된다. 무역 장벽은 갈수록 낮아졌다. 애덤 스미스 사후

반세기 남짓 지난 1846년에는 곡물법이 폐지됐다. 1856년에는 123개의 관세가 폐지되고 133개는 세율이 낮아졌다. 『국부론』이 나오고 100년이 지난 1876년 『이코노미스트』의 편집인 월터 배젓은 이렇게 말했다. "자유무역이라는 금언을 따분한 정설로 받아들이고 있는 현대의 영국인들이 100년 전엔 그것이 이단이고 역설이었음을 기억하기는 어렵다."

상업은 시민적 자유가 있는 곳에서 번창한다. 애덤 스미스는 봉건질서를 대체하는 상업사회의 발전을 진보로 보았다. 물론 그의 사후에 현실이 된 자본주의의 폭발적인 생산력이나 그 병폐까지 다 내다본 것은 아니었다. 제국주의로 치닫는 영국이 과연 공정한 자유무역을 지향했는지도 따져봐야 할 문제다. 애덤 스미스의 지적 탐구는 경험을 바탕으로 현실 문제의 해법을 찾는 것이었다. 그는 격변의 시대를 살았으나 늘 평정을 잃지 않았다. 스미스는 혁명을 부르짖지 않았다. 그러나 국가의 부와 자유롭고 공정한 체제에 관한 사람들의 생각을 바꿔놓았다. 조용한 혁명이었다.

무기가 된 애덤 스미스

카를 마르크스는 애덤 스미스의 학도였다. 마르크스는 스미스 사후 28년이 지난 1818년에 태어났다. 그의 『자본론』은 『국부론』이 세상에 나오고 91년이 흐른 1867년에 빛을 본다. 마르크스는 애덤 스미스라는 거인의 어깨 위에 올라탔다. 『자본론』에서 가장 많이 인용하는 책이 『국부론』이다. 그는 이 책을 연구하면서 자신의 정치경제학 체계를 세웠다.

스미스는 신고전파 경제학뿐만 아니라 마르크스 경제학의 원조이기도 했다.[4] 그러나 마르크스는 스미스를 엉터리 부르주아 정치경제학자로 몰아세운다. 그는 차가운 논리와 특유의 독설로 스미스와 그 후예들을 공격한다.

『자본론』의 한 대목만 보자. 마르크스는 스미스가 "(노동자의) 임금, (자본가의) 이윤, (토지 소유자의) 지대는 모든 수입과 모든 교환가치의 최초의 원천"(국부 1.6)이라고 한 대목을 물고 늘어진다. 그가 보기에 여기에는 "여러 혼동이 모두 겹쳐" 있으며 "스미스의 터무니없는 잘못이 절정에 이르고" 있다. 마르크스가 보기에 스미스의 가장 큰 잘못은 바로 교환가치의 원천이라는 말에 있었다. 노동으로 만들어낸 상품의 가치가 여러 수입(임금, 이윤, 지대)의 원천이 되는 것은 맞는다. 그러나 거꾸로 그런 수입들이 상품 가치의 원천이라는 것은 말이 안 된다. 상품 가치가 여러 수입으로 '분해'된다는 말은 어느 정도 그럴듯하다.[5] 상품 가치가 생산에 참여한 이들에게 여러 형태의 수입으로 돌아간다는 뜻이니까. 그러나 거꾸로 그 수입이 상품 가치를 '구성'한다는 것은 엉터리다.

예를 들어보자. 어떤 상품의 생산에 참여한 노동자 카푸친 씨는 임금으로 30만 원을 받고 자본가 재규어 씨는 이윤으로 20만 원을 남겼다고 하자. 토지를 제공한 오셀롯 씨는 지대로 재규어 씨의 이윤 중 일부를 받는다. 그렇다면 이 상품의 가치는 각자의 소득을 다 더한 50만 원일까? 그렇지 않다. 이 상품을 생산하는 데 들어간 원재료와 부품, 닳아버린 기계설비도 생각해야 한다. 그 비용이 모두 40만 원이라면 이 상품의 가치는 90만 원이 된다. 이 상품의 가치가 카푸친 씨와 재규어 씨, 오셀롯 씨의 수입으로 나뉜다는 것은 "어느 정도" 맞는 말이다. 그러나 이들의 수입을 다 합해도 상품 가치에는 이르지 못한다. 그들이 수입을 모두 지출하더라도 상품이 다 팔리지 않는다. 마르크스의 비유는 이렇다. 직선 세 개를 놓고 각각의 길이를 정한 다음 이들을 하나의 직선으로 합하는 것(구성)과 하나의 주어진 직선을 세 부분으로 나누는 것(분해)은 엄연히 다르다. 구성되는 직선의 길이는 세 부분의 길이에 따라 달라지지만, 분해되는 직선의 길이는 처음부터 정해져 있지 않은가?[6]

그가 보기에 스미스는 생산물 가운데 일부가 자본으로 전환되고 축적되면서 확대재생산이 이뤄지는 과정을 제대로 이해하지 못했다. 그는 "스미스는 자신의 근본적으로 잘못된 분석에 따라 (…) 사회의 자본은 전부 임금으로만 지출된다는 엉터리 결론에 이르고 있다"[7]거나 "(고정자본과 유동자본의 이론과 관련해) 천박한 경험적 방법이 불명료성을 끌어들이고 있다"[8]라며 날을 세운다.

마르크스는 자본주의적 생산을 규명하려 했다. 자본가는 잉여가치를 얻으려고 노동력을 사들인다. 잉여가치는 노동으로 창출한 가치 가운데 임금으로 지불받지 못한 부분이다. 잉여가치가 없으면 이윤도 없다. 그는 자본을 "노동의 살아 있는 피에 목말라하는 흡혈귀"[9]로 그렸다. 흡혈귀는 "착취할 수 있는 한 조각의 근육, 한 가닥의 신경, 한 방울의 피라도 남아 있는 한 그를 놓아주지 않는다"[10] "자본가에게 자본은 잉여노동을 빨아내는 영구적인 기계이고, 토지 소유자에게 토지는 (자본이 빨아낸) 잉여가치 중 한 조각을 끌어당기는 영구적인 자석이며, 노동자에게 노동은 자신이 생산한 가치 중 한 조각을 임금으로 얻기 위해 끊임없이 갱신되는 수단이다."[11]

마르크스는 "자본가계급의 이익을 위해 행동하는 정치경제학이 애덤 스미스의 (잘못된) 교리를 이용했다"라고 비판했다.[12] 부르주아 경제학자들이 스미스의 이론을 자본가계급을 보호할 무기로 삼았다는 뜻이다. 19세기 중반 런던의 마르크스가 악마화한 스미스는 20세기 중반 시카고의 학자들이 신성화했다. 당시 시카고는 미국 자본주의를 뒷받침하는 이론의 병참기지였다. 이곳에서 애덤 스미스는 19세기의 분노한 철학자가 매도했던 엉터리 부르주아 정치경제학자가 아니었다. 시카고의 경제학자들에게 스미스는 시장경제의 놀라운 비밀을 밝힌 영웅이었다. 그들에게 시장은 보이지 않는 손의 마법이 기적을 일으키는 곳이었다.

『국부론』이 나온 바로 그해 영국의 아메리카 식민지는 독립을 선언했다. 스미스의 책들은 미합중국의 건국자들에게 유용했다. 인간과 사회에 관한 보편적인 원리들을 추출하는 책들은 국가 건설 프로젝트를 위한 입법의 과학에 광범위하게 활용될 수 있었다. 19세기 미국의 자유무역 찬성론자들은 『국부론』을 자신들의 정당성을 방어하기 위한 정치적 무기로 삼았다. 대공황 후 시카고학파 경제학자들은 애덤 스미스의 생각을 하나의 신화로 만들었다. 그들은 인간의 행동을 분석할 때 합리적인 이익 추구를 유일하게 타당한 전제로 삼았다. 그리고 정부의 무거운 손이 아니라 시장의 보이지 않는 손만이 개인의 정치적 자유를 보장해준다고 믿었다. 그것은 대단히 인기 있는 신화였다.[13]

그러나 '시카고의 스미스'는 의도적으로 만들어진 신화적 인물이다. 시카고의 경제학자들은 새로운 자유주의 신조를 만들어내거나 자신들의 분석 방법을 방어해야 할 때 으레 스미스의 아이디어와 권위에서 도움을 얻으려 했다. 스미스에 대한 다른 해석은 아예 배제되지는 않더라도 선택적으로 축소됐다.[14]

애덤 스미스에 대한 해석은 특정 시간과 장소의 산물이다. 정치와 경제의 환경에 따라 지배적인 해석도 얼마든지 달라질 수 있다. 스미스를 무기화하는 이들은 뭔가를 도드라지게 함으로써 다른 뭔가를 숨기기도 한다. 과거 미국 남부의 입법자들은 그들의 '자유무역'이 가장 억압적인 노예노동에 바탕을 둔 사실을 가려야 했다. 스미스는 노예 제도를 누구보다 강력히 반대했으므로 입법자들은 스미스의 권위를 다른 데서 찾아야 했다. 시카고학파는 자유시장을 옹호하려고 이익 추구와 보이지 않는 손을 지나치게 강조함으로써 다른 주장들은 잘 보이지 않는 그늘 속으로 밀어넣었다.**15** 애덤 스미스라는 이름에는 으레 찬사와 저주가 따른다. 대부분 부분적이거나 선택적인 이해에 바탕을 둔 주장들이다.

'애덤 스미스 문제'라는 말이 있다. 한마디로 그가 야누스의 얼굴을 하고 있다는 뜻이다. 스미스는 일찍이 1759년에 출간한 『도덕감정론』 첫머리에 "인간이 아무리 이기적이라고 하더라도"라며 토머스 홉스(1588~1679)나 버나드 맨더빌(1670~1733), 장 자크 루소(1712~1778)가 주목한 인간의 이기적인 성향을 인정하면서도 "다른 이들의 운명에 관심을 갖고, 설사 그들의 행복을 바라보는 즐거움밖에는 아무것도 얻지 못할지라도 그 행복이 자신에게 필요한 것으로 여기는" 것이 인간의 본성이라고 썼다.(도덕 1.1.1) 그러나 17년 후에 낸 『국부론』에서는 무엇보다 자기 이익을 위해 끊임없이 애쓰는 인간상을 그린다. 모든 사람은 "자기 이익이 명하는 바에 따라 유리한 사업을 찾으려 하고"(국부 1.10) 지배자들은 "모든 것을 자신을 위해서 하고 다른 이들을 위해서는 아무것도 하지 않는 것"을 좌우명으로 삼으며(국부 3.4) 모든 개인은 "사회가 아니라 자신에게 유리한 길을 찾아" 자본을 이용하려 한다.(국부 4.2)

애덤 스미스는 과연 생각을 정반대로 바꾼 것일까? 그렇지 않다. 도덕철학자 애덤 스미스와 정치경제학자 애덤 스미스는 다른 사람이 아니다. 서로 다른 두 스미스라는 생각은 뿌리 깊은 오해에서 비롯되었다. 공감하는 인간과 자기 이익을 추구하는 인간을 굳이 대립 항으로 놓고 볼 필요는 없다. 스미스는 자유롭고 공정한 시장에서는 개인의 이익 추구가 사회적으로 유익한 결과를 낳을 수 있다고 보았다. 그러나 이때 도덕적 가치와 규범이 아예 필요 없다거나 작동하지 않는다고 주장한 적은 없다.

모든 거래는 공정하게 이뤄져야 한다. 시장은 신뢰를 바탕으로 작동한다. 누군가의 지배를 받지 않는 자유와 상대의 처지를 이해하는 공감과 다른 이의 것을 빼앗지 않는 정의가 필요하다. 스미스는 시장의 거래가 본질적으로 비도덕적이며 몰가치적이라고 말하지 않았다. 오히려 그 반대. 스미스의 철학을 자유지상주의자나 시장근본주의자들의 전유물로 여겼던 이들은 이 한 문장만 읽어보면 생각이 달라질 것이다.

> 부자와 지위 높은 자들을 칭찬하고 거의 숭배하며 가난한 이와 비천한 사람들을 멸시하거나 적어도 무시하는 성향은, 사회의 신분과 질서를 확립하고 유지하는 데 필요할지라도, 동시에 우리의 도덕감정을 타락시키는 가장 크고 보편적인 원인이다.(『도덕감정론』 1부 3편 3장)

사실 애덤 스미스는 누구에게든 무엇이든 될 수 있었다. 그의 아이디어와 권위가 무기가 될 수 있다면 그것은 양날의 칼과 같은 것이었다. 자유시장을 주창하는 이들도 정부 개입을 옹호하는 이들도 그에게서 무엇이든 자신의 논리를 뒷받침할 만한 것을 찾아낼 수 있었다. 자유를 앞세우는 우파는 그를 확실히 자기네 진영에 잡아두려 한다. 하지만 평등을 강조하는 좌파 역시 그를 자기편으로 끌어들이려 한다.[16]

애덤 스미스가 양날의 칼이었던 것은 그가 세상을 뜬 직후에도 마찬가지였다. 1795년 영국에서 식량 가격이 갑자기 오르자 개혁 성향의 의원인 새뮤얼 위트브레드가 농업 노동자를 위한 최저임금법을 제안한다. 하원의 토론에서 위트브레드는 "다른 모든 상품처럼 노동의 가격도 제값을 찾게끔 내버려둬야 한다"면서도 그러나 가난한 이들의 권리를 보호하기 위한 "입법적인 개입"을 지지한다. 원칙적인 자유와 특별한 개입을 주장한 위트브레드는 "(임금에 대한 입법부의 규제가) 노동자에게 유리할 때는 언제나 정당하고 공평하나 고용주에게 유리할 때는 그렇지 못할 때가 있다"(국부 1.10)라고 한 스미스의 논리를 따른다. 그는 또 "날마다 쉴 새 없는 노역에 몸을 바친 농부가 가족들을 어느 정도 편안하게 먹이고 입히고 재울 수 있도록 그의 노동으로 생산한 것의 일부에 대한 권리를 줘야 한다"라고 주장한다. "인구 전체를 먹이고 입히고 재워주는 일을 하는 사람들이 그 자신도 웬만큼 잘 먹고 입고 잘 수 있도록 자신의 노동으로 생산한 것에서 그들의 몫을 갖는 것이 공평하다"(국부 1.8)라고 한 스미스의 주장과 판박이다.

한편 보수파의 총리 윌리엄 피트는 원칙론을 들어 반대한다. 그의 논리 역시 스미스를 따르는 것이다. 그는 "정치경제에 관한 가장 저명한 저자들"을 소환하며 "(자유로운 경제활동에 관한) 일반적인 원칙들이 제한 없이 작동하도록" 해야 한다고 주장한다. 그는 대신 스미스가 주장했듯이 거주 이동을 제한하는 법을 개혁해 노동자가 자유롭게 이동할 수 있도록 해야 한다고 주장한다. 애덤 스미스는 한 사람이다. 그러나 시대와 해석에 따라 수많은 스미스가 만들어졌다. 21세기 한국의 애덤 스미스는 몇 명일까?

지킬인가, 하이드인가?

애덤 스미스는 영국의 20파운드짜리 지폐에도 있었다.[17] 마거릿 대처의 핸드백 안에도 있었다. 대처는 1980년대 지구촌에서 이른바 보수혁명을 일으킨 정치가다. 1979년에 집권한 대처는 1983년과 1987년 총선에서 잇달아 압승을 거둔다. 그는 대처리즘이 아니었다면 지난 세 차례 총선에서 보수당이 졌을 것이라고 했다. 선택의 자유를 확대하고 권력을 분산하며 책임을 강조하는 철학을 승리의 요인으로 꼽았다. 예외적인 지역도 있었다. 스코틀랜드에서는 '타탄식 대처 혁명'[18]이 없었다. 대처는 이렇게 회고한다. "그건 이상하게 보일 수도 있겠다. 왜냐면 스코틀랜드는 18세기에 애덤 스미스를 낳은 바로 그 계몽주의의 고향이기 때문이다. 스미스는 (프리드리히 폰) 하이에크와 (밀턴) 프리드먼에 이르기까지 가장 위대한 자유 기업 경제학의 주창자였다."[19]

스코틀랜드의 보수 정당 후보들은 1955년에 50퍼센트 넘는 표를 얻었다. 하지만 한 세대 후인 1987년에는 24퍼센트 득표에 그쳤다. 이듬해 스코틀랜드 보수당 대회에서 대처는 말한다. "나는 가끔 스코틀랜드 사람들이 대처리즘을 좋아하지 않는다는 말을 듣습니다. 글쎄요, 그 말은 믿기 어렵습니다. 왜냐면 스코틀랜드인들이 대처리즘을 발명했기 때문입니다. 내가 그걸 생각한 것보다 오래전에요."

대처는 자신의 정치적 신념의 뿌리를 애덤 스미스에게서 찾았다. 그러면서 "부가 창출되고 그 어느 때보다 널리 확산하는" 세계에 대한 비전을 펼쳐 보이며 "현명한 정부는 공동체 전체의 삶을 개선하려는 개인들의 노력을 활용한다"라고 했다. 대처의 이념적 동지인 키스 조지프는 대처 정부 초대 내각의 산업부 장관으로 들어온다. 백만장자 기업가이면서 학자, 관료, 변호사로 경력을 쌓은 이 귀족은 자유시장과 사유재산, 사업에 대한 보상이 모든 자유의 기본 바탕이라고 믿었다. 그는 대처 정부 고위 공무원들이 읽어야 할 도서 목록을 만들어서 돌린다. 목록에는 애덤 스미스의 『국부론』과 『도덕감정론』이 들어 있었다.

대처보다 더 열렬히 애덤 스미스를 추앙하는 또 한 명의 지도자가 있었다. 그는 좌파 정부 사람이었다. 토니 블레어의 노동당 정부에서 재무장관을 지내고 총리 자리를 물려받은 고든 브라운이다. 블레어는 1997년 총선에서 노동당의 압승을 이끌었다. 그는 10년 동안 총리로 일하면서 좌파와 우파를 아우르는 '제3의 길'을 걸었다. 진보 진영 지도자이면서도 '대처의 아들'로 불리기도 했던 블레어와 달리 브라운은 진보 색채를 더 드러내려 했다. 브라운은 자신이 스미스와 같이 커콜디에서 태어났음을 자랑스러워했다. 재무장관 시절이던 2005년 봄에는 당시 미국 연방준비제도 의장이던 앨런 그린스펀을 커콜디로 초청했다. 그린스펀은 애덤 스미스를 기리는 강연에서 브라운을 치켜세웠다. "경제와 금융을 다루는 (브라운) 장관의 탁월한 기술 중 어디까지가 이 지역에서 발산하는 지적 고양의 기운을 받은 것일지 생각해봅니다."

브라운은 그해 말 다른 강연에서 선언한다. "애덤 스미스는 '우리 자신에게는 전부, 다른 이들에게는 전무'라는 좌우명은 비열하다고 했습니다. 스미스처럼 커콜디에서 태어난 나는 그의 『국부론』이 『도덕감정론』을 바탕으로 한 것이며, 그의 보이지 않는 손은 도와주는 손의 존재에 달려 있음을 이해하게 됐습니다."[20] 브라운은 3년 전 에든버러대학의 한 심포지엄에서 이렇게 물었다. 보이지 않는 손의 저자 스미스는 또한 도와주는 손의 저자 스미스인가? 『도덕감정론』의 애덤 스미스는 지킬이고 『국부론』의 애덤 스미스는 하이드인가?[21] 그는 지난 2세기 반 동안 이어진 질문을 되풀이하고 있었다.

어떤 위대한 저자가 있다. 사람들은 흔히 그에게서 자신의 기획과 선입관에 잘 맞아떨어지는 요소를 찾아낸다. 그리고 선택적으로 이용한다. 위협적인 요소는 추려내고 무시한다. 정치 성향이 다른 이들에게 애덤 스미스라는 이름은 얼마나 상반된 반응을 불러일으키는가? 그의 전기를 쓴 제시 노먼은 스미스가 특히 1980년대 이후 경제학과 시장, 그리고 사회에 관한 이념적 전투의 한가운데 있었다고 밝힌다. 우파에서는 흔히 애덤 스미스를 자유시장을 바탕으로 한 현대 자본주의 체제의 사상적 토대를 놓은 인물로 여긴다. 그를 가장 위대한 경제학자이자 개인의 자유를 웅변하는 체제의 옹호자, 공산주의와 사회주의의 유토피아적 망상으로부터 벗어난 세계에서 국가가 시장에 개입하는 것을 확고하게 반대한 사람으로 본다.

좌파에게 그는 수많은 악의 씨앗을 뿌린 인물이다. 그에게는 이른바 시장근본주의의 원조이자 비정한 자본주의의 교과서를 쓴 인물, 세계화된 지구촌을 휩쓰는 물질주의 이데올로기의 주창자, 인간적 가치의 진정한 원천을 오염시키는 부와 불평등, 이기심의 변호인이라는 낙인이 찍한다.[22] 좌파와 우파는 애덤 스미스에 대해 똑같은 오해를 할 때도 많다. 각자의 진영 논리에 따라 서로 다른 오해를 하는 경우도 흔하다. 같은 진영 안에서도 시각이 이리저리 갈린다. 스미스는 단순한 이분법과 흑백 논리로 재단하기에는 매우 다면적이다.

우리 사회에는 애덤 스미스를 둘러싼 거대한 신화가 있다. 있는 그대로의 스미스가 아니라 저마다의 관심과 희망을 투영해 새롭게 창조한 스미스의 신화. 이 책은 만들어진 신화가 아닌 애덤 스미스의 본래 모습을 보려 한다. 그러자면 경제를 논하는 스미스와 정치를 말하는 스미스, 도덕을 생각하는 스미스를 서로 다른 인물이 아닌, 같은 인물로 봐야 한다. 애덤 스미스의 통찰과 명성을 이용하려는 경제학자와 정치인과 이데올로그는 저마다 편할 대로 그를 해석한다. 부지불식간에 혹은 의도적으로 왜곡까지 한다. 시카고학파에 영감을 준 경제학자 제이컵 바이너도 이 점을 지적했다. "가장 폭넓은 그 책에서는 생각할 수 있는 온갖 교리의 흔적을 다 찾아낼 수 있다. 자신의 특별한 주장을 뒷받침하기 위해 『국부론』을 인용할 수 없는 경제학자는 참으로 독특한 이론을 가지고 있는 게 틀림없다."[23]

그의 가장 유명한 제자인 밀턴 프리드먼은 1976년 노벨경제학상을 받았다. 『국부론』이 세상에 나온 지 200년이 되던 그해 프리드먼은 스코틀랜드 세인트앤드루스에서 열린 몽펠르랭 소사이어티에서 '애덤 스미스 이론은 1976년에 적합한가'를 주제로 발표한다. "애덤 스미스의 시대에 그는 급진적이고 혁명적이었습니다. 오늘날 자유방임을 설파하는 우리와 똑같았지요. 그는 상인과 제조업자들의 이익이나 다른 특수한 이익의 옹호자가 아니었으며 오히려 그들을 자유방임의 커다란 걸림돌로 여겼습니다. 오늘날 우리와 똑같았습니다."

프리드먼이 보기에 당시의 미국은 정부의 지나친 통제를 받는 사회로 돌아갔다. 다른 나라들도 마찬가지였다. "오늘날에는 1776년보다 훨씬 더 광범위하게 대외 교역에 제한이 가해질 뿐만 아니라 국내 거래에 대해서도 세세한 개입이 이뤄지고 있습니다. 오늘날의 정부는 스미스가 명백하고 단순한 자연적 자유의 체제에 부합한다고 여겼던 기본적인 정부 기능에서 참으로 멀리 벗어나 있습니다."

그는 보이지 않는 손의 교리를 전파한 것이 애덤 스미스의 위대한 업적이라고 강조했다. 스미스는 "수백만 명의 자발적인 행동이 중앙의 지시 없이 가격 체계를 통해 조정될 수 있는 방식"을 꿰뚫어봤으며 그것은 "대단히 정교하고 미묘한 통찰"이었다고 했다. 그러면서 스미스가 "(시장) 개입주의자와 국가주의자들에게 논거를 제공한 두 가지 예"를 들어야 한다는 것이 가슴 아프다고 했다. 스미스가 이자 제한을 용인한 것과 공공사업을 벌이며 공공기관을 세우는 것이 정부의 기본적인 역할이라고 한 것은 그답지 않다는 뜻이었다. 프리드먼은 스미스의 입을 빌려 "정치가나 정치인으로 불리는 음험하고 교활한 동물"을 공격하며 그들이 "자신이 행사하는 것이 적합하다고 생각할 만큼 어리석고 주제넘은 사람의 손안에 있을 때는 더없이 위험한 권한"(국부 4.2)을 함부로 휘두른다고 성토한다. 그는 또 "스미스는 흔히 자기중심주의와 이기주의의 주창자로 해석되고 비판받는데 이는 사실과 매우 거리가 멀다"라고 밝혔다.

오늘날 애덤 스미스의 생각에 대한 진정한 이해가 부족한 것은 무엇 때문일까? 제시 노먼은 몇 가지 이유를 든다. 첫째, 스미스는 자신의 평판을 지키는 일에 대단히 꼼꼼했다. 설익은 생각이나 정리되지 않은 이론이 전해지는 것을 원천적으로 차단하려 했다. 그가 미완성 원고를 태워버리지 않았다면 후세의 학자들은 그의 생각을 더 정확하고 입체적으로 밝힐 수 있었을 것이다. 둘째, 『국부론』이 엄청난 명성을 얻으면서 『도덕감정론』은 그 그늘에 묻혀버렸다. 그는 후세의 해석을 도와줄 요약이나 개관을 남기지도 않았다. 셋째, 그의 책들은 여러 주제를 너무나 폭넓게 다루고 있는 만큼 모호성을 낳을 여지도 많았다. 지난 2세기 반 동안 경제학의 대가들은 거의 모두 애덤 스미스의 영향을 받았다고 주장했다. 신고전학파 주류 경제학부터 오스트리아학파와 마르크스 경제학까지, 나중에는 제도경제학과 개발경제학, 행동경제학에 이르기까지 모두가 애덤 스미스로 거슬러 올라가는 혈통을 주장한다. 정치인과 경제학자들은 저마다의 신념과 주장을 장식하고 권위를 더하고자 스미스의 이름을 이용했다. 그에 따라 스미스의 생각은 더 모호해지고 그럴수록 더 많은 오해와 왜곡을 낳았다. 스미스가 말한 자유는 오용되고 남용됐다.

우리는 저마다 다른 자유를 말한다

끊임없는 공포, 폭력적 죽음의 위험. 그리고 고독하고, 가난하고, 끔찍하고, 잔인하며, 짧은 인간의 삶.[24] 17세기 중엽의 철학자 토머스 홉스는 영국 내전 기간에 쓴 『리바이어던』에서 인간의 삶을 이렇게 묘사한다. 홉스는 공포와 폭력의 시대를 살았다. 만인과 만인의 투쟁을 피하려면 국가라는 리바이어던에 의지하는 수밖에 없다고 믿었다. 그가 보기에 개인의 자유는 충분히 압도적인 권력에 의지함으로써 얻을 수 있었다. 역사적으로 자유는 희귀했다. 인간의 열망에 비교하면 자유는 언제나 부족했다.

우리는 어떤 때에 자유를 누린다고 할 수 있을까? 존 로크(1632~1704)에 따르면 "다른 사람의 허락을 구하거나 그의 뜻에 얽매이지 않아도 되며 (…) 전적으로 자기 뜻과 알맞다고 스스로 생각하는 대로 행동하고 자신의 소유물과 신체를 사용할 때" 우리는 자유롭다고 느낀다. 우리에게는 간섭을 받지 않을 자유가 있다. 지배를 받지 않을 자유도 있다. 영국의 철학자이자 정치사상가인 아이제이아 벌린(1909~1997)은 간섭의 부재를 '소극적 자유'라고 했다. '적극적 자유'는 자기 자신을 스스로 규율하는 것이다.

사람들은 지배를 받더라도 간섭은 받지 않을 수 있다. 예컨대 노예는 주인의 지배 아래 있더라도 주인이 시시콜콜 간섭하지 않을 수 있다. 프린스턴대학 정치학 교수인 필립 페팃은 지배를 받지 않을 자유를 '비지배의 자유'라고 했다. "자유로운 인간이 되려면 다른 사람의 허락 없이 스스로 어떤 선택을 내릴 수 있어야 한다. (…) 진정으로 자유로우려면 간섭의 부재가 아니라 지배의 부재가 필요하다. (…) 비지배를 누린다고 하려면 그가 행사하려는 기본적 자유를 제한하는 자들의 의지에 대항해 자신을 보호할 수 있어야 한다."[25]

애덤 스미스는 비지배의 자유를 말한다. 자유는 지배가 없는 상태다. 지배는 단지 물리적인 폭력의 위협에서만 비롯되는 것이 아니다. 불평등한 권력관계는 언제나 지배관계를 만들어낸다. 지배받는 이는 다른 사람의 변덕스러운 의지나 자의적인 영향력에 휘둘리게 된다. 그런 상태에서는 자유롭게 선택할 수 없다. 근대의 자유주의는 스미스 사후인 19세기 이후 본격적으로 부상하고 또 분화한다.

오늘날 자유주의(리버럴리즘)라는 말은 숱한 오해와 혼란을 부른다. 사람들이 저마다 다른 자유를 말하기 때문이다. 자유주의를 믿는 사람이라는 뜻의 '리버럴'이라는 말도 마찬가지다. 영국에서 리버럴은 극단적인 자유시장 옹호자로 비칠 때가 많다. 미국에서 리버럴은 사회주의자로 낙인찍힐 수 있다. 같은 말이 반대로 읽히는 것이다. 나는 오랫동안 자유주의를 탐구해온 영국의 언론인 에드먼드 포셋의 통찰을 빌리려 한다. 그는 영국과 미국, 독일, 프랑스의 여러 정치인을 만나고 지난 2세기 동안 자유주의를 설파한 지성들을 섭렵했다. 그리고 하나의 생명체로서 자유주의의 태동과 진화를 정리한 책 『자유주의: 어느 사상의 일생』을 냈다.

포셋의 주장을 들어보자. 자유주의는 정치의 실행 방식이며 특정 이데올로기를 일컫는 말은 아니다. 자유주의자는 네 가지 특성을 보인다. 그들은 기본적으로 서로 다른 사람들이 더불어 사는 사회에서 생각과 이해의 충돌은 피할 수 없다고 여긴다. 그래서 관용과 타협을 중시한다. 자유주의자는 부당한 권력에 저항하며 사회 진보를 믿는다. 그리고 모든 사람을 평등하게 보고 존중하며 누구도 배제하지 않는다. 기존 질서를 고집하는 보수주의자는 변화를 두려워하나 자유주의자는 변화하는 사회가 더 안정적이라고 믿는다. 사회주의자는 급진적 변혁을 추구하나 자유주의자는 점진적으로 더 나은 사회 조건을 만들어가려 한다. 당초 부르주아의 이해를 반영했던 자유주의는 민주주의와 결합하면서 대중을 끌어안았다. 그러나 자유주의의 극단적이고 편협한 한 분파가 정부와 시장의 균형을 무너뜨렸다. 1980년대부터 한 세대를 풍미한 신자유주의의 교리는 글로벌 금융위기 이후 급속히 무너졌다. 일당 독재 체제의 중국이 부상하고 러시아와 동유럽의 민주주의 실험이 실패한 것도 자유주의의 퇴조에 한몫했다.

포셋은 19세기 중반 이후 큰 줄기를 이룬 자유주의의 부침을 탐사한다. 그러나 그 시대보다 앞선 애덤 스미스의 생각은 포셋의 자유주의 개념과 잘 맞는다. 인간은 누구나 자유를 열망한다. 누구나 자유롭게 자신의 이익을 추구할 수 있기를 바란다. 그러나 다른 사람의 자유 역시 중요하다. 그러므로 누구도 다른 이의 생명이나 자유 혹은 소유물에 해를 끼쳐서는 안 된다. 모든 사람은 "정의의 규칙을 어기지 않는 한" 자유롭게 자신의 이익을 추구할 수 있다.(국부 4.9)

완전한 정의와 완전한 자유, 그리고 완전한 평등을 확립하는 것이 세 계급 모두에 최고 수준의 번영을 효과적으로 확보해주는 아주 단순한 비법이다.(『국부론』 4편 9장) [26]

그러나 오늘날에조차 완전한 자유와 평등과 정의의 실현은 여전히 이상으로 남아 있다. 그렇다면 다시 한번 생각해보자. 스미스는 어떤 자유를 말했을까? 그것은 세상을 어떻게 바꿔놓았을까?

애덤 스미스는 자연적 자유의 체제를 바랐다.

특혜를 주거나 제한을 가하는 모든 체제가 완전히 제거되면 명백하고 단순한 자연적 자유의 체제가 저절로 확립된다. 모든 사람은 정의의 법을 어기지 않는 한 완전히 자유롭게 자신의 이익을 자신의 방식으로 추구하고, 자신의 노력과 자본으로 다른 어떤 사람이나 계급과도 경쟁에 나설 수 있다. 그러면 통치자는 개인들의 일을 감독하고 그것을 사회의 이익에 가장 적합도록 이끌어갈 의무에서 완전히 벗어난다. 그 의무를 이행하려 할 때는 언제나 숱한 미망에 빠지게 되며 어떤 인간의 지혜나 지식도 그 의무를 제대로 이행하는 데 충분하다고 할 수 없다.

자연적 자유의 체제에 따르면 통치자는 오로지 세 가지 의무에 주의를 기울여야 하는데 (…) 첫째, 사회를 다른 독립된 사회들의 폭력과 침입으로부터 보호할 의무, 둘째, 가능한 한 사회의 모든 구성원을 다른 모든 구성원의 부정이나 억압으로부터 보호할 의무, 혹은 엄정한 사법 체계를 확립할 의무, 셋째, 일정한 공공사업과 공공기관을 일으키고 관리할 의무다.(『국부론』 4편 9장)[27]

스미스는 "정의의 법률을 어기지 않는 한"이라고 조건을 내세웠다. "완전히 자유롭게 자신의 이익을 자신의 방식으로 추구"하는 개인들의 이익이 서로 부딪칠 때 정의의 규칙이 지켜지지 않으면 사회는 붕괴하고 말 것이다. 스미스는 자신의 처지를 개선하려는 모든 개인의 자연스러운 노력은 너무나 강력한 원동력이므로 "다른 어떤 도움 없이 그 자체만으로도 사회에 부와 번영을 가져올 수 있다"라고 했다. 부와 번영은 그런 노력이 "자유롭고 안전하게 발휘되도록 내버려두었을 때" 가능하다. "인간의 어리석은 법률은 너무나 자주 그런 노력을 방해"한다. "그런 방해는 늘 어느 정도 자유를 침해하거나 안전을 감소시키는" 효과를 내지만 자신의 처지를 개선하려는 개인의 노력은 "백 가지 부적절한 방해를 극복"할 수 있을 만큼 강력한 것이다.(국부 4.5)

모든 개인은 그가 쓸 수 있는 자본이라면 무엇이든 가장 유리하게 이용하려고 끊임없이 애쓴다. 실제로 그가 보는 것은 자신의 유리함이지 사회의 유리함이 아니다. 그러나 자신에게 유리한 길을 찾는 것은 자연히, 어느 정도 필연적으로 사회에 가장 유리하게 자본을 이용하는 길을 택하도록 그를 이끈다.(『국부론』 4편 2장)

법이 전혀 개입하지 않는다면 사람들의 사적 이익과 열망이 자연히 모든 사회의 자본을 (…) 가능한 한 사회 전체의 이익에 가장 잘 합치되는 비율로 나누고 배분하도록 이끈다.(『국부론』 4편 7장)

자신의 처지를 개선하려는 모든 사람의 한결같고 끊임없는 노력은 개인뿐만 아니라 사회와 국가의 풍요를 끌어내는 가장 강력한 행동 원리다. 그것은 "정부의 무절제나 중대한 오류에도 불구하고 일들이 자연스럽게 개선을 향해 나아가도록" 할 만큼 강력하다.(국부 2.3) 자유시장을 옹호하는 이들은 이 대목에서 시장에 대한 정부의 개입 덕분이 아니라 정부의 개입에도 불구하고 이러한 개선이 가능하다는 데에 방점을 찍는다. 스미스는 인위적인 규제로 자연적인 자유를 가로막아서는 안 된다고 강조한다. 예컨대 이런 것이 바로 자연적 자유의 침해다.

잉글랜드에서는 흔히 가난한 사람이 교구라는 인위적인 경계를 넘기가 다른 나라에서 바다의 좁은 만이나 높은 산등성이 같은 자연적인 경계를 넘기보다 더 어렵다. (…) 어떤 작은 범죄도 저지르지 않은 사람을 그가 살려고 선택한 교구에서 내쫓는 것은 자연적 자유와 정의에 대한 명

백한 위반이다.(『국부론』 1편 10장)

잉글랜드에서는 가난한 사람이 이 교구에서 저 교구로 마음대로 옮겨 가서 일할 수 없었다. 합법적으로 거주했던 곳의 교구 위원과 빈민감독관이 서명하고 치안판사 두 명이 확인한 증명서를 가져가야만 새 교구에서 받아주었다. 이처럼 주거 이동의 자유를 빼앗는 것은 부정의다. 이주의 자유가 없으면 경제의 비효율도 커진다. 노동 공급이 넘치는 지역과 부족한 지역 간의 불균형은 해소될 수 없다. 지역 간 임금 격차는 보통 바다나 산이 두 지역을 갈라놓을 때 나타난다. 그러나 교구라는 인위적인 경계를 넘을 수 없게 한 잉글랜드에서는 가까운 지역 간에도 임금 격차가 사라지지 않았다. 어디서든 마음에 드는 일을 할 자유를 침해하는 제도는 없애야 한다.

육군과 해군 병사들은 군 복무를 하고 제대했을 때 영국이나 아일랜드의 어느 도시에서든 어떤 일이든 자유롭게 할 수 있다. 모든 국민이 그 병사들과 같은 방식으로 마음에 드는 일을 할 수 있도록 자연적 자유를 되찾아줘야 한다. 다시 말해 자연적 자유를 심각하게 침해하는 조합들의 배타적 특권을 타파하고 도제법을 폐지해야 한다. 아울러 주거법을 폐지해 가난한 노동자가 어느 지역에서 어떤 일을 하다 내쫓기더라도 기소나 추방을 당할 두려움 없이 다른 지역에서 다른 일을 찾을 수 있게 해야 한다. (…) 우리의 제조업자들은 틀림없이 나라를 위해 큰 공헌을 하고 있으나 자신의 피로 나라를 지키는 이들보다 더 많은 공헌을 할 수는 없고 그들보다 더 자상한 대우를 받을 자격도 없다.(『국부론』 4편 2장)

스미스는 자연적 자유를 침해하는 불합리한 제도를 없애라고 주장한다. 예를 들어 어떤 법은 농업인이 소비자에게 직접 곡물을 팔도록 하고 중간에 곡물상이 끼어들지 못하게 막았다.[28] 중간상이 빠지면 소비자가 곡물을 더 싸게 살 수 있으리라는 발상에서였다. 다른 법은 제조업자가 소매상을 제쳐두고 직접 소비자에게 물건을 팔지 못하게 막았다. 물건을 너무 싸게 팔아 소매상이 다 쓰러질까봐 걱정한 것이다.

> 제조업자가 소매상의 일을 하지 못하게 막는 법은 분업이 더 빠르게 진행되도록 강제하려는 것이었다. 농업인이 곡물상의 일을 하도록 의무화한 법은 그런 분업이 너무 빠르게 진행되지 않도록 지체시키려는 것이었다. 두 법은 다 자연적 자유를 명백히 침해한 것이며, 그러므로 부당하다. 둘 다 분별없는 법이다. 이런 일들은 절대 강제하거나 방해하지 않는 것이 사회의 이익이 된다. (…) 팔방미인은 절대 부자가 될 수 없다는 속담이 있다. 그러나 법은 언제나 사람들이 자신의 이익을 돌보도록 맡겨둬야 한다. 사람들은 일반적으로 자신이 처한 특수한 상황에서 입법자보다 더 잘 판단할 수 있기 때문이다.(『국부론』 4편 5장)

어떤 법은 "어떻게 그렇게 되는지 잘 이해하지도 못하면서" 곡물을 싸게 해서 일반 대중의 이익을 증진하려 한다. 다른 법은 상점 주인들이라는 "특정 계층의 이익"을 증진하려 한다. 그러나 잘 알지도 못한 채 일관성도 없이 제정한 법은 애초 취지와 다른 결과를 낳는다. 상인들은 자기 자본을 전부 한 가지 사업에 쏟아붓는다. 오랜 경험과 전문성으로 물건을 사고파는 일을 누구보다 더 잘할 수 있다. 농업인이 곡물상의 일까지

하도록 강제하면 자기 자본의 상당 부분을 곡물 창고에 묵혀두어야 한다. 곡물을 미리 팔아 확보한 자본으로 토지를 개량하는 데 투자할 수도 없다. 한마디로 그에게 팔방미인이 되라고 하는 것은 부당하며 비효율적이다.

스미스는 자유로운 상거래를 강조한다. 기근이 닥쳤을 때도 "곡물 거래를 제한하지 않고 자유롭게 이뤄지게 하는 것이 식량 부족에 따른 곤란을 완화하는 가장 좋은 방법"(국부 4.5)이라고 진단한다. 정부가 기근을 치유하기 위해 합리적이라고 여기는 값으로 곡물을 팔도록 모든 상인에게 명령하면 어떻게 될까? 상인들이 곡물을 시장에 가져오지 않아서 사람들은 굶주림의 계절이 본격적으로 시작되기도 전에 이미 기근에 시달릴 것이다. 그들이 시장에 곡물을 가져오더라도 사람들이 너무 빨리 소비하므로 여전히 기근을 피할 수 없을 것이다. 식량 부족은 치유할 수 없고 완화할 수 있을 뿐이다.

곡물 거래만큼 대중의 증오를 사기 쉬운 거래도 없다. 식량이 부족한 해에 못사는 사람들은 그들의 고통을 곡물상의 탐욕 탓으로 돌린다. 상인들에게 원망과 분노가 집중된다. 곡물상들은 그 기회를 틈타 이익을 얻기는커녕 창고를 약탈당하고 완전히 망할 위험에 직면한다. 따라서 곡물 거래만큼 완전한 법의 보호를 받아야 할 거래도 없다.

매점과 매석에 대한 대중의 두려움은 주술에 대한 공포와 의심에 견줄 수 있을 것이다. 주술 혐의를 받는 이들처럼 매점과 매석의 혐의를 받는 이들도 대중이 탓하는 잘못을 저지르지 않았다. 주술에 대한 모든 기소가 폐지되자 누구도 상상 속의 죄를 씌워 이웃을 고발함으로써 자신의 악의를 만족시킬 수 없게 됐다. 대중의 공포와 의심을 부추기고 또 뒷받침한 가장 큰 원인이 제거된 것이다. 마찬가지로 국내 곡물상에 완전한 자유를 되찾아줄 법률은 매점과 매석에 대한 대중의 공포와 의심을 효과적으로 없애줄 것이다.(국부 4.5)

때로는 자연적 자유의 침해도 정당화될 수 있다. 애덤 스미스는 얼핏 보면 자유를 제약하는 것 같아도 더 큰 자유를 위해 필요하다면 그 일을 하자고 제안한다.

> 불길이 번지는 것을 막기 위해 건물에 방화벽을 의무적으로 세우게 하는 것은 자연적 자유를 침해하는 것인데, 그것은 여기서 제안하는 은행업에 대한 규제와 정확히 같은 종류의 침해다.(『국부론』 2편 2장)[29]

스미스가 말한 "단순하고 명백한 자연적 자유의 체제"는 인간의 자유를 최대한 발휘할 수 있는 체제다. 그것은 자연적으로 이미 정해져 있는 체제가 아니다. 사회적으로 건설하고 유지하고 발전시켜야 할 체제다. 순수하게 자연적으로 만들어진 질서가 아니라 사람들이 만들어가는 체제다. 자연적 자유의 체제는 누구든 무엇이든 제 맘대로 할 수 있는 체제가 아니다. 스미스가 옹호한 시장의 자유는 절대적인 것이 아니다. 시장에서 거래해서는 안 되는 것도 많다. 인간의 장기를 거래할 수 있다면 더 많은 사람을 살릴 수 있을지도 모른다. 그러나 인간의 장기 매매는 어디서나 불법이다. 어떤 약품은 아예 거래할 수 없다. 유권자의 표는 돈으로 사고팔 수 없다. 법정의 재판 결과나 스포츠 경기의 승패도 마찬가지다. 애덤 스미스는 어떻게 하면 국부를 가장 잘 창출할 수 있는지를 설파했다. 그런 스미스가 학생들에게 노예제가 풍요의 필요조건이라면 차라리 온 세상이 가난하기를 바라는 것이 낫겠다고 가르쳤다. 스미스의 평등주의적인 면모를 볼 수 있는 대목이다.[30] 노예 거래는 사람의 인격과 노동 일체를 사고파는 것이다. 오늘날에도 사실상 노예계약이나 다름없는 거래가 있다. 하지만 적어도 법적으로는 그런 거래가 허용되지 않는다. 반면 스미스의 시대에는 대다수 사람에게 당연한 것으로 여겨졌다. 그는 1750년대 후반에 이미 노예제를 비판했다. 링컨이 노예해방을 선언한 것보다 한 세기 이상 앞섰다.[31]

애덤 스미스가 옹호한 자유의 철학은 당대부터 큰 울림이 있었다. 1776년 미국 독립선언은 모든 사람이 평등하게 태어났으며 생명, 자유, 행복을 추구할 양도할 수 없는 권리가 있다고 천명한다. 1789년 프랑스 국민의회의 '인간과 시민의 권리에 관한 선언'은 "사회적 차별은 오로지 공익에 바탕을 둘 때만 허용될 수 있다"라고 했다. 인간은 자유롭고 평등한 권리를 지니고 태어난다. 모든 정치결사의 목적은 인간이 지닌 불가침의 자연권을 보전하는 데 있다. 이러한 권리에는 자유권과 재산권, 안전에 대한 권리와 억압에 대한 저항권이 있다. 19세기 서양사를 규정하는 자유주의의 흐름은 이미 스미스 시대에 뚜렷한 물줄기를 이루고 있었다.

가장 인기 있는 경제학 교과서의 저자 그레고리 맨큐는 이렇게 가르친다. "애덤 스미스의 『국부론』과 미국의 독립선언서가 같은 해에 발표되었다는 것은 우연의 일치일지도 모른다. 그러나 이 두 중요한 역사적 문서는 그 시대를 지배하던 새로운 시대상을 반영하고 있다. 모든 개인은 정부의 권위적인 지도와 간섭을 받기보다는 각자 자유롭게 선택할 때 자신을 위한 최선의 결정을 내릴 수 있다는 것이다. 이러한 당시의 정치적 믿음이 시장경제 체제와 그 후의 더 자유로운 시민사회를 구성하는 지적 근거가 됐다."[32]

애덤 스미스는 추상적인 이론보다 구체적이고 실용적인 이야기를 풀어나간다. 이상을 좇아 날아오르기보다 현실을 굳게 딛고 서려 한다. 언제 어디서나 통하는 보편적이고 절대적인 법칙에 매달리기보다 역사적이고 유연한 해법을 찾으려 한다. 그는 가장 근본적인 물음을 던졌다. 현실에서 자연적 자유의 체제는 어떻게 가꿔갈 수 있을까? 개인의 이익 추구는 어떻게 사회에 유익한 결과를 낳을 수 있을까? 모두가 맘껏 자유를 외칠 때 더 멀리 있는 목소리와 더 작은 목소리는 묻혀버리지 않을까? 그 목소리에도 귀 기울이려면 어떻게 해야 할까? 이 물음에 답하는 것은 자유의 철학일 뿐만 아니라 공감과 정의의 철학이다.

제 3 장

내 마음속의
위대한 재판관

인간의 본성과 도덕의 기초에 관한 애덤 스미스의 철학은 오랫동안 국부의 본질에 관한 탐구에 가려져 있었다. 스미스는 더불어 사는 사람들의 공감을 중시한다. 그리고 내면의 공정한 관찰자라는 개념으로 도덕적 판단의 원리를 밝힌다. 우리 마음속의 위대한 재판관은 자기애라는 가장 강력한 충동에 맞설 수 있는 대항력이다. 스미스를 이기심과 탐욕의 변호인으로 보는 건 얼마나 큰 오해인가?

||

조세희의 소설 「뫼비우스의 띠」에 나오는 이야기다.[1] 수학 교사가 묻는다. 두 아이가 굴뚝 청소를 했다. 한 아이는 얼굴이 새까맣게 되어 내려왔고 또 한 아이는 그을음을 전혀 묻히지 않은 깨끗한 얼굴로 내려왔다. 제군은 어느 쪽 아이가 얼굴을 씻을 것으로 생각하는가? 교사의 질문에 한 학생이 얼굴이 더러운 아이가 씻을 것이라고 대답한다. 틀렸다. 얼굴이 더러운 아이는 깨끗한 아이를 보고 자기도 깨끗하다고 생각할 것이다. 교사는 다시 묻는다. 이번에는 다른 학생이 얼른 얼굴이 깨끗한 아이가 씻을 것이라고 답한다.[2]

여기서 이야기를 조금 틀어보자. 얼굴이 더러운 아이가 거울을 볼 수 있었다면 어땠을까? 애덤 스미스도 거울 이야기를 했다. 사회라는 거울이다.

어떤 사람이 외딴곳에서 다른 사람들과 전혀 소통하지 않고 자라 어른이 되는 것이 가능하다면, 그는 자신의 얼굴이 아름다운지 찌그러졌는지 알 수 없는 것처럼 자신의 마음이 아름다운지 찌그러졌는지, 혹은 자신의 성격이 어떤지, 자신의 감정과 행동이 적정한지, 단점은 없는지 알 수 없을 것이다. 이는 모두 그가 쉽게 볼 수 없는 것이어서 그는 자연히 그것들을 보지 않는다. 그것들을 비춰주는 거울도 구할 수 없다. 그를 사회로 데려오면, 그는 즉시 전에 원했던 거울을 얻게 된다. 그 거울은 함께 살아가는 이들의 표정과 행동에서 나타나며, 그들이 그의 감정에 공감하거나 그 감정을 부인할 때는 언제나 그걸 표시해준다. 바로 이때 그는 처음으로 자신의 열정이 적정한지 아닌지, 그리고 자신의 마음이 아름다운지 찌그러졌는지 보게 된다. 태어날 때부터 사회를 전혀 몰랐던 그에게 (…) 그를 즐겁게 하거나 아프게 하는 외부 세계가 그의 관심을 온통 차지하게 된다.(『도덕감정론』 3부 1장)

다른 사람들의 낯빛과 행동은 자신을 비춰주는 거울이다. 그 거울을 보면 자신의 기쁨이나 슬픔이 뭇사람의 공감을 사는지 못 사는지 알 수 있다. 그는 이제 그 기쁨이나 슬픔을 안겨준 원인뿐만 아니라 그러한 열정들이 적정한 것인지, 다른 사람들의 공감을 얻을 수 있는 것인지도 생각하게 된다. 그 기쁨이나 슬픔은 서로의 공감을 통해 또 다른 기쁨이나 슬픔이 될 것이다.

공감이란 무엇인가?

우리말로 공감과 비슷한 낱말이 여럿 있다. 표준국어대사전을 보자. 공감은 "남의 감정, 의견, 주장 따위에 대하여 자기도 그렇다고 느끼는 것, 또는 그렇게 느끼는 기분"을 말한다. 동감은 "어떤 견해나 의견에 같은 생각을 가지는 것, 또는 그런 생각"을 의미한다. 둘은 어떤 차이가 있을까?

연민은 "불쌍하고 가련하게 여기는 것"을 말한다. 동정은 "남의 어려운 처지를 자기 일처럼 딱하고 가엾게 여기는 것 혹은 남의 어려운 사정을 이해하고 정신적으로나 물질적으로 도움을 베푸는 것"이다. 단순한 느낌에 그치지 않고 이해와 행동으로 나아갔다. 감정이입은 "자연의 풍경이나 예술작품 따위에 자신의 감정이나 정신을 불어넣거나, 대상으로부터 느낌을 직접 받아들여 대상과 자기가 서로 통한다고 느끼는 일"이다. 어딘가로 들어가고 서로 통한다는 개념이 잡힐 듯 말 듯하다.

비슷한 말을 영한사전에서 찾아보자. 'sympathy'의 뜻풀이에는 공감, 동감, 연민, 동정이 다 나온다. 'empathy'는 어떨까? 감정이입이나 공감을 뜻한다고 돼 있다. 'pity'는 덜 헷갈린다. 연민이나 동정심을 의미한다. 'compassion'도 연민이나 동정심이다. 어원을 풀이하고 도표까지 그려가며 각각의 낱말에 담긴 철학적인 의미와 차이점을 설명하는 이도 많다. 설명을 들으면 더 헷갈린다. 그래서 여기서는 그냥 애덤 스미스가 말하는 'sympathy'를 '공감'으로 옮기기로 한다. 같은 말을 '동감'으로 옮기는 이도 많다. 둘 중 반드시 어느 하나를 고집해야 할 까닭이 있을까?[3]

중요한 점은 애덤 스미스가 어떤 의미로 이 말을 썼는지 이해하는 것이다. 그는 『도덕감정론』 첫머리에서 공감이 무엇인지 설명한다. 스미스는 먼저 "인간이 아무리 이기적이라 하더라도 그의 본성에는 다른 이들의 운명에 관심을 갖는 (…) 어떤 원리가 분명히 있다"라고 못 박는다. 인간은 다른 사람들의 행복이나 불행에 무관심하지 않다. "설사 그들의 행복을 바라보는 즐거움밖에는 아무것도 얻지 못할지라도" 다른 이들의 행복이 자신에게도 필요하다고 여기는 존재다.

우리는 다른 사람들이 고통스러워하는 것을 보면 연민과 동정심을 갖게 된다. 직접 보지 않고 상상만 하더라도 그렇다. 다른 이들이 슬퍼하면 함께 슬퍼진다. 물론 우리는 다른 사람들이 느끼는 감정을 곧바로 경험하지는 않는다. 따라서 우리가 그들과 같은 상황에 있을 경우 무엇을 느낄지 상상하지 않으면 아무것도 느낄 수 없다. 설사 형제가 고문대 위에 있더라도 우리 감각은 그가 어떤 고통을 받는지 알려주지 않는다. 상상을 통해서만 그의 감각을 이해할 수 있다.

> 우리는 상상을 통해 우리 자신을 그의 처지에 가져다놓고 모든 고문을 우리 스스로 똑같이 견디고 있는 것처럼, 마치 우리가 그의 몸속으로 들어가 그와 어느 정도 같은 사람이 된 것처럼 상상하고, 그때부터 그의 감각에 대한 어떤 관념을 형성하며, 비록 강도는 더 약하더라도 그의 감각과 전혀 다르지 않은 어떤 감각을 느끼기까지 한다. 그래서 우리가 그의 고통을 절실히 느끼고 우리 자신의 것으로 받아들일 때 그 고통은 마침내 우리에게 영향을 미치며, 이때 우리는 그가 느끼는 것을 생각하며 몸서리를 친다.(『도덕감정론』 1부 1편 1장)

이것이 바로 "다른 사람들의 고통에 대해 우리가 동료로서 느끼는 감정"이다. 다른 사람의 슬픔에 대해 우리가 갖는 동료 감정을 뜻하는 말로 적당한 것은 연민이나 동정심이다. 그렇다면 "어떤 종류든 다른 사람

내 마음속의 위대한 재판관

의 정념에 대해 우리가 느끼는 동료 감정"을 표현하는 더 포괄적인 말은 무엇일까? 그것이 바로 공감이다. 어렵게 생각할 일이 아니다. 다른 이가 느끼는 것과 같은 감정을 상상을 통해 그의 처지가 된 내가 느끼는 것, 그것이 공감이다.

어떤 경우에는 다른 사람의 감정을 지켜보기만 해도 감정을 느낄 수 있다. 메일을 읽으며 미소 짓는 아내의 얼굴을 보는 나는 그 내용을 모르면서도 행복감을 느낄 수 있다. 하지만 어떤 정념은 그렇지 않다. 누군가에게 길길이 뛰며 분노하는 사람을 본다고 하자. 나는 그가 왜 격분하는지 알기 전에는 같은 감정을 느낄 수 없다. 오히려 그에게 반감을 갖게 되고 그 분노의 표적이 되는 사람의 공포심에 공감할 수도 있다. 그러므로 공감은 어떤 정념을 지켜볼 때보다는 그 정념을 불러일으킨 상황을 이해할 때 느끼기 쉽다. 당사자는 전혀 느끼지 않는 정념을 지켜보는 내가 느낄 수도 있다. 예컨대 어떤 모임에서 낯두껍게 함부로 행동하는 사람을 지켜보는 내 얼굴이 붉어질 때가 있다. 정작 본인은 아무런 수치심을 느끼지 않더라도 나는 상상을 통해 그의 처지에서 부끄러움을 느끼는 것이다.

우리 가슴속의 열정에 대해 다른 사람들이 느끼는 동료 감정을 지켜보는 것보다 우리를 더 즐겁게 하는 것은 없다. 공감은 기쁨을 더해주고 슬픔을 덜어준다. 사랑이나 기쁨처럼 기분 좋은 열정은 공감으로 즐거움을 더해주지 않더라도 우리를 만족시킬 수 있다. 슬프거나 화날 때 그 쓰라리고 아픈 정념을 어루만지고 치유해주는 공감은 더 절실히 필요한 법이다.

불운한 사람들에게 줄 수 있는 가장 잔인한 모욕은 그들의 불행을 가볍게 여기는 것 같은 태도다. 우리의 동료가 느끼는 기쁨에 영향을 받지 않는 듯이 보이는 것은 정중함이 부족한 태도일 뿐이지만, 그들이 우리에게 자신의 고통을 이야기할 때 진지한 표정을 짓지 않는 것은 정말이지 엄청나게 몰인정한 태도다.(『도덕감정론』 1부 1편 2장)

지금부터는 조금 복잡해진다. 어떤 열정이 적정한가 아닌가는 공감을 불러일으키는 데 매우 중요하다. 나는 지금 카푸친 씨의 열정을 지켜보고 있다. 그의 열정이 관찰자인 내가 공감하면서 느끼는 감정과 완전히 일치한다고 하자. 그렇다면 그의 열정은 정당하고 '적정'한 것이며 열정의 대상에 '적합'한 것이다. 반대로 내가 그 사람의 처지에서 느껴보더라도 내 감정이 그가 느끼는 것과 일치하지 않는다면 그의 열정은 부당하고 부적정한 것이며, 그런 정념을 불러일으킨 원인에 적합하지 않은 것이다. 그러므로 다른 사람의 감정이 그 대상에 적합한 것이라고 내가 '승인'한다는 것은 내가 그 감정에 완전히 공감한다는 뜻이다. 승인하지 않는다는 것은 완전히 공감하지 않는다는 말이다. 스미스는 어떤 감정이 그것을 불러일으킨 원인이나 대상에 적합한가, 적합하지 않은가, 그에 비례하는가, 비례하지 않는가를 보면 그에 따른 행동이 적정한가, 적정하지 않은가, 품위 있는가, 천박한가를 알 수 있다고 본다.[4]

마음속에서 일어나는 감정은 행동으로 이어진다. 감정은 행동을 지시하고 지휘한다. 그러므로 우리의 덕성은 궁극적으로 그 감정에 달려 있다. 감정과 행동, 덕성이 어떤 관련을 맺는지는 두 가지 측면에서 생각해볼 수 있다. 첫째는 감정을 불러일으킨 원인과 행동을 유발한 동기를 보는 것이고, 둘째는 감정이 불러온 결과나 행동이 낳은 효과를 보는 것이다. 우리가 카푸친 씨의 사랑이나 슬픔이나 분개가 지나친 것인지 아닌지 판단할 때는 그러한 열정의 결과뿐만이 아니라 원인도 본다. 그다지 분해할 일이 아닌데 길길이 날뛰며 격분하는 친구를 보면 우리는 그 열정이 지나치다고 보고 공감하지 않는다. 그 친구가 공감을 얻으려면 스스로 감정의 수위를 낮춰야 할 것이다.

인간은 본래 공감하는 존재이지만 관찰자가 상상으로 느끼는 감정은 아무래도 당사자가 실제로 느끼는 것보다는 약할 수밖에 없다. (물론 앞서 본 것처럼 본인은 부끄러워하지 않는데 관찰자가 얼굴을 붉히는 예외도 있다.) 서로가 감정을 일치시키려면 관찰자가 당사자의 처지를 상상하듯이 당사자도 관찰자의 처지에서 어느 정도 냉정하게 자신의 감정을 바라봐야 한다. 이처럼 당사자의 감정에 공감하려는 관찰자의 노력과 관찰자가 동의할 수 있도록 감정의 수위를 조절하려는 당사자의 노력은 두 가지 덕성의 바탕을 이룬다.

하나는 다른 이에게 호감을 주는 덕성인 인간애다. 대화 상대가 아파하고 슬퍼하고 기뻐할 때 그 모든 감정에 반향과 공감을 보여주는 이는 얼마나 정감 있는 사람인가! 그를 지켜보는 우리도 다정한 친구를 둔 그 상대가 느낄 위안과 감사에 공감하게 된다. 다른 하나는 존경할 만한 덕성인 자기 통제다. 자기 일에 평정심을 잃지 않으며 다른 사람이 공감할 수 있도록 자신의 모든 열정을 끌어내리고 통제할 수 있는 이는 얼마나 품위 있는 사람인가! 우리는 요란스럽게 탄식하며 동정을 얻어내려는 사람보다 "부어 있는 눈과 떨리는 입술로만 알아볼 수 있는" 절제되고 위엄 있는 슬픔을 보여주는 사람을 존경한다. 또 절제 없이 분출되는 무자비하고 무례한 분노는 가장 혐오스럽게 비칠 것이다.

다른 사람들을 위해 많이 느끼고 우리 자신을 위해서는 적게 느끼며, 우리의 이기적인 성정을 억제하고 착한 성정을 베푸는 것이 인간의 본성을 완성하는 길이다. 그것만이 세상 사람들 사이에서 감정과 열정의 조화를 이루고 그로부터 사회 전체의 품위와 적정성을 갖추는 길이다. 우리가 자신을 사랑하는 것처럼 이웃을 사랑하라는 것이 기독교의 위대한 계율이듯이 우리가 이웃을 사랑하는 만큼만, 같은 말이지만 이웃이 우리를 사랑할 수 있는 만큼만 자신을 사랑하라는 것은 자연의 위대한 가르침이다.(『도덕감정론』 1부 1편 5장)

공감은 상상을 통해 이뤄진다. 상상 속에는 가장 공정한 재판관의 법정이 있다.

인간은 사람들에 대한 즉석 재판관이 됐으나 첫 재판에서만 그런 역할을 하게 됐다. 그 판결에 대한 항소는 훨씬 더 높은 법정 (···) 사정을 잘 아는 가상의 공정한 관찰자의 법정, 마음속에 있는 사람의 법정, 그들의 행위에 대한 뛰어난 재판관이자 중재자의 법정으로 이뤄진다.(『도덕감정론』 3부 2장)

자신의 행동을 승인한다는 것은 무슨 뜻일까? 우리 마음속의 공정한 관찰자 혹은 재판관이 우리 행동을 승인하고 우리가 그의 승인에 공감한다는 뜻이다. 그 관찰자가 우리 행동을 승인하지 않고 우리가 그의 불

승인에 공감한다면 우리는 자신의 행동을 승인하지 않는 것이다.

　　우리는, 다른 누구든 그가 치우침 없이 공정한 관찰자라면 어떻게 심사
　　했을지 상상하면서 우리 자신의 행동을 심사하려고 노력한다. (…) 우리
　　의 행동에 영향을 준 모든 열정과 동기를 완전히 이해한 상태에서 그 가
　　상의 공정한 재판관의 승인에 공감하면서 자신의 행동을 승인한다. 그
　　렇지 않으면 우리는 그의 불승인에 공감해 자신의 행동을 비난한다.(『도
　　덕감정론』 3부 1장)

　　승인할 것이냐 말 것이냐는 행동이나 판단의 효용성을 기준으로 하지
않는다.

　　우리는 다른 이의 판단이 유용해서가 아니라 옳고 정확하며 진실과 현
　　실에 부합해서 승인한다.(『도덕감정론』 1부 1편 4장)

　　애덤 스미스는 효용이 도덕의 잣대가 되는 것에 언제나 적대적이었다.
얼마나 쓸모 있느냐를 가지고 도덕성을 판단해서는 안 된다는 뜻이다.
그는 얼마나 유용한지 혹은 유해한지가 우리의 도덕적 승인과 부인의
첫 번째 원천도 아니고 주요한 원천도 아니라고 거듭 강조한다.(도덕 4.2)
우리가 어떤 특성이나 행동을 승인하는 것은 다음 네 가지 때문이다.(도
덕 7.3.3) 첫째, 우리는 행위자의 동기에 공감한다. 둘째, 우리는 그의 행동
으로 혜택을 받은 사람들이 느끼는 감사에 공감한다. 셋째, 그의 행동이
일반적인 원칙에 맞는다는 것을 본다. 넷째, 그런 행동이 개인이나 사회

의 행복을 증진한다고 생각하며 그 효용에서 아름다움을 느낀다.

사람은 누구나 자신에 대한 편견과 편애를 떨쳐버리기 어렵다. 누구든 자신을 객관적으로 공정하게 바라보기는 쉽지 않다. 다른 사람의 눈에는 뻔히 보이는 흠도 자기 눈에는 잘 보이지 않는다. 그 점을 잘 짚어낸 시인이 있다. 스코틀랜드 태생인 로버트 번스(1759~1796)는 교회에 온 한 숙녀의 보닛에서 기어다니는 이를 보고 시를 쓴다. 제목은 '이에게'⁵다.

> 이 추악하게 스멀대는 빌어먹을 놈,
> 성자나 죄인이나 다들 혐오하여 피하는
> 네까짓 게 어찌 감히 저리 고운
> 숙녀의 몸에 발을 내디뎠느냐?
> (…)
> 오 제니, 머리를 돌리지 말아요,
> 당신의 아름다움을 맘껏 자랑하오!
> 당신은 차마 모를 거요, 저 빌어먹을 놈이
> 얼마나 가증스러운 속도로 나다니는지!
> (…)
> 부디 신께서 남들이 우리를 보듯
> 우리 자신을 살피는 재능을 내려주시길!

애덤 스미스는 우리에게 자신을 살피는 상상력이 있다고 믿는다. 우리는 상상을 통해 다른 사람의 자리로 가서 그들의 눈으로 자신을 본

내 마음속의 위대한 재판관

다. 그들의 눈은 우리를 비춰주는 거울이다. 다른 사람과 소통하지 않고 '외딴곳'에서 사는 사람은 사회라는 거울에 자신을 비춰볼 수 없다. 물론 현실의 관찰자들은 편견을 가질 수 있다. 나의 처지를 충분히 이해할 만한 정보가 부족할 수도 있다. 사회는 나를 잘 모르거나 색안경을 끼고 볼 수 있다. 그래서 우리 마음속 공정한 관찰자의 역할이 중요한 것이다.

애덤 스미스보다 한 해 늦게 프로이센에서 태어난 이마누엘 칸트(1724~1804)는 경험보다 이성을 중시했다. 홉스는 이성을 "욕구를 찾는 정찰병"으로 보았다. 데이비드 흄(1711~1776)은 이성을 "열정의 노예"로 치부했다. 그러나 칸트에게 이성은 경험주의자들이 말하는 것과 같은 한낱 도구가 아니다. 이성은 우리 의지에 서로 다른 두 가지 명령을 내릴 수 있다. X를 원하면 Y를 하라는 식으로 조건이 붙는 것은 가언명령이다. 예컨대 사업가로서 좋은 평판을 얻으려면 고객들을 정직하게 대하라는 명령이 그런 것이다. 어떤 조건도 붙지 않고 다른 목적의 수단이 아니라 그 자체로 옳은 행동을 하라는 것은 정언명령이다. 칸트는 정언명령만이 도덕적인 명령이 될 수 있다고 주장한다.[6] 칸트는 행복이나 효용과 같은 어떤 욕구나 이익을 도덕의 바탕으로 삼으려는 노력은 실패할 수밖에 없다고 했다. 이익에 바탕을 둔 원칙은 언제나 조건적일 수밖에 없고 따라서 도덕의 법칙이 될 수 없다.[7]

스미스는 자기기만이 도덕적인 이해와 행동에 위협이 될 수 있음을 지적했다. 보편적인 법칙이 될 수 있는 행동 원리에 따르라는 정언명령은 자기기만의 위협을 넘어서려는 것이다. 칸트는 자연의 모든 것이 법칙에 따라 움직인다고 보았다. 그의 도덕 법칙은 절대적이고 보편적인 것이다. 그와 달리 영국의 경험주의자들은 보편적인 법칙보다는 일반적인 규칙을 이야기한다. 그런 규칙에는 예외도 있을 수 있다. 거짓말을 해서는 안 된다는 일반적인 규칙에도 불구하고 아이를 위해 산타 할아버지가 선물을 주고 갔다는 거짓말쯤은 해도 되지 않을까?

절대적인 도덕의 법칙을 주장하는 이들이 보면 스미스의 도덕 체계가 지닌 상대성은 약점일 것이다. 그러나 바로 그것이 장점이 될 수 있다. 스미스의 도덕 체계는 절대자의 계시나 명령처럼 위에서 떨어지는 것이 아니라 끊임없이 상호작용하는 사람들의 공감을 바탕으로 아래로부터 형성되는 것이다. 타고난 도덕감각이 아니라 사람들이 서로 인정하고 거부하는 과정을 거치며 만들어가는 것이다. 엄격한 계약을 전제하지 않는다. 어느 한 사람이 설계하고 결정할 필요도 없다. 공감과 합의를 통해 자연스럽게 형성되고 진화하는 것이다. 그러면서도 도덕적인 힘을 지닌다.

홉스가 생각한 사회계약은 만인과 만인의 투쟁을 피할 수 있게 개인의 자유 가운데 일부를 국가라는 리바이어던에 넘겨주는 것이었다. 그러나 흄이 비판했듯이 규범은 계약보다 먼저다. 당초에 그러한 약속이 지켜지리라는 믿음이 없었다면 어떻게 그 계약을 기초로 사회가 돌아갈 수 있겠는가?

스미스는 '인간의 과학'인 도덕철학을 발전시키려면 인간의 본성에 대한 관찰과 경험에 초점을 맞춰야 한다고 보았다. 버나드 맨더빌은 인류가 원시 상태에 있을 때 가장 비참하다고 봤다. 그런 상태에서 벗어나려면 사회를 이뤄야 한다. 그와 반대로 장 자크 루소는 원시 상태가 가장 행복한 것이라고 했다. 사회는 부자연스러운 야망과 우월해지려는 욕망이 뒤엉키는 곳이다. 루소에 따르면 원시인들은 원하는 것이 단순하므로

내 마음속의 위대한 재판관

자유롭고 행복하다. 하지만 문명화된 사회의 인간은 재산을 얻고 남들에게 의존하므로 속박당하며 불행하다. 사회는 불평등하다. 정의의 법칙이라는 것도 결국 불평등을 유지하려는 것이다. 스미스는 두 사람 다 정의의 법칙을 간교하고 힘 있는 자들이 다른 이들을 부당하게 지배하기 위한 장치로 이해한다는 데 놀란다.[8]

스미스는 자기애가 경제활동을 추동하는 힘이라는 생각에는 동의한다. 그렇지만 도덕적인 행동에 대한 승인과 불승인의 기초가 될 수는 없다. 스미스에 따르면 그의 스승 프랜시스 허치슨은 "(도덕적) 승인이 자기애에 바탕을 둔 것이 아님을 증명"하느라 애를 썼다. 그는 또한 승인이 "이성의 작용에 따른 것일 수 없음을 증명"했다. 자기애도 아니고 이성도 아니라면 우리는 무엇을 바탕으로 도덕적 행동을 승인하거나 부인하는 것일까? 허치슨은 우리의 오감이 소리나 맛, 냄새, 색깔을 식별하듯이 미덕과 악덕, 옳은 것과 그른 것을 지각하는 특별한 도덕감각이 있다고 생각했다. 그러나 스미스는 허치슨의 도덕감각이 아니라 흄의 공감에서 도덕의 기초를 발견한다. 흄의 공감은 현의 울림이 퍼지는 것과 같다. 사람과 사람의 감정은 어떤 현의 울림이 다른 현으로 퍼져나가듯이 공명한다. 스미스의 공감은 그와 달리 단순한 반향이 아니라 피치와 톤을 중시한다.[9]

우리는 상상을 통해 다른 이의 감정을 느낄 수 있다. 흄이 예를 들었듯이 무시무시한 수술을 앞두고 공포에 질린 환자를 지켜보거나 스미스가 예를 든 것처럼 고문실에 묶여 있는 형제의 처지를 생각하면 그들의 두려움을 느낄 수 있다. 흄은 『도덕감정론』을 읽고 스미스에게 보낸 편지에서 "모든 종류의 공감이 반드시 기분 좋은 것이라는 점을 더 완전히 증명했으면 좋았"으리라고 지적한다. 공감이 다 기분 좋은 것이라면 왜 "병원이 무도회장보다 더 즐거운 곳"이 되지 않겠는가? 흄이 보기에 우리가 다른 사람의 슬픔에 공감하고 그것을 승인하면서 즐거움을 느낀다는 것은 일관성 없는 주장이었다.

그러나 스미스는 이 문제를 개정판의 각주로 간단히 정리한다. 그는 "공감에 따른 승인의 감정은 언제나 기분 좋은 것이라고 하고는 기분 나쁜 공감을 인정하는 내 주장에 일관성이 없다는 반론"이 있었다며 그에 답한다. "승인의 감정에는 주목해야 할 두 가지가 있다. 첫 번째는 공감하는 관찰자가 느끼는 감정이다. 두 번째는 공감하는 그의 감정과 관심의 대상이 되는 사람의 원래 감정이 완전히 일치하는 것을 볼 때 느끼는 감정이다. 두 번째 감정은 승인의 감정에 따른 것으로 언제나 기분 좋고 즐거운 것이다. 첫 번째 감정은 원래의 감정이 어땠느냐에 따라 기분 좋은 것일 수도 있고 기분 나쁜 것일 수도 있다."(도덕 1.3.1) 스미스는 이로써 흄을 "완전히 당황하게 했다고 생각"한다. 흄의 공감은 상대의 감정을 같이 느끼는 것이다. 상대가 기뻐하거나 슬퍼하면 그 감정을 거울처럼 반영할 뿐이다. 스미스의 공감은 그와 달리 상대의 처지를 이해하고 서로의 감정이 일치하는지 가늠하는 데까지 나아간다.

스미스의 『도덕감정론』은 윤리 강령이 아니다. 무엇이 옳고 무엇이 그른지 명확한 기준을 제시하려는 것이 아니라 우리가 어떻게 도덕적 판단을 내릴 수 있는지 그 원리를 밝히려는 것이다. 책은 7부로 이뤄져 있다. 제1부는 행위의 적정성을 이야기한다. 공감이란 무엇인지, 도덕적인 승인은 어떻게 이뤄지는지, 우리는 왜 부자와 권력자를 숭배하는지 설명한다. 제2부는 감사와 분개의 대상을 논한다. 정의란 무엇인지, 자선의 덕성과는 어떻게 다른지 이야기한다. 제3부는 자신의 감정과 행동을 판단하는 원리를 분석한다. 칭찬받고 사랑받을 만한 사람이 되기를 바라고 때로 자기기만에 빠지기도 하는 인간의 본성을 꿰뚫어본다. 제4부는 효용이나 유용성이 도덕적 승인의 중요한 기초가 될 수 있는지 논한다. 제5부는 관습과 유행이 도덕감정에 어떤 영향을 미치는지를 살펴본다. 제6부는 신중과 자선, 자기 통제와 같은 여러 덕성의 성격을 알아본다. 제7부는 여러 도덕철학 체계를 검토한다. 덕성의 본질을 적정성이나 신중 혹은 자선에서 찾는 철학을 비교하고, 승인의 원리를 자기애나 이성 혹은 감정에서 끌어내는 철학을 평가한다.

가난한 집 아들

애덤 스미스는 『도덕감정론』에서 한 남자의 삶을 세밀하게 묘사한다. 몸과 마음을 다 바쳐서 부와 지위를 좇는 삶이다. 그 이야기를 들어보자.

어느 가난한 집의 아들이 있다. 신은 그에게 야심을 심어주었다. 주위를 둘러보던 그는 부자들의 삶에 감탄한다. 아버지의 오두막은 그가 살기에 너무 작다. 걸어다니거나 피곤하게 말을 타야 하는 지금의 처지를 생각하면 언짢다. 그는 큰 저택에서 더 편하게 사는 자신을 상상해본다. 지체 높은 이들처럼 마차를 타면 덜 불편하게 여행할 수 있겠다고 생각한다.

본래 게으른 자신이 스스로 돌보지 않아도 수많은 하인이 그의 수고를 덜어줄 것이다. 그 모든 것을 이루면 느긋하게 행복과 평온을 즐기며 조용히 살리라. 더할 나위 없는 행복에 젖을 생각만으로도 황홀해진다. 상류층의 삶을 상상하는 그는 온 힘을 쏟으며 끝없이 부와 지위를 좇는다. 그런 길을 걷기 시작한 첫해, 아니 첫 달에, 다른 길을 걸었을 경우 평생에 걸쳐 겪었을 것보다 더 많은 육체적 피로와 정신적 불안을 감수한다. 그는 어려운 전문 직종에서 이름을 날리려고 공부한다. 지칠 줄 모르고 일한다. 모든 경쟁자보다 뛰어난 재능을 얻으려고 밤낮없이 노력한다. 그다음에는 그 재능을 뭇사람이 알아보게 하려 애쓰고 기회 있을 때마다 열심히 일자리를 구한다. 이를 위해 세상 모든 사람의 비위를 맞춘다. 몹시 싫어하는 이들을 위해서도 일하고 경멸하는 사람들에게도 아부한다.

그는 자신의 생에서 결코 이르지 못할 수도 있는 고상한 안식이라는 관념을 좇는다. 그 안식을 위해 언제든 스스로 얻을 수 있는 진정한 평온을 희생한다. 그리고 노년의 끝자락에 마침내 얻은 부와 지위가 어느 모로 보나 그것을 위해 포기했던 작은 만족과 안전보다 더 낫지 않음을 깨닫게 된다. 생이 얼마 남지 않았을 때 몸은 고생하고 병들어 쇠약해진다. 적들은 자신을 부당하게 대하고 친구들은 자신의 믿음을 저버리며 고마워할 줄 모른다. 온갖 상처와 실망을 떠올리면 마음은 쓰디쓰고 어지럽게 흔들린다. 바로 그때 그는 마침내 부와 지위가 보잘것없는 효용을 지닌 장신구에 지나지 않음을 알게 된다. 몸과 마음을 평온하게 해주는 데 있어서 그것들은 장난감을 좋아하는 사람들이 가지고 다니는 족집게 상자보다 더 나을 것도 없다. 그것들에서 얻는 편리함보다 그것들을 들고 다닐 때 느끼는 성가심이 더 크다. 그 둘 사이에 차이가 있다면 다른 사람들이 그 편리함을 얼마나 더 잘 볼 수 있느냐 하는 것밖에 없다.[10]

내 마음속의 위대한 재판관

몸과 마음을 망가뜨리는 필생의 노력으로 얻어낸 부를 한낱 족집게 상자에 견주다니. 애덤 스미스를 부의 예찬론자나 탐욕의 변호인쯤으로 생각한 이가 있다면 이 대목에서 적잖이 놀랐으리라. 스미스는 이 우화로 여러 가지를 설명한다. 가난한 집 아들이 상상한 큰 저택과 화려한 정원, 고급스러운 마차, 수많은 시종은 사람들 눈에 잘 보이는 것이다. 그래서 과시하기 좋다.

> 부자들은 대부분 부의 과시에서 가장 큰 즐거움을 얻는데, 그들이 생각하기에는 누구도 가질 수 없는 풍요의 결정적인 표지들을 오직 자신들만 소유하고 있는 것처럼 보일 때 그 즐거움을 가장 완전하게 누릴 수 있다.(『국부론』 1편 11장)

가난한 집 아들은 상상 속에서 부자가 되어보고 그들이 얼마나 행복할지 느껴본다. 사람들은 부자들이 느낄 행복을 쉽게 상상할 수 있다.

> 부유함을 과시하고 가난을 숨기는 것은 세상 사람들이 슬픔보다 기쁨에 더 완전히 공감하는 성향이 있기 때문이다.(『도덕감정론』 1부 3편 2장)

가난한 집 아들이 뒤늦게 깨닫듯이 부가 곧 행복을 가져다주리라는 것은 미망이다. 그는 큰 부를 위해 작은 만족과 안전을 포기하고 스스로 얻을 수 있는 진정한 평온을 희생했다. 그러나 스미스는 여기서 다시 이야기를 비튼다. 바로 이런 미망이 인류의 향상을 불러온다는 것이다.

부와 높은 지위를 누리는 즐거움은 대단히 크고 아름답고 고귀한 것처럼 느껴지며 그에 대한 상상은 우리의 뇌리를 강하게 때린다. 그것은 모든 노고와 근심을 감수할 만큼 충분히 가치 있는 것처럼 보인다. 자연이 이런 식으로 우리를 속이는 것은 좋은 일이다. 사람들이 계속해서 부지런히 움직이게 하는 것은 바로 이런 기만이다. 바로 그 때문에 애초에 사람들이 땅을 일구고, 집을 짓고, 도시와 국가를 건설하고, 인간의 삶을 품위 있고 아름답게 해주는 그 모든 과학과 예술을 발명하며 향상시키게 된 것이다. 그런 노력 덕분에 자연의 거친 숲은 기름진 평야가 되고 발길이 닿지 않던 황량한 바다는 생존을 위한 새로운 자원이 됐으며 나라들을 오가는 큰길이 뚫린 것이다.(도덕 4.1)

우리는 흔히 개인의 탐욕이 자신의 이득을 앞세우며 사회의 다수를 희생시키려 할 것을 걱정한다. 그러나 스미스는 정반대 시각을 보여준다. 가난한 집안의 아들은 부자가 되려고 몸과 마음을 망가뜨렸으나 그로 인해 사회는 이득을 본다. 스미스의 가난한 집 아들 같은 인물들은 문학 작품 속에서도 찾아볼 수 있다. 제인 오스틴(1775~1817)이 1811년에 낸 『이성과 감성』의 한 대목을 보자.

메리앤이 소리쳤다. "부나 위대함이 행복하고 무슨 관계가 있어?"

"위대함은 거의 관계가 없겠지만, 부는 많은 관계가 있겠지." 엘리너가 말했다.

"엘리너, 창피하게 왜 그래?" 하고 메리앤이 말했다. "(돈은) 풍족한 생활을 할 능력은 주겠지만, 그 이상으로 무슨 진정한 만족을 제공하지는 못해."

엘리너가 웃음을 띠며 말했다. "네가 말하는 능력과 내가 말하는 부는 아주 닮은꼴이 아닌가 해. (…) 자, 네가 말하는 능력이 뭔데?"

내 마음속의 위대한 재판관

"연 수입 1800이나 2000 정도. 그것보다 많지는 않지."

엘리너는 웃었다. "연 2000이라고! 1000이 내가 말하는 전부야."

메리앤이 말했다. "그보다 적어서는 한 가족을 제대로 지탱하기가 어려워. 내가 그렇게 과하게 요구한다고는 절대 생각 안 해. 하인을 적절하게 두고. 마차 한 대. 아니면 둘 정도. 그리고 사냥용 말들. 더 적어서는 이런 걸 유지할 수가 없지."[11]

메리앤은 스미스의 가난한 집 아들처럼 부자가 돼 누릴 행복을 상상한다. 그리고 이를 위해 온갖 수고와 근심을 감수한다. 오스틴의 소설들은 주로 스미스가 묘사한 것과 같은 부와 행복의 미스터리를 다룬다. 오스틴의 외가 쪽 증조할아버지가 옥스퍼드 베일리얼 칼리지의 최장수 학장이었다는 사실[12] 외에는 두 사람의 접점을 찾기 어렵다. 하지만 도덕철학자와 베스트셀러 작가는 공통의 화두를 가지고 있었다.

애덤 스미스는 부 자체에 대한 도덕적 판결을 내리지는 않는다. 그러나 빈자에 대한 경멸과 무시는 도덕적 타락임을 분명히 한다. 지혜롭고 덕 있는 이들이 받아야 할 존경과 찬사는 흔히 부유하고 지위가 높은 이들에게 주어진다. 어리석고 악한 이들에게 향해야 할 경멸은 종종 가난하고 약한 이들에게 돌아간다. 애덤 스미스는 이러한 불공정이 모든 시대에 걸쳐서 도덕가의 불평이 되어왔다고 지적한다.(도덕 1.3.3)

나는 사랑받을 만한가?

사람들은 칭찬받고 사랑받기를 바란다. 그저 사랑받기만을 열망하는 이가 있는가 하면 진정으로 사랑받을 가치를 지닌 사람이 되기를 열망하며 노력하는 이도 있다.

> 자연은 인간에게 승인받으려는 욕망뿐만 아니라 승인받아 마땅한 존재가 되려는 욕망을 주었다.(『도덕감정론』 3부 2장)

> 다른 사람들의 성격과 행동을 승인할 때 자연스럽게 품게 되는 사랑과 감탄은 틀림없이 우리 스스로가 그와 같은 기분 좋은 감정의 대상이 되기를 바라게 하고, 우리가 가장 사랑하며 감탄하는 사람들처럼 호감을 주고 칭찬받을 만한 존재가 되기를 소망하게 한다.(『도덕감정론』 3부 2장)

내가 사랑받을 만하다는 것은 그 사랑의 자연스럽고 적절한 대상이 된다는 뜻이다. 아무에게도 칭찬받지 못하더라도 실제로 칭찬받을 만한 자질을 가질 수 있고 그렇게 행동할 수 있다. 아무에게도 미움받거나 비난받지 않을지라도 실제로는 미움과 비난을 받아 마땅한 사람일 수도 있다. 사회라는 거울에 비치는 모습이 다가 아니다. 내 마음속의 가장 공정하고 위대한 재판관이 나의 감정과 행동을 승인하느냐가 중요하다.

나는 칭찬받을 만한가? 그렇다고 답할 수 있으려면 내가 칭찬받아 마땅한 자격이 있다고 스스로 믿을 수 있어야 한다. 그러자면 반드시 내 행동을 다른 사람의 시각에서 보려고 노력해야 한다. 스스로 공정한 관찰자가 되어 판단을 내려야 한다. 다른 사람들이 아무리 진지하게 나를 칭찬하더라도 내게 칭찬받을 만한 자질이 있다는 증거로 받아들여서는 안 된다.

근거 없는 칭찬에 기뻐하는 것은 가장 얄팍한 경박함과 나약함의 증거다.(『도덕감정론』 3부 2장)

이런 허영은 가장 어리석고 경멸할 만한 악덕의 바탕에 있다. 일상적인 거짓과 가식은 이런 허영을 바탕으로 하는 것이다. 스미스에게 허영은 중요한 화두였다. 허영은 언제나 "우리가 주목과 승인을 받을 대상이 된다는 믿음을 바탕으로" 하는 것이다.(도덕 1.3.2)

사회의 모든 계층을 꿰뚫는 경쟁은 어디에서 일어난 것이며, 더 나은 삶의 조건이라는 인생의 커다란 목적을 이룸으로써 우리가 얻으려는 유리함은 무엇인가? 그로부터 얻어낼 수 있는 유리함은 다른 사람들이 우리를 알아보고 주목하고 관찰하면서 느낄 공감과 자기만족과 승인이 전부다. 우리의 관심을 끄는 것은 편안함이나 즐거움이 아니라 허영이다. (…) 부유한 사람은 그 부가 자연히 세상의 주목을 받기 때문에 자신의 부유함에 기뻐한다.(『도덕감정론』 1부 3편 2장)

사회의 공감과 승인이 늘 우리를 올바른 도덕적 판단으로 이끌어주지는 않는다. 우리는 사람들의 공감과 승인에 목말라하며 탐욕과 야심과 허영에 미혹되기 쉽다. 스미스는 뭇사람의 칭찬과 공감을 갈망하는 인간을 보며 오늘날 셀럽 정치의 원형을 알아차리기도 한다. 현대의 정보기술은 부와 권력을 추앙하는 성향을 한껏 자극하면서 스타 정치인들을 키워준다. 스미스는 일찍이 그러한 인간의 기본 성향을 알아본 것이다.

탐욕은 가난과 부유함의 차이를 과대평가하고, 야심은 사적 지위와 공적 지위의 차이를 과대평가하며, 허영은 이름 없음과 널리 퍼진 명성의 차이를 과대평가한다.(『도덕감정론』 3부 3장)

그렇다면 진정으로 칭찬받고 사랑받을 만한 사람이 되기를 바란다면 어떻게 해야 할까?

친절은 친절의 어버이다. 동포에게 사랑받는 것이 우리가 소망하는 큰 목표라면 그것을 얻는 가장 확실한 길은 우리가 진정으로 그들을 사랑한다는 것을 행동으로 보여주는 것이다.(『도덕감정론』 6부 2편 1장)

물론 상대방이나 뭇사람들이 알아주지 않을 수도 있다. 나는 카푸친 씨에게 선행을 베풀었다. 그러나 그는 나에게 그리 고마워하지 않는다. 그렇더라도 내 선행은 분명 하나의 공로다. 공정한 관찰자라면 감사할 일이다. 공정한 관찰자의 감사는 언제나 내 공로에 걸맞은 것이다. 감사할 줄 모르는 카푸친 씨에게 주변 사람들이 분개할 수도 있다. 그들의 감정은 내 공로의 감각을 증대시킨다. "선한 사람이 선행의 결실을 완전히 잃는 일은 결코 없다. 그가 꼭 선행의 대상자에게서 그 결실을 거두지는 않더라도 아예 거두지 못하는 예는 없으며 다른 사람들에게서 열배의 결실을 거둘 수도 있다."(도덕 6.2.1)

· · ·

"다음으로 이지도르가 사랑했던 장소들이 점차 흐릿해지고, 사랑하는 사람들의 얼굴과 이름이 희미해졌다. 그렇게 그가 아는 모든 이가 망각 저편으로 자취를 감추었다. 뒤이어 이지도르의 감정이 사라졌다. 먼 옛날 그가 맛보았던 벅차오르는 감동, 끝없는 절망, 기쁨, 확신, 공포, 자부심, 그 밖의 수많은 다른 느낌. 그러다 마침내 마지막으로 아니엘라 수녀가 '그가 사망했습니다'라고 말했을 때, 이지도르가 내부에 간직하고 있던 빈 공간이 꿈틀대기 시작했다."

폴란드 작가 올가 토카르추크의 소설 『태고의 시간들』에서 한 삶이 끝나고 있다. 태고는 작가가 창조한 마을이다. 이곳 사람들은 20세기 폴란드 역사의 목격자들이다. 서방과 교신하는 스파이로 몰린 이지도르는 밀실로 끌려가 고초를 겪는다. 토카르추크는 이지도르의 죽음을 한 공간의 파멸로 그린다. 그 공간은 천상의 것도 지상의 것도 아닌 오직 이지도르의 것이다. 그것은 산산이 부서지고 뿔뿔이 흩어지더니 마침내 영원히 사라져버린다. 전쟁이나 화마, 아니면 행성의 폭발이나 블랙홀의 붕괴보다 더 끔찍한 파멸의 광경이다. 지은이의 상상은 읽는 이의 상상이 된다. 상상은 공감으로 이어진다.

토카르추크는 공감에서 글쓰기의 본질을 찾는다. "뭐든 생생하게 겪고 느껴야만 글로 옮길 수 있다. (…) 글을 쓸 때 내가 가장 중요하게 생각하는 건 바로 다른 존재 혹은 다른 사람들과 교감하려는 시도다. 공감의 가능성, 바로 여기에 글쓰기의 본질과 매력이 있다. 어떤 인물을 창조하려면, 나라는 인물에서 빠져나와 그 인물의 감정을 느껴야 하고, 그의 눈으로 세상을 바라봐야 한다. (…) 글을 쓰는 덕분에 나는 다양한 방식으로 생을 경험할 수 있고, 끊임없이 다른 누군가가 될 수 있다."13 토카르추크의 글쓰기는 애덤 스미스가 말한 공감의 과정이다. 그것은 "자신의 굴레로부터 빠져나와 생의 범주를 넓히려는 시도"로서, "내가 아닌 다른 존재가 되어볼 가능성에 대한 타진이며, 타인과의 경계선, 거리, 혹은 단절에 대한 성찰"이기도 하다.14

스미스는 한 죽음을 너무나 강렬하게 기억한다. 장 칼라스는 죽기 전에 범죄를 고백하라는 신부에게 말한다. "신부님, 당신은 제가 유죄라고 신부님 자신이 믿게 할 수 있나요?"(도덕 3.2)

1761년 칼라스는 프랑스 툴루즈에서 옥양목과 날염한 옷감을 파는 상인이었다. 위그노(칼뱅파 신교도)인 그는 63세로 여섯 자녀를 두고 있었다. 그해 10월 13일 밤 맏이 마르크앙투안이 집 안에서 사망한 채로 발견된다. 칼라스는 침입자가 살해한 것이라고 말한다. "살아 있는 그의 목을 본인 혹은 타인이 매단 것"이라는 검사 결과가 나온다. 갑자기 소문이 퍼진다. 마르크앙투안이 가톨릭으로 개종하려 하자 가족이 죽였다는 것이다. 아들은 법률가가 되려 했다. 하지만 그것은 툴루즈의 가톨릭 사회에서 신교도에게 허락되지 않은 일이었다. 길은 개종밖에 없었다.

칼라스는 체포된다. 그는 감옥에서 아들이 자살했다고 말을 바꾼다. 처음부터 사실대로 말하지 않은 건 자살을 신에 대한 죄로 다스리는 잔혹한 법 때문이었다. 스스로 목숨을 끊은 이의 알몸을 거리에서 엎어서 끌고 다니다 내다 버리도록 하는 법이었다. 칼라스의 살인 혐의에 대한 엉터리 재판이 열린다. 목격자나 확실한 증거는 없었다. 신앙 고백을 받았다는 이도 나타나지 않았다. 그러나 곧 유죄 판결이 내려진다. 교회도

내 마음속의 위대한 재판관

판결을 지지한다. 사건은 이듬해 봄 고등법원으로 넘어가지만 달라지는 건 없다. 파리 다음으로 중요한 툴루즈의 고등법원도 종교적 광신이 낳은 불관용과 잔인성을 걸러내지 못한다.

칼라스는 공개 심문과 혹독한 고문을 당한다. 사람들은 그를 고문대에 올려놓고 팔다리를 서서히 잡아당긴다. 강제로 입을 벌려 물을 쏟아붓는다. 그래도 결백을 주장하자 광장에서 십자가에 매달고 쇠막대기로 팔다리와 배를 후려친다. 부서진 몸을 바퀴에 묶어 햇볕에 버려둔다. 그는 여전히 결백을 주장한다. 결국에는 목이 졸리고 불 속에 던져진다. "결백한 사람은 죽음의 두려움에 더해 자신에게 가해진 부정의에 대한 분노 때문에 고통받는다. (…) 불운한 칼라스는 평범한 수준을 훨씬 넘는 지조를 가진 사람으로서(아들을 살해한 혐의로 바퀴에 묶여 몸이 부서지고 불태워졌으나 완전히 결백했다) 마지막 숨을 거두면서도 형벌의 잔혹함보다는 죄를 덮어썼다는 치욕에서 벗어나기를 빌었던 것 같다."(도덕 3.2) 칼라스의 부서진 몸은 곧 불 속으로 던져질 터였다. 칼라스는 바로 그때 자신의 유죄를 믿을 수 있겠느냐고 신부에게 물었다.

프랑스의 사상가 볼테르는 칼라스의 명예 회복에 팔을 걷어붙이고 나선다. 그의 투쟁은 결국 1765년 재심을 끌어낸다. 스미스가 툴루즈에 머물던 그해에 국왕은 칙령으로 칼라스의 무죄를 선언한다. 툴루즈 의회는 격렬하게 반발한다. 장 칼라스의 참극은 계몽의 시대라는 18세기 말의 서유럽에서 얼마나 끔찍한 폭력이 자행될 수 있는지 보여주었다. 칼라스에게 가해진 것과 같은 극악한 형벌은 영국에도 있었다. 대역 죄인은 먼저 죽기 직전까지 목을 매단 다음 사지를 찢거나 내장을 꺼내고 몸을 네 토막으로 절단하는 형벌로 다스렸다. 1746년 재커바이트 반란

때도 그렇게 처형된 이가 여럿이었다.

공감이 부족한 사회의 폭력성은 언제든 극단으로 치달을 수 있다. 장칼라스 사건은 관용 없는 사회의 비극이었다. 그를 사법 살인으로 몰아간 것은 종교적 광신이었다. 툴루즈의 대중은 억압적인 정권의 무거운 과세에 짓눌려 분노하고 엘리트층은 기존의 종교적 질서가 흔들리자 도덕적 공황 상태에 빠져 있었다. 분노와 공황은 조그만 불씨에도 거대한 폭력으로 분출했다. 외부에서 가하는 폭력이 아니라 내부에서 끓어오른 폭력이었다.

스미스는 칼라스 사건을 보면서 무엇을 깨달았을까? 그는 사회의 공감과 관용의 품이 넉넉지 않고 정의가 바로 서지 않을 때 개인의 자유가 얼마나 억눌리고 희생되는지를 보았다. 민중을 수탈하고 지방 권력과 부딪치는 절대왕정의 취약성도 꿰뚫어봤을 것이다. 낙후되고 폐쇄적인 툴루즈 지방의 경제를 보면서 자유가 상업을 촉진하고 상업이 자유를 증진하는 선순환이 이뤄지기 어려운 까닭을 고민했을 것이다. 스미스에게 장 칼라스 사건은 프랑스와 영국의 정치 체제와 경제 발전, 제도와 규범의 차이를 비교해볼 기회였다. 또한 사람과 사람이 늘 교류하고 소통하고 공감하며, 서로 존중하고 배려하고 관용을 베푸는 사회로 나아가려면 무엇이 필요한지 더 깊이 고민하는 계기였을 것이다.

애덤 스미스가 말하는 공감의 개념을 생각하다보면 한 가지 의문을 품게 된다. 오늘날 물리적 거리를 뛰어넘을 수 있는 디지털 기술과 소셜 미디어는 과연 정치·사회적으로 서로 다른 진영 간의 소통과 공감에 효과적인 촉매가 되고 있을까? 아니면 오히려 걸림돌이 되고 있을까?

소셜 미디어 덕분에 사람들은 원하는 대로 정보원을 조합할 수 있게

내 마음속의 위대한 재판관

됐다. 이로써 정치적으로 같은 생각을 지닌 이들에게 둘러싸였고, 이러한 정보 환경은 일종의 반향실 같은 효과를 낸다. 사람들이 전 세계 누구와도 쉽게 닿을 수 있게 된 지금 정치적, 사회적으로 극명하게 갈라져 있는 각 진영 간의 진정한 소통과 공감은 오히려 더 어려워졌다는 역설을 볼 수 있다. 소통과 공감이 부족한 사회에서는 언제든 장 칼라스와 같은 비극이 되풀이될 수 있을 것이다.

애덤 스미스는 『국부론』 초판이 나오고 8년이 지난 1784년에 3판을 내면서 개정 작업을 사실상 마무리했다. 그의 생전에 4판과 5판도 나왔으나 미미한 수정에 그쳤다. 한편 『도덕감정론』을 완벽하게 고치는 데는 그의 마지막 에너지까지 불살랐다. 1790년에 완전히 새로운 6판을 낼 때까지 31년에 걸친 프로젝트였다.

『도덕감정론』에서 스미스는 도덕적 가치와 기준이 신성한 계시나 타고난 감각이 아니라 인간의 상호작용을 통해 얻어지는 것이라고 주장했다. 사람들은 다른 이들과 공감함으로써 자신의 행동을 판단한다. 도덕 규범은 단순히 대중의 여론이나 통념을 반영하는 것이 아니다. 치우치지 않고 냉정한 '가슴속 사람'이 공정한 관찰자로서 사안을 객관적으로 보고 판단하는 것이다. 그래야 대중의 편향되고 왜곡된 관점에서 벗어날 수 있다.

스미스는 『도덕감정론』 6판에서 그런 규범들이 왜 진정으로 도덕적인 것이 될 수 있는지 더 많은 이야기를 하고 싶었다.[15] 그는 먼저 대중의 여론이 도덕적으로 잘못됐거나 해로울 수 있음을 인정한다. 그렇다면 공감은 사람들을 잘못된 방향으로 이끌 수 있다. 실제로 부자와 권력자들을 추앙하고 가난하고 비천한 이들을 멸시하는 성향은 도덕적 타락의 가장 큰 원인이다.

그러나 스미스는 도덕 규범의 정당성을 입증하기 위해 한 걸음 더 나아간다. 사람들은 단순히 칭찬받고 싶어하는 데 머물지 않는다. 실제로 칭찬받을 만한 사람이 되기를 바란다. 미움받는 것을 두려워할 뿐만 아니라 실제로 미움받을 만한 존재가 되는 것을 두려워한다. 나는 단순히 대중의 여론에 공감하는 것이 아니라 내 가슴속의 공정한 관찰자와 공감한다. 이를 통해 내리는 도덕적 판단은 대중과 여론의 편견을 넘어설 수 있다.

> 자기애라는 가장 강력한 충동에 맞설 수 있는 대항력은 인간애의 부드러운 힘도 아니고 자연이 인간의 가슴속에 피워놓은 자비심의 연약한 불꽃도 아니다. 그보다 더 강한 힘과 더 설득력 있는 동기가 필요하다. 그것은 바로 이성과 원칙, 양심, 가슴속의 거주자, 내면의 사람, 그리고 우리 행동의 위대한 재판관과 중재자다.(『도덕감정론』 3부 3장)

공정한 관찰자는 우리의 "가장 뻔뻔한 열정"에 대해 죽비를 내리칠 수 있는 존재다. 그는 우리가 다른 사람의 행복에 영향을 미칠 행동을 하려 할 때마다 깨우쳐준다. 부끄러움도 없이 무턱대고 다른 사람들보다 자신의 이익을 앞세운다면 분노와 혐오와 비난의 대상이 되리라는 깨우침이다. 우리는 이 공정한 관찰자의 눈을 통해서만 자기애로 편향된 시각을 바로잡을 수 있다. 그는 다른 이들의 더 큰 이익을 위해 자신의 최대 이익을 단념하는 것이 왜 적정한지, 자신의 최대 이익을 위해 다른 이들에게 아주 조금이라도 해를 끼치는 부정의가 왜 흉측한지 보여준다.

제 4 장

물고기의 정의를
원하는가?

애덤 스미스는 정의의 법을 위반하지 않는 한 최대한 자유롭게 자기 방식대로 이익을 추구할 수 있는 체제를 바랐다. 스미스는 독특한 정의관을 보여준다. 그는 약한 목소리와 멀리 있는 목소리를 들으라고 말한다. 그의 공정한 관찰자는 작은 공동체 내부만 바라보지 않고 열린 공정으로 나아갈 수 있다. 스미스는 실제로 현대적 개념의 분배적 정의도 지지한다.

|||

애덤 스미스는 너무나 충격적인 이야기를 들려준다. 갓 태어난 젖먹이를 살해하는 관습 이야기다.

> 젖먹이를 내다 버리는 것, 다시 말해 갓난아이를 살해하는 것은 그리스
> 의 거의 모든 도시국가에서, 심지어 예의 바르고 교양 있는 아테네인들
> 사이에서도 허용된 풍습이었다. 언제든 부모의 형편상 아이를 키우기 어
> 려울 때는 굶어 죽도록 내버려두거나 들짐승들에 내어주어도 비난이나
> 질책을 받지 않았다.(『도덕감정론』 5부 2장)

대체 어떤 심장을 가진 부모이기에 그토록 무력하고 천진하며 사랑스러운 어린것을 해칠 수 있는가! 그보다 더한 야만성을 상상이라도 할 수 있는가! 그들은 대체 어떤 상황에서 아이를 버렸을까? 쫓아오는 적의 칼에 부모와 아이가 함께 죽을 수밖에 없는 상황이었나? 다시 말해 아이를 안고 죽을 수 있다는 위안밖에는 아무것도 바랄 수 없는 절체절명의

순간이었나?

아니었다. 당시 그리스 사회가 그 풍습을 허용한 까닭은 먼 훗날의 이익과 편의에 있었다. 더 놀라운 건 누구보다 정의롭고 엄밀한 논리를 펴야 할 철학자들조차 그 끔찍한 만행을 책망하지 않고 지지했다는 점이다. 그들은 공공의 이익을 고려한다는 억지 논리로 이미 굳어진 관습을 묵인했다. "아리스토텔레스는 많은 경우에 위정자들이 그런 관습을 장려해야 할 것이라고 말한다. 인도적인 플라톤도 같은 견해를 보였다. 온갖 인류애가 그의 글에 생명을 불어넣는 것 같지만 그런 풍습에 반감을 표하는 글은 어디에도 없다."(도덕 5.2)

스미스는 개탄한다. "관습이 인간애에 대한 그토록 끔찍한 위배를 승인해줄 수 있다면 관습이 인정하지 못할 만큼 역겨운 관행은 거의 없으리라. 그런 것은 흔히 행해지는 일이라고 사람들이 날마다 말하는 것을 우리는 듣는다. 그들은 그렇게 말하는 것이 본질적으로 가장 정의롭지 못하고 부당한 행동에 대한 충분한 변명이 된다고 생각하는 것 같다." 아리스토텔레스가 누구인가? 이 그리스의 현자는 정의에 관한 한 누구보다 많은 것을 가르쳐줄 수 있는 인물이었다. 정의와 관련된 서양 사상의 흐름에서 가장 큰 줄기를 이룬 것은 그의 정의관이었다. 스미스가 살던 18세기에도 마찬가지였다.

플루트는 누가 가져야 할까?

애덤 스미스의 독특한 정의관을 알아보려면 우선 정의에 관한 몇 가지

물고기의 정의를 원하는가?

개념을 생각해볼 필요가 있다. 아리스토텔레스의 철학은 스미스의 시대에 이르기까지 서양의 정의관에 가장 큰 영향을 주었다. 롤스의 정의론은 스미스의 시대에서 2세기가 지난 후에 나온 것이다. 이 둘의 정의론에 견주어보면 스미스의 정의관이 더 또렷해질 수 있다.

먼저 아리스토텔레스의 『니코마코스 윤리학』을 보자.[1] 명예나 부처럼 정치 공동체의 구성원들 사이에서 나눌 수 있는 것들은 한 사람이 다른 사람보다 더 많이 갖거나 적게 가질 수 있다. 분배적 정의의 문제는 그런 것을 나눌 때 생긴다. "동등한 사람들이 동등하지 않은 몫을 받거나 동등하지 않은 사람들이 동등한 몫을 받으면 분쟁과 불평의 씨앗이 될 것"이다. 그러므로 정의는 올바른 비례다. 비례에 어긋나는 것은 불의한 것이다. 이와 관련해 고대 로마의 법학자 도미티우스 울피아누스는 "각자에게 각자의 몫을" 주는 것을 정의라고 했다. 분배적 정의의 개념이 압축된 표현이다.

분배적 정의와 달리 조정적 정의의 문제는 거래관계에서 어느 한쪽이 이득이나 손해를 볼 때 생긴다. 법은 거래 당사자들을 동등한 자로 취급하며 어느 쪽이 더 훌륭한 사람인지 따지지 않는다. 어느 쪽이 해를 끼쳤으며 어느 쪽이 해를 입었는지만 물을 뿐이다. "훌륭한 사람이 보잘것없는 사람을 사취하든 보잘것없는 사람이 훌륭한 사람을 사취하든 사취하기는 마찬가지"일 테니까.

애덤 스미스의 『도덕감정론』이 나오고 2세기가 지난 1957년 존 롤스(1921~2002)는 「공정으로서의 정의」라는 논문을 낸다. 이 구상을 발전시켜 1971년에 낸 『정의론』은 평등한 자유의 원칙을 내세운다. 롤스는 무엇이 정의인가라는 물음에 직접 답하기보다는 공정한 절차에 따라 합의

된 것이 정의로운 것이라고 밝힌다. 절차의 공정성은 어떻게 확보할 수 있을까? 사회계약의 당사자들은 정의의 원칙을 끌어내기 위해 "원초적 입장"에 서야 한다. 이들은 "무지의 장막"에 가려 자신의 특수한 사정을 알 수 없는 상태에서 정의의 원칙을 숙고한다. 자신의 타고난 재능이나 사회적 지위, 가치관, 세대 같은 것들을 모르는 가운데 어떤 원칙을 선택해야 한다는 뜻이다.[2] 내가 일론 머스크나 제프 베이조스 같은 부자인지 그들의 대리 주차를 도와주는 식당 종업원인지 알 수 없는 상태에서 정의의 원칙을 선택한다면 어떻게 할까?

롤스의 세계에서 정의의 원칙을 선택하는 이들은 합리적인 사람들이다. 자신의 이익은 극대화하려 하나 타인의 이해관계에 대해서는 서로가 무관심하며 시기나 동정 같은 것도 없다. 이처럼 불확실한 상황에서 합리적 선택을 하는 이들은 "최소 극대화"(최소 중의 최대)라는 극히 보수적인 전략을 따르게 된다. 여러 대안이 불러올 최악의 결과들을 비교해 그중 가장 나은 것을 택한다. 괜히 더 큰 것을 바라다 소중한 것을 너무 많이 잃게 될 모험은 피하려 한다.

예를 들어보자.[3] [표 4-1]은 무지의 장막에 가려져 있는 사람들이 세 가지 정의의 원칙 가운데 하나를 선택하는 문제를 상정하고 있다. A안을 선택하면 세 가지 결과를 낳을 수 있다. 각각의 숫자는 그에 따른 이득을 나타낸다. 해당 결과가 일어날 확률은 모두 3분의 1이다. 일반적으로 불확실한 상황에서 합리적인 선택은 기대이익이 가장 큰 대안을 고르는 것이다. 여기서는 A안을 선택했을 때 기대이익이 가장 크다.[4] 그러나 최소 극대화 원칙에 따르면 C안을 선택할 것이다. A안, B안, C안의 최악의 결과들(-10, 8, 9) 가운데 가장 좋은 결과(9)를 얻으려는 것이다.

[표 4-1] 최악 가운데 최선이란

가능한 결과			
A안	**-10**	14	50
B안	15	**8**	10
C안	**9**	10	10

사람들은 A안을 택했다가 운이 좋으면 50의 이득을 볼 수 있으나 운이 나쁘면 10의 손실을 볼 수 있으므로 그러한 모험은 피하려 한다.

롤스가 가장 중요한 정의의 원칙으로 내세우는 것은 사람들이 기본적 자유를 평등하게 누려야 한다는 점이다. 그는 두 번째 원칙으로 "차등의 원칙"을 내세운다. 가장 불리한 사람들(최소 수혜자 집단)에게 최대의 이익을 가져다주는 사회적, 경제적 불평등은 정당하다고 본다.

[표 4-2]는 사람들이 사회의 기본 구조를 선택하는 문제를 다룬다.[5] I형의 사회 구조를 선택했을 때는 모든 집단이 똑같이 10을 분배받는다. 완전히 평등한 사회다. II형을 택하면 집단별로 분배 금액에 차이가 나타난다. 그러나 모든 계층이 I형 사회보다 더 많은 분배를 받는다. 가장 불리한 계층도 더 많이 받게 된다. 롤스는 원초적 입장에 선 사람들이라면 질투심에 불타지 않고 얼음장처럼 차갑게 합리적 선택을 할 것이라 가정했다. 그런 사람들은 I형보다 II형 사회를 선호할 것이다. 그들은 마찬가지 이유로 II형보다는 III형 사회를 선택할 것이다. IV형 사회로 가면 가장 유리한 계층은 III형 사회보다 훨씬 많이 분배받겠지만 가장 불리한 계층은 훨씬 적은 몫을 받을 것이다. 하위 세 계층의 몫은

[표 4-2] 가장 불리한 계층에 가장 유리한 사회

사회의 기본 구조에 따른 분배 금액

	I형	II형	III형	IV형	V형
집단 A	**10**	21	28	36	39
집단 B	**10**	17	22	25	21
집단 C	**10**	14	15	14	10
집단 D	**10**	12	13	11	8
집단 E	**10**	**11**	**12**	9	5

모두 III형 사회보다 줄어든다. 자신이 집단 A에 속하리라고 확신한다면 IV형 사회를 선호하겠지만 무지의 장막에 가려져 있는 이들은 그렇게 확신할 수 없다. 자신이 일론 머스크가 아니라 그의 대리 주차를 해주는 종업원일 수도 있는 것이다. 따라서 이들은 IV형보다는 III형을 선호한다. 가장 심한 불평등을 나타내는 V형 사회는 더 생각할 필요도 없다. 최소 수혜자 집단의 최대 이익을 가져다주는 사회는 III형 사회다.

『21세기 자본』을 쓴 프랑스 경제학자 토마 피케티는 롤스가 말하는 차등의 원칙이 1789년 프랑스혁명 당시 만들어진 '인간과 시민의 권리에 관한 선언'의 취지와 비슷하다고 본다. 선언은 "인간은 자유롭고 평등하게 태어나고 살아갈 권리가 있으며 사회적 차별은 오직 공익을 바탕으로 둘 때만 허용될 수 있다"라고 했다. 이에 대한 "한 가지 합리적인 해석은 사회적 불평등이 오직 모두에게 이익이 될 때, 특히 가장 불리한 처지에 있는 사회적 집단의 이익에 공헌할 때에만 받아들여질 수 있

다는 것"이다.[6]

그러나 아마르티아 센 하버드대학 교수는 공정한 절차에 따른다면 정의의 원칙들이 만장일치로 합의될 수 있다는 롤스의 이론을 대단히 의심스러운 눈초리로 바라본다. 그는 "원초적 입장에서는 정의로운 제도를 위한 일련의 특정한 원칙이 유일하게 선택된다는 롤스의 주장에 대해 나는 상당히 회의적"이라고 했다.[7] 예를 들어보자.

세 아이가 플루트 하나를 놓고 다투고 있다. 오셀롯은 자기만 플루트를 불 수 있으므로 자기가 플루트를 가지면 모두가 가장 행복할 것이라고 주장한다. 카푸친은 자기가 가장 가난해서 플루트를 살 수 없으므로 자기가 이 악기를 가져야 한다고 외친다. 재규어는 플루트는 자기가 만들었으므로 자기에게 마땅히 이를 가질 자격과 권리가 있음을 내세운다. 세 아이는 저마다 어떤 기득권에도 기대지 않고 나름의 논리를 펴고 있다. 그들의 주장에는 무엇이 정의로운 사회인가에 대한 기본적인 생각이 깔려 있다.

오셀롯은 사회적인 효용을 극대화하려는 이들에게 호소하고 있다. 자기가 훌륭한 연주로 모두를 즐겁게 해줄 수 있으므로 최대 다수의 최대 행복을 추구하는 공리주의자들을 설득할 수 있으리라는 생각이다. 그는 아리스토텔레스를 끌어들일 수도 있다. 플루트의 목적과 존재 이유는 훌륭한 음악을 만들어내는 것이므로 그것은 마땅히 연주 능력을 지닌 이에게 돌아가야 한다는 이 철학자의 논리를 인용하는 것이다.[8] 카푸친은 경제적 불평등을 줄이는 것이 분배의 정의라고 믿는 이들의 지지를 얻으려 한다. 좋은 음악을 듣는 것보다 빈부 격차를 줄이는 데서 사회 전체의 행복이 더 많이 증진될 것이라는 논리로 공리주의자들까지 끌어들이려 할 수도 있다. 재규어는 자기가 땀 흘려 생산한 것은 당연히 자기 것이라며 소유권을 중시하는 자유지상주의자들의 지지를 확보하려 할 것이다. 그뿐만 아니라 자신의 노동이 맺은 열매를 누군가에게 수탈당할 수 없다며 마르크스주의자들의 동조를 얻으려 할 수도 있고, 길게 보면 노동하고 생산할 의욕을 추어주는 것이 사회 전체의 행복을 극대화할 수 있다며 공리주의자들까지 포섭하려 할 수도 있다.

모두 일리 있는 주장이다. 이처럼 복잡한 문제를 해결할 유일한 원칙을 끌어낼 수 있다는 롤스의 주장은 미심쩍다는 게 센의 주장이다. 그렇다면 실제로 공정한 합의를 끌어낼 완벽하게 정의로운 사회적 제도는 존재하지 않을지도 모른다.[9]

작은 물고기를 보라

산스크리트어로 '마치아 니야야'는 물고기의 법칙이라는 뜻이다. 고대 인도 철학에서 큰 물고기가 작은 물고기를 잡아먹듯이 강자가 약자를 삼키는 것은 자연의 법칙으로 묘사된다. 그것은 정글의 법칙이다. 그 세계에서는 강자가 약자를 지배하게 마련이다. 인도의 초기 법 이론가들은 물고기 세계의 정의를 멸시했다.[10]

스미스가 물고기의 정의를 용인하거나 찬양했는지는 몰라도 적어도 그가 정의에 무관심했으며 이기심만 강조했다는 건 사실이라고 믿는 이가 뜻밖에도 많은 것 같다. 이 잘못된 통념은 참으로 뿌리 깊다. 과연 스미스는 그런 정의를 용인했을까? 그의 이론이 정글 자본주의와 탐욕의 화신을 정당화했다고 믿는 이들은 당연히 그렇다고 답할 것이다. 터무니없는 곡해다. 애덤 스미스의 이름으로 물고기 세계의 정의를 합리화하려는 이들은 그의 책을 한 번도 제대로 읽어보지 않았을 것이다.

정의론의 체계를 확립하는 것은 스미스에게 필생의 과제였다. 그는 『도덕감정론』 끝에 "앞으로 달리 논할 기회에 법과 통치의 일반적인 원리들, 그리고 정의뿐만 아니라 행정, 세입, 군비와 기타 법률의 대상이 되는 모든 주제와 관련해 그 원리들이 거쳐온 여러 혁명에 관해 설명할 것"이라고 밝혔다. 하지만 스미스는 정의에 관한 생각을 별도의 책으로 펴내지 못했다. 그가 세상을 떠나기 전에 미완성 원고를 거의 다 불태웠기 때문에 우리는 그가 쓴 두 권의 책과 제자들이 받아 적은 법학 강의 노트를 바탕으로 미완의 그림을 짜맞추는 수밖에 없다.

스미스는 "정의가 제거되면 인간사회의 거대한 구조물은 틀림없이 한순간에 무너져 가루가 될 것"이라고 했다.(도덕 2.2.3) 또 "완전한 정의와 완전한 자유, 그리고 완전한 평등을 확립하는 것이 모든 계급에 최고 수준의 번영을 효과적으로 확보해주는 아주 단순한 비법"이라고 밝혔다.(국부 4.9) 이 두 문장만 보더라도 그가 정의의 가치를 얼마나 중시했는지를 알 수 있다. 그렇다면 스미스가 말하는 정의란 무엇인가? 스미스는 아리스토텔레스의 분배적 정의가 "공동체의 공공 자산에서 나오는 보상을 적절히 나누는" 것과 관련이 있다며, 오로지 교환적 정의만이 마땅히 정의라고 부를 수 있는 것이라 말한다. 그는 교환적 정의에 한정해 정의론을 펼치면서도 현대적 개념의 분배적 정의와 관련된 다른 제도와 정책들을 제안한다.

스미스의 정의관을 이해하려면 먼저 분개의 감정에 관해 생각해봐야 한다. 우리는 완전한 정의가 실현되지 않았다고 분개하기보다는 분명한 부정의가 보일 때 분개한다. 또 그 부정의를 바로잡으려고 하며 그런 행동을 승인한다. 극복할 수 있는 명백한 부정의를 느끼지 않았다면 파리 시민들은 바스티유 감옥에 몰아닥치지 않았을 테고, 간디는 해가 지지 않았던 제국에 도전하지 않았을 것이며, 마틴 루서 킹은 자유의 땅이자 용감한 이들의 고향이라는 미국에서 백인우월주의와 싸우지 않았으리라.[11]

부정의를 보여줌으로써 정의가 무엇인지 이해시키려는 것이 스미스의 전략이다. 그는 먼저 두 가지 덕성을 비교하는 방식으로 정의가 어떤 것인지 설명한다.

우리는 적정한 동기에서 비롯된 자선의 행동에 감사한다. 그것을 지켜보는 이들도 그 감사에 공감한다. 하지만 부적정한 동기에서 비롯된 해로운 행동에는 분개한다. 제삼자도 그 분개에 공감한다. 자선의 행동은 보상받을 만하고 해로운 행동은 처벌받아 마땅하다.[12] 자선은 언제나 자유롭게 행할 수 있다. 그것은 강요할 수 없다. 부족하다고 처벌받지 않는다. 분개심을 불러일으키지도 않는다.

그것을 지키는 것이 우리 자신의 자유로운 의지에 맡겨져 있지 않고 힘으로 강요될 수 있으며, 그것을 어기면 분개의 대상이 되고 따라서 처벌받을 수 있는 또 다른 덕목이 있다. 이 덕목이 정의다. 정의의 위반은 위해다.(『도덕감정론』 2부 2편 1장)

위해는 "자연히 승인받지 못하는 동기에서 특정한 사람들에게 실질적

물고기의 정의를 원하는가?

이고 적극적인 해를 끼치는 것"이다. 따라서 위해는 분개와 처벌의 대상이 되어야 마땅한 것이다. 세상 사람들은 "그런 위해를 예방하고 가해자가 이웃을 해치지 못하도록 억제하기 위해 사용되는 폭력에 동조하며 그것을 승인"한다.(도덕 2.2.1)

스미스가 말하는 정의의 덕목은 우리가 이웃에게 해를 끼치지 못하게 막을 뿐이다. 그러므로 "단지 정의만 실행하는 것은 대부분 경우에 소극적인 덕목"이다. 이웃의 신체와 재산, 명예를 침해하지 않으려고 가까스로 자제력을 발휘한 사람은 확실히 적극적인 공로를 쌓았다고 할 수는 없다. 그러나 정의의 규칙을 어긴 것도 아니다. 따라서 우리는 흔히 "가만히 앉아 아무 일도 하지 않음으로써 정의의 모든 규칙을 이행"할 수도 있다.(도덕 2.2.1) 스미스는 이렇듯 부정의로 정의를 설명한다. 왠지 싱겁게 느껴지지 않는가? 정의는 더 거창한 덕목일 듯싶은데 그저 이웃에게 해를 끼치지 않는 것이 정의라니.

하지만 부정의는 다른 사람에게 실질적인 위해를 가하는 것이므로 정의의 원칙은 더 엄밀해야 하며 더 엄격하게 적용돼야 한다. 정의의 규칙은 문법의 규칙과 같은 것이다. 엄밀하고 정확해야 하며 없어서는 안 되는 것이다. 다른 덕성의 규칙은 고상하고 우아한 작문을 위한 규칙과 같다. 느슨하고 어렴풋하며 확정적이지 않아서 우리를 절대 틀리지 않는 확실한 길로 이끌기보다는 완전성이라는 목표를 향해 나아가기 위한 대체적인 관념을 제시할 뿐이다. 문법과 같은 정의는 반드시 지켜야 한다. 부당한 위해를 응징하며 약자를 보호하는 정의야말로 사회의 생존에 없어서는 안 될 덕목이다.

자선은 건물을 떠받치는 기초가 아니라 꾸미는 장식이므로 권하는 것으로 충분하며 결코 강제할 필요는 없다. 그와 반대로 정의는 건물 전체를 받쳐주는 주된 기둥이다.(『도덕감정론』 2부 2편 3장)

자연은 정의가 지켜지도록 "인간의 가슴에 응보에 대한 의식과 처벌의 두려움을 심어"두었다. 이는 약자를 보호하고 폭력을 억제하며 범죄를 응징하기 위한 것으로 "어울려 사는 인간들에게 위대한 안전 장치"가 될 것이다. 그러므로 애덤 스미스의 정의는 물고기 세계의 정의가 아니다. 그는 오히려 작은 물고기를 더 잘 보살펴야 한다고 강조한다. 스미스가 보는 인간은 공감하는 존재다. 그러나 자신과 특별한 관계가 없는 사람에 대해서는 그러한 동료 감정을 거의 느끼지 못한다. 사람들은 모르는 사람의 불행보다 자신의 작은 편리함을 더 중요시한다. 정의의 원칙이 보호하지 않는다면 언제든 야수처럼 상대를 덮치려 할 수 있다. 그렇게 되면 누구든 "사자의 우리에 들어가듯이" 인간사회에 들어가게 될 것이다.(도덕 2.2.3)

스미스가 상정하는 공정한 관찰자는 언제나 정의의 감각을 잃지 않는다.

단지 우리의 행복을 가로막고 있다는 이유로 다른 사람의 행복을 방해하는 행동, 단지 우리에게 똑같이 유용하거나 더 유용하다는 이유로 다른 사람에게 정말로 유용한 것을 빼앗는 행동, 이런 식으로 다른 사람을 희생시키면서 그들의 행복보다 자신의 행복을 앞세우는 자연적인 선호를 충족시키는 것은 공정한 관찰자라면 누구도 동의할 수 없는 행동이

다.(『도덕감정론』 2부 2편 2장)

누구나 다른 사람보다 자신을 더 보살핀다. 그것은 정당하다. 이웃의 파멸이 우리의 아주 작은 불운보다 훨씬 덜 중요할 수도 있다. 그러나 "우리의 조그만 불행을 막으려고 이웃을 파멸시켜서는 안 되며, 심지어 우리의 파멸을 막기 위해서라도 그래서는 안 된다. (…) 누구나 자신에게 는 자기가 세상 전부일 수 있어도 나머지 모든 사람에게 각자는 세상의 가장 사소한 부분에 불과하다."(도덕 2.2.2)

공정한 관찰자가 자신의 행동에 공감하도록 하려면 어떻게 해야 할 까? 자기애에서 나오는 오만을 겸허히 낮춰야 한다. 자기 사랑을 다른 사람들이 동의할 수준으로 끌어내려야 한다는 뜻이다. 사람들은 자신의 행복을 열심히 추구한다. 그러나 그것이 공정한 경기의 규칙을 어긴다면 관찰자들은 용납할 수 없다.

사람들은 부와 명예, 그리고 승진을 향한 경주에서 경쟁자를 앞지르려 고 온 신경과 근육을 다 쓸 것이다. 하지만 그중 누구라도 밀어젖히거나 넘어뜨린다면 지켜보는 이들의 관용은 완전히 끝나버릴 것이다.(『도덕감 정론』 2부 2편 2장)

우리는 기대했던 것을 얻지 못할 때보다 가지고 있던 것을 빼앗길 때 더 분개한다. 그러므로 계약을 어기는 것보다 소유한 재산을 빼앗는 것 이 더 무거운 죄다.

가장 신성한 정의의 법, 따라서 위반했을 때 가장 강력한 보복과 처벌을 불러올 것 같은 법은 이웃의 생명과 인격을 보호하는 법이다. 그다음은 그의 재산과 소유물을 지키는 법이며, 맨 마지막에는 그의 개인적 권리 또는 다른 이들의 약속에 따라 그가 마땅히 받아야 할 것을 지키는 법이다.(『도덕감정론』 2부 2편 2장)

정의의 법을 어긴 자들은 두려움과 회한에 시달린다. 그가 가장 두려워하는 것은 세상 사람들이 그에게 품을 감정이다. 그는 "더는 인간의 표정을 보지 않아도 될 어떤 황량한 사막으로라도 날아가고 싶은" 기분을 느낀다. 지난날의 잘못된 행동이 불러올 회한은 "인간의 모든 감정 가운데 가장 두려운 감정"이다.

먼 곳의 목소리

애덤 스미스가 그리스에서 갓난아이를 살해하던 풍습을 이야기한 것은 『도덕감정론』 제5부 "관습과 유행이 도덕적 승인과 부인의 감정에 미치는 영향"에서다. 도덕감정과 정의관의 편협성을 경계하기 위한 이야기였다. 특정한 시대와 지역에서 그저 많은 사람이 흔히 행한다고 해서 그것을 옳다고 여기는 것은 얼마나 편협한 생각인가?

고대 그리스 사회에서는 필요하다면 어린아이를 내다 버리는 것까지 용인했다. 스미스가 살던 때까지도 가난한 집안의 어린아이를 교육이나 의료 혜택을 전혀 못 받는 상태로 내버려두는 것은 흔한 일이었다. 사람들은 부당한 행동을 관습이라는 이유로 합리화했다. 하지만 어떤 관습은 아무도 비난하지 않을지라도 가장 큰 부도덕과 부정의가 될 수 있다. 우리를 가까이서 지켜보는 관찰자는 편파적일 때가 많다.

> 우리에게 너그럽고 편파적인 관찰자가 가까이 있는 반면에 냉정하고 공정한 관찰자가 멀리 떨어져 있을 때보다 도덕감정의 적정성이 타락하기 쉬운 경우는 결코 없다.(『도덕감정론』 3부 3장)

그러므로 우리는 먼 곳의 목소리까지 들을 수 있어야 한다. 현실의 관찰자든 상상의 관찰자든 가까이 있다고 해서 더 냉정하고 공정하게 볼 수 있는 것은 아니다. 아마르티아 센은 스미스가 정의를 논하면서 지역적 편협성을 넘는 데 관심을 기울였다고 본다. 스미스가 우리의 도덕감정을 "일정한 거리를 두고" 바라봐야 한다고 강조한 것은 기존의 이해관계뿐만 아니라 이미 굳어진 전통과 관습의 영향에 대한 면밀한 검토가 필요하다고 봤기 때문이다.[13]

스미스의 공정한 관찰자는 롤스의 정의론이 지니는 한계를 넘을 수 있다. 롤스는 특정한 정치 공동체에 속하는 사람들이 공정한 절차를 통해 정의의 원칙에 합의할 수 있다고 보았다. 이 사회계약에 외부인이 끼어들 여지는 별로 없다. 센의 표현대로라면 롤스의 공정은 "닫힌 공정"이다. 스미스가 말한 마음속의 위대한 재판관은 우리가 열린 공정으로 나아가게 해준다. 공정한 관찰자는 지역적 편협성에 빠지지 않고 멀리 있는 외부의 목소리에도 귀를 기울일 수 있다. 스미스가 가슴속의 인간을 상정하고 그를 통해 도덕적 판단의 원리를 밝힌 것은 우리 상상과 공감의 폭을 넓혀 가장 열린 마음으로 공정을 생각할 수 있게 해준 지적 전략이었다.

애덤 스미스의 사상은 자유지상주의자와 복지국가 옹호론자 모두에게 무기로 쓰일 가능성이 있다. 어떤 이들은 스미스를 극단적인 자유지상주의자로 본다. 실제로 오랫동안 그런 해석이 주류를 이뤘다. 그러나 개인의 자유와 평등을 증진하기 위해 국가가 무엇을 할 수 있고 무엇을 해서는 안 되는지에 관한 스미스의 생각을 들어보면 그가 확실히 자유지상주의자는 아님을 알 수 있다. 그는 오히려 사회주의나 자유주의적 복지국가의 설계자들에게 많은 영감을 주었다.

스미스는 18세기에 살았으나 그 시대를 뛰어넘는 발상들을 보여줬다. 현대적인 개념의 분배적 정의에 관한 생각들도 그랬다. 아리스토텔레스가 명확히 한 고대의 분배적 정의는 공로에 따른 분배를 뜻한다. 그와 달리 현대적 개념의 분배적 정의는 모든 사람이 공로와 상관없이 어떤 수준의 물질적 수단을 얻을 수 있게 국가가 보장하기를 요구한다. 현대 이전의 세계에서 가난한 이들은 특히 공로가 없는 사람들로 여겨졌다. 누군가가 도움의 손길을 내밀더라도 마땅히 도움받을 자격이 그들에게 있다고 믿어서 그런 것은 아니었다. 자선은 국가가 아닌 개인이나 단체가 하는 일이었다.

스미스는 그의 사후에 얻은 절대적 자유방임주의자라는 평판과 달리 국가가 분배적 정의 차원에서 해야 할 일을 제시했다. 하지만 그보다 주목해야 할 것은 스미스가 가난한 이들도 다른 모든 사람과 같이 존중해야 한다고 촉구했다는 점이다. 바로 이 점에서 그는 현대적 개념의 분배적 정의를 발전시키는 데 이전의 어떤 사상가보다 더 이바지했다.[14] 스미스는 국가를 통한 부의 재분배에 원칙적으로 반대하지 않았다. 그는 부의 지나친 집중을 막을 수 있는 여러 정책과 제도를 제안했다. 부의 재분배는 부자의 재산을 가난한 이들에게 직접 이전하거나, 부자에게 더 높은 세율로 세금을 걷거나, 같은 세율로 세금을 거둬 가난한 이들이 더 많은 혜택을 받는 공공 자원을 제공하는 방식으로 이뤄진다. 스미스는 이 가운데 둘째와 셋째 방식을 제안했다.[15]

스미스는 무엇보다 공립학교 제도를 옹호했다. 그는 가난한 노동자들이 교육을 받아야 도덕적, 정치적 판단을 내릴 역량을 키울 수 있다고 봤다. 또 사치스러운 탈것에 대해서는 짐마차보다 더 많은 도로 통행세를 내게 함으로써 가장 쉽게 "가난한 이들을 구호하는 데 부자들의 게으름과 허영이 기여할 수 있게" 하자고 제안했다.(국부 5.1) 그는 집세에 대한 세금도 옹호했다. 그것이 부자들에게 더 무거운 세금이라는 점을 고려했다. 스미스는 또 "공공의 지출에 대해 부유한 이들이 그들의 수입에 비례해 기여하는 데 그치지 않고 그 비율보다 얼마간 더 기여하는 것이 아주 불합리하지는 않다"라고 했다.(국부 5.2)

물론 한 걸음 물러나서 비판적으로 보면 스미스의 정의론이 지닌 한계도 눈에 띈다. 그는 부적절한 동기로 다른 사람에게 실질적인 해를 끼치는 것을 부정의로 본다. 그렇다면 실질적인 해를 끼치지 않는 한 어떤 행위도 부정의가 아니라는 말일까? 예를 들어보자. 누군가의 신체를 몰래 찍어서 혼자 있을 때만 보는 사람이 있다고 하자. 피해자는 불법 촬영 사실을 까맣게 모르고 있다. 촬영자는 분명히 피해자를 부당하게 대했으나 스미스가 말하는 "실질적인 해를 끼친" 부정의에 해당되는지는 분명하지 않다. 어떤 권위적인 가장이 진심으로 자녀를 위하기 때문이라며 아이들에게 상처를 줄 때도 있다. 그는 설사 아이에게 상처를 주었더라도 부적절한 동기에서 해를 끼친 것은 아니므로 부정의가 아니라고 주장할 것이다. 가부장적인 권위주의 정부가 개인에게 상처를 주는 경우도 마찬가지다. 동기는 부적절하다고 할 수 없으나 결국 국민에게 엄청난 피해를 준 정책들이 모두 정당했노라고 주장할 것이다.

미래 세대에 대한 부정의는 어떤가? 오늘날의 인류가 자연환경을 파괴하는 것은 의도적으로 아직 태어나지 않는 이들을 해치려 하거나 미래 세대의 이익에 특별히 냉담해지려고 맘먹었기 때문은 아니다. 그러나 의도는 없었더라도 이 문제를 깊이 고민하지 않고 필요한 행동에 나서지 않으면 결국 환경 보호와 지속 가능한 발전에 실패하게 되는 것은 마찬가지다. 미래 세대의 환경 재앙을 피하려면 우리 자신의 무신경과 완고함을 넘어 더 멀리 있는 목소리를 듣고 공감하려는 노력이 요구된다. 스미스가 말한 부정의의 개념을 좁게 해석하려는 이들과 공감을 중시하고 멀리 있는 목소리를 들으라는 그의 가르침을 폭넓게 받아들이려는 이들은 이 모든 문제에 대해 서로 다른 결론에 이를 수 있다.

· · ·

"한국이 경제발전에 성공한 건 시장 원리를 도입했기 때문만은 아닙니다. 적절한 사회적 기회를 창출했기 때문입니다." 아마르티아 센은 나지막한 목소리로 말했다.

나는 1998년 10월 영국 케임브리지대학에서 그를 만났다.[16] 센은 그해 노벨경제학상을 받았다. 인도 벵골 사람인 센에게 시인 타고르는 '죽지 않을 운명(아마르티아)'이라는 이름을 지어주었다. 센은 열아홉 살 때 사형 선고나 다름없는 구강암 진단을 받았지만 남다른 의지로 병마를 이겨냈다. 불멸을 뜻하는 이름은 그에게 꼭 맞는 것이었다.

센은 기근에 관한 남다른 통찰을 보여준다. 그는 열 살 때인 1943년 300만 명이 희생된 벵골 기근을 지켜봤다. 사람들이 굶어 죽을 때 식량은 들쥐가 끓는 곡물 창고에서 썩어나가고 있었다. 그는 최악의 기아 사태는 대개 흉작이 아니라 정치적 실패 탓이라고 생각한다. 반드시 더 많은 식량이 있어야만 기근을 완화할 수 있는 것은 아니다. 식량의 절대량을 늘릴 수 없다는 이유로 정부가 적극적인 행동에 나서지 않는 것은 잘못이다. 모든 소득을 잃은 이들에게 어떤 식으로든 약간의 구매력만 창출해주더라도 굶주림을 피할 식량의 재분배를 이룰 수 있다.

센이 케임브리지대학에서 빈곤과 기아, 불평등, 경제 정의 같은 윤리적 문제를 연구하려 하자 스승 조앤 로빈슨은 "그런 쓰레기는 모두 집어치워라"라고 충고했다. 로빈슨은 사회주의 계획경제와 케인스식 개입주의를 뒤섞은 체제를 옹호했다. 1953년에 베이징에 간 그녀는 "공산주의가 자본주의를 대체하는 체제라는 최종 증거"를 얻었다고 했다. 센은 "현대사에서 볼 수 있는 최악의 기근을 전혀 눈치채지 못한" 스승을 비판했다. 마오쩌둥 치하의 중국에서는 강제적인 집산화 때문에 1500만 ~3000만 명이 목숨을 잃었다.[17]

센은 인터뷰에서 실업을 가장 우려했다. 실업은 소득뿐만 아니라 자존감까지 잃게 하고, 기술 퇴보와 가정 파괴, 사회적 소외, 정치적 불안을 부른다. 실업자는 진정한 자유를 누리지 못한다. 그는 실업이 사회를 다이너마이트처럼 파괴할 수 있다고 했다. 센은 기아 사태와 마찬가지로 일자리 문제의 원인도 정치의 실패에서 찾을 수 있다고 본다. 실업과 그에 따른 부자유는 오늘날 우리 사회의 가장 절박한 문제로 떠올랐다. 경제와 사회 정책의 성패를 가늠할 단 하나의 척도가 있다면 그것은 실업 통계다.

2022년 10월 우리나라 고용 통계를 보자. 15세 이상 인구 4530만 명 중 실업자로 분류된 이는 70만 명도 안 된다. 그러나 이 숫자는 현실을 오도하기 쉽다. 더 많은 시간 일하고 싶어하는 이들이 80만 명 가까이 되고, 본인이 아프거나 가족을 돌봐야 해서 일을 못 하는 이들과 적극적으로 구직활동을 하지 않고 있으나 일을 하고 싶어하는 이들이 140만 명을 웃돈다. 그러므로 일자리에 목말라하는 이들은 사실상 300만 명을 웃돈다고 봐야 한다. 15~29세 청년층에서 다섯 명 중 한 명이 여기에 속한다. 젊은이들은 영혼을 팔아서라도 일자리를 얻고 싶어한다. 절망한 이들은 영혼까지 끌어모아 투기에 나서기도 한다. 절망이 깊을수록 무모해진다.

센은 물질적인 부가 아니라 인간의 실질적인 자유를 중시한다. 발전은 자유를 확대하는 과정이다. 자유를 넓혀가는 것은 발전의 주된 목적이자 수단이다. 센은 『자유로서의 발전』에서 동아시아 경제 위기와 불평등 문제를 다룬다. 그는 이렇게 묻는다. 몇십 년 동안 해마다 5퍼센트나 10퍼센트씩 성장해온 나라가 단 한 해만 5퍼센트나 10퍼센트 뒷걸음질 해도 그토록 재앙적인 결과를 불러오는 까닭은 무엇인가?

총량적인 지표만 보면 그리 재앙적이지 않다고 할 수 있다. 하지만 그 고통이 전체 인구에 똑같이 공유되지 않고 주로 가장 가난한 계층에 돌아간다면 이야기는 달라진다. 지난날 경제성장이 아무리 눈부셨다 하더라도 갑자기 낭떠러지에 떨어지는 이들에게는 다른 세상의 일이다. 경제 위기는 이들에게 가장 가혹하다. 악마는 맨 뒤에 처진 자를 잡아먹는다.

불평등의 성격은 끈질기게 이어지는 가난이냐 갑작스럽게 닥친 궁핍이냐에 따라서도 달라진다. 한국의 경제는 비교적 평등한 소득 분배와 더불어 성장했다. 그러나 위기가 닥쳤을 때는 사정이 달랐다. 한국은 일상적인 사회안전망과 신속한 대응 시스템이 없는 가운데 위기를 맞았다. 민주적인 정치가 부재할 때는 모두가 평등한 관심을 받지 못한다. 지난날의 평등한 성장은 새로운 불평등에 자리를 내준다.[18] 이런 상황에서는 수십만, 수백만 명이 갑작스러운 실직으로 마트의 막걸리를 훔쳐야 했던 젊은이와 같은 처지로 내몰릴 수 있다.

센은 애덤 스미스의 공정한 관찰자가 빈곤과 불평등 문제를 다루는 데 유용한 개념이라고 본다. 마음속의 공정한 관찰자는 시간과 장소에 따라 다양하게 나타나는 문제에 대한 도덕적 판단을 내릴 수 있게 해준다. 그것은 하나의 절대적인 법칙에 의존하지 않고 끊임없는 사회적 상호작용과 공감을 통해 내릴 수 있는 판단이다.

센은 "물고기 세계의 정의가 인간의 세계로 침범하지 못하게 조심해야 한다"고 말한다.[19] 스미스는 물고기의 정의를 원하지 않았다. 그는 무엇이 부정의인지 밝힘으로써 무엇이 정의인지 알 수 있게 했다. 우리에게는 그의 제안처럼 낮은 목소리와 먼 곳의 목소리까지 들을 수 있는 가슴속의 사람이 있다. 우리는 그 위대한 재판관과 끊임없이 대화함으로써 더 정의롭게 행동할 수 있다.

제 5 장

보이지 않는
손의 신화

애덤 스미스의 책에서 딱 한 차례씩 나오는 '보이지 않는 손'을 근거로 그를 자유방임을 주창한 시장 만능주의자로 몰아가는 것은 잘못이다. 그를 20세기 신자유주의의 맹아로 보는 것도 오류다. 보이지 않는 손이 일으키는 시장의 마법은 거대한 신화가 됐다. 시장과 정부의 역할에 관해 그가 말한 것과 말하지 않은 것은 무엇일까? 자연적 자유의 침해는 어떤 경우에 정당화될 수 있을까?

오너라, 눈을 감기는 밤이여.

연민 어린 낮의 다정한 눈을 가려다오.

그리하여 너의 보이지 않는 피투성이 손으로

나를 묶어 질리게 하는 저 굵은 끈을 거둬들여

갈기갈기 찢어버려라.[1]

아비 같던 왕을 죽이고 스코틀랜드의 왕좌를 차지한 맥베스. 후환을 없애려 친구 뱅코까지 죽이려는 그는 전날 밤 어둠 속에서 독백한다. 그는 "보이지 않는 피투성이 손"이 자신의 범죄를 가려주기를 바란다. 뱅코의 망령에 시달리던 맥베스에게 최후의 심판은 그 자신의 마음속에 있는 법정에서 내려진다. 셰익스피어의 은유법을 가르쳤던 애덤 스미스는 맥베스의 이 독백을 알았을 가능성이 크다. 연극 「맥베스」는 1750년대 에든버러의 무대에도 올랐다. 스미스는 파리에 있을 때도 자주 극장에 가 오페라와 연극을 봤다. '모방 예술'은 그에게 중요한 연구 주제였다.

두려워하라, 불운한 왕이여.

보이지 않는 손이 그대 머리 위에 매달려 있으니.[2]

볼테르의 희곡『오이디푸스』에서 보이지 않는 손은 징벌의 칼과 같은 것이다. 자신을 버린 아버지를 못 알아보고 친부 살해의 죄를 지은 오이디푸스 왕에게 그것은 얼마나 두려운 손이었을까?

볼테르는 스미스의 영웅이었다. 스미스는 그를 "프랑스가 낳은 가장 보편적인 천재"로 보았다. 『도덕감정론』에는 그의 이름이 일곱 차례나 등장한다. "볼테르의 가장 뛰어난 작품 가운데 하나인 비극 「마호메트」"(도덕 3.6), "볼테르의 그 아름다운 비극 「중국의 고아」"(도덕 6.2.1)라고 하는 식이다. 스미스는 볼테르의 칼처럼 두려운, 보이지 않는 손에 대해서도 알았을 가능성이 크다.

스미스는 라틴 문학을 많이 읽었다. 오비디우스의 『변신 이야기』는 신화와 전설 속 변신을 주제로 그리스 로마 신화를 집대성한 라틴 문학의 걸작이다.[3] 이 책에도 보이지 않는 손이 나온다.

카이네우스는 놀라움을 금치 못하는 적에게

자신의 다치지 않은 사지를 충분히 드러냈다가

'자, 이제는 내 칼로 그대의 몸을 시험해보리라!'라고 말하고

죽음을 가져다주는 칼을 손잡이 있는 데까지

그자의 옆구리에 찔러넣고는 보이지 않는 손을 거기 내장 속에서

비틀고 휘저어 상처 안에다 또 상처를 입혔소.[4]

그리스 신화에서 카이네우스는 켄타우로스족과 싸우는 라피타이족의 위대한 전사다. 라피타이족 엘라투스의 딸로 태어났으나 바다의 신에게 겁탈당한 후 성전환을 하고 무훈을 세운다. 여기서 보이지 않는 손은 내장 속을 비틀고 휘젓는 손이며 상처 안에 또 상처를 입히는 손이다. 얼마나 끔찍한 손인가!

마법의 손

애덤 스미스 하면 『국부론』, 『국부론』 하면 보이지 않는 손부터 떠올리는 이가 많다. 그 덕분에 이 손은 지구촌에서 가장 유명한 은유가 됐다. 그것은 고전에 나오는 피 묻은 손이 아니었다. 20세기는 보이지 않는 손의 세기였다. 1972년에 노벨경제학상을 받은 케네스 애로는 "스미스의 관찰에서 가장 심오한 점은 (경제) 체계가 참여자들의 등 뒤에서 작동하며 그들을 안내하는 손은 보이지 않는다는 것"이라고 했다. 1981년에 같은 상을 받은 제임스 토빈은 그것이 "역사상 가장 위대하고 영향력 있는 사상 가운데 하나"라고 치켜세웠다.

정작 스미스 본인은 이 표현에 그리 많은 공을 들이지 않은 것 같다. 그가 남긴 글을 통틀어 보이지 않는 손은 세 차례 등장한다. 그의 생전에 출간한 『도덕감정론』에 한 번, 『국부론』에 한 번, 그의 사후에 출간된 『철학 논집』에 한 번 나온다. 보이지 않는 손이 그의 사상과 이론의 고갱이라면 더 자주 등장해야 하지 않을까?

『도덕감정론』에서 보이지 않는 손은 책의 절반을 지나 제4부에 가서야 비로소 등장한다. 후세의 학자들은 여기서 마치 보물을 찾듯이 "그들은 보이지 않는 손에 이끌려 (…) 의도하지 않고도, 모르는 사이에 사회의 이익을 증진하며"라는 문장을 발견한다. 사람들은 실제로 스미스가 어떤 맥락에서 이 이야기를 했는지는 곧잘 건너뛰고 잊어버린다. 거두절미하고 "보이지 않는 손"과 "사회의 이익을 증진한다"라는 말만 기억하는 것이다. 『국부론』에서도 마찬가지다. 역시 책을 절반쯤 읽다보면 "보이지 않는 손에 이끌려 (…) 사회의 이익 증진을 꾀할 때보다 더 효과적으로 그것을 증진하게 된다"는 문장을 만나게 된다.

이 두 문장은 후세에 다음과 같이 매끈하게 다듬어지고 강렬한 호소력을 지닌 새 문장으로 거듭난다. "모든 개인이 자기 이익(만)을 좇더라도 결국 보이지 않는 손에 이끌려 그 의도와 상관없이 (언제나) 사회의 이익을 증진하게 된다." 자기 이익(만)을 좇는 이들에게는 참으로 큰 위안을 주는 말이다. 보이지 않는 손의 마법이 개인의 이익 추구가 (언제나) 사회의 이익 증진이라는 좋은 결과를 낳도록 해준다니.

이는 설사 그 이익 추구가 다른 사람들에게 해가 될 만큼 이기적인 것일지라도 그 의도와 달리 늘 사회의 이익이 된다는 뜻일까? 스미스는 과연 그토록 이기적인 탐욕을 정당화했을까? 이 물음을 더 단순하고 명확하게 해보자. 개인이 어떤 행동을 하는 의도와 그에 따른 결과를 나누어 생각해보는 것이다. 개인의 행동은 애초 의도한 것과 같은 결과를 낳을 수도 있고 의도와는 다른 결과를 가져올 수도 있다. 좋은 의도로 한 행동이 좋은 결과를 낳는다면 문제 될 게 없다. 좋은 의도가 나쁜 결과를 가져왔다면 더 효과적으로 의도를 실현할 방도를 찾아야 할 것이다. 나쁜 의도로 한 행동이 나쁜 결과를 낳은 것은 그리 놀랄 일이 아니

보이지 않는 손의 신화

다. 그러나 나쁜 의도로 한 행동이 좋은 결과를 가져왔다면 대단히 놀라운 일이다. 더욱이 그 의도가 아무리 나쁘더라도 언제나 좋은 결과를 가져온다면 얼마나 놀라운 일인가! 보이지 않는 손은 과연 그런 마법을 부릴 수 있을까? 스미스는 과연 그렇게 말했을까?

이 물음에 답하려면 먼저 보이지 않는 손이 등장한 맥락부터 살펴봐야 한다. 스미스가 1750년대에 쓴 것으로 보이는 천문학사부터 보자. 스미스는 여러 신을 믿는 야만인들과 고대의 이교도들이 자연의 불규칙한 사건들을 보고 신들의 힘이 작용해서 일어나는 현상으로 믿었다고 쓴다.

불은 타오르고, 물은 새로 채워지며, 무거운 물체는 가라앉고, 가벼운 물질은 날아오른다. 이는 그것들 자체의 본성에서 비롯된 필연성에 따른 것이며, 그런 일들에 주피터의 보이지 않는 손이 일일이 개입되어 있다고 여겨지지는 않았다. 그러나 천둥과 번개, 폭풍과 햇볕처럼 더 불규칙한 현상들은 그 신의 은혜나 분노 때문에 일어나는 것으로 여겨졌다. 어떤 일을 꾸밀 힘을 지닌 존재로 그들이 유일하게 알고 있던 인간은 자연적인 사건들이 굴러갔을 경로를 그냥 내버려두지 않고 중단시키고 변경하는 행동밖에 하지 않았다. 그들이 상상은 해도 알 수는 없는 다른 지적인 존재들도 당연히 그와 같은 식으로 행동할 것으로 여겨졌다. 여러 일이 통상의 경로에 따라 저절로 굴러가도록 뒷받침하려고 나서는 것이 아니라 그것들을 중단시키고 좌절시키며 교란하는 것이다. 그런 까닭에 이 세상의 초기에는 가장 미개하고 무기력한 미신이 철학의 자리를 차지했다.(『철학 논집』 중 천문학사)[5]

이 글은 미개한 다신교 사회의 미신에 관해 쓴 것이다. 야만인들은 불이 타오르고 무거운 것이 가라앉는 것처럼 일상적으로 일어나는 당연한 일에는 신의 손길이 일일이 개입한다고 생각하지 않았다. 하지만 천둥이나 번개, 폭풍처럼 자연의 불규칙한 사건들은 신의 은총이 깃들거나 분노가 작용한 것으로 여겼다. 미개인들은 그 놀라운 사건들을 이해할 수 없었다. 눈에 보이지 않는 매우 지적인 존재의 일로 치부하는 도리밖에 없었다. 그런 존재들은 가만두면 저절로 굴러갈 일들을 교란하고 좌절시킨다. 신들의 손길은 변덕스럽다. 계몽주의 시대의 지식인은 그런 신을 믿는 야만인들을 어떻게 보았을까? 다분히 냉소적인 눈으로 보지 않았을까?

『도덕감정론』과 『국부론』의 보이지 않는 손은 질서를 교란하기보다는 질서를 지키는 쪽이다. 『도덕감정론』에는 인간애나 정의에는 전혀 관심이 없는 어떤 지주가 등장한다.

거만하고 무정한 지주가 자신의 드넓은 들판을 바라보며, 동포들의 부족함은 아랑곳하지 않은 채, 그곳에서 수확한 것들을 전부 자신이 소비할 생각을 하는 것은 부질없다. 눈은 배보다 크다는 흔히 말하는 통속적인 격언이 그의 경우보다 더 완전히 입증된 적은 없었다. 위의 용량은 그의 무한한 욕망에 비례하지 않으며, 그의 위는 가장 초라한 농부의 위보다 더 많이 받아들이지 못할 것이다. 그는 자신이 소비하는 약간의 식량을 가장 기분 좋은 방식으로 준비해주는 이들, 그 약간의 식량을 소비할 대저택을 갖추어주는 이들, 큰 집안의 살림에 쓰이는 여러 자질구레한 물품을 공급하고 관리해주는 이들에게 나머지 식량을 어쩔 수 없이 분

보이지 않는 손의 신화

배해야 한다. 그래서 이들 모두는 그의 사치와 변덕에서 생활에 필요한 것들을 얻어내는데, 그들의 몫을 그의 인정이나 온당함에서 얻으려 하는 건 헛된 일이었을 것이다.(『도덕감정론』 4부 1장)

지주는 인정머리가 없다. 하지만 그가 수확물을 혼자 다 소비하고 싶어해도 그의 위는 두 사람 몫을 소화하기에도 벅차다. 부자가 가난한 이웃보다 식량을 더 많이 소비하지는 않는다. 결국 그에게 필요한 물품이나 서비스를 제공하는 이들에게 수확물 일부를 나눠줄 수밖에 없다.

그 땅의 생산물은 언제나 그 토지가 부양할 수 있는 만큼의 주민 수를 유지한다. 부자들은 그 생산물 가운데 가장 귀하고 마음에 드는 것들을 고를 수 있을 뿐이다. 그들은 가난한 이들보다 그다지 더 많이 소비하지 않으며, 타고난 이기심과 탐욕에도 불구하고 그들은, 오로지 그들 자신의 편리함만 꾀하더라도, 그리고 그들이 고용한 수천 명 모두의 노동을 통해 이루려는 유일한 목적이 채울 수 없는 헛된 욕망을 만족시키려는 것이라 하더라도, 결국 모든 개량의 성과를 가난한 이들과 나누게 된다. 그들은 보이지 않는 손에 이끌려, 대지가 모든 주민에게 똑같은 몫으로 나뉘었을 때 돌아가는 것과 거의 같은 분배를 하게 되며, 그래서 의도하지 않고도, 모르는 사이에, 사회의 이익을 증진하고, 종의 증식을 위한 수단을 제공할 수 있다. 신은 몇 안 되는 지주들에게 대지를 나눠주었을 때 그 분배에서 제외된 것 같았던 이들을 잊어버리지도, 내버려두지도 않았다. 그들 역시 그 땅이 생산하는 모든 것에서 제 몫을 누린다.(『도덕감정론』 4부 1장)[6]

이기적이고 탐욕스러운 부자들이 자신의 헛된 욕망을 채우는 데만 관심을 쏟더라도 결국 가난한 이들도 제 몫을 나눠 갖게 된다. 부자의 의도와 상관없이 그런 결과로 이끄는 것은 보이지 않는 손이다. 신은 소수의 지주에게 땅을 몰아주고 나머지 사람들은 잊어버린 것 같았지만 사실은 그렇지 않다. 땅에서 생산된 것은 결국 그 땅을 똑같이 나눠주었을 때와 "거의 같은" 몫으로 분배된다. 여기서 스미스는 지주의 이기심을 지지하거나 변호하는 것이 아니다. 그는 다만 한 걸음 물러서서 보면 그 행동의 의도하지 않은 결과를 볼 수 있다고 말할 뿐이다.[7]

『국부론』에서 보이지 않는 손에 이끌리는 이는 상인이나 제조업자다. 국내 시장에서 독점력을 유지하려는 이들은 종종 "지나치게 커진 상비군"처럼 입법자들을 압박한다. 그러나 정부가 수입을 제한하며 보호해주지 않더라도 그들은 어차피 투자 위험을 줄이려고 국내 투자를 선호한다. 그에 따라 그들의 의도와 무관하게 국내 생산이 늘면서 사회의 이익이 증진된다.

모든 개인이 그의 자본을 국내 산업을 뒷받침하는 데 쓰면서 그 산업의 생산이 가장 큰 가치를 갖도록 감독하는 데 최대한 애쓰면, 각자는 필연적으로 그 사회의 연간 수입이 최대한에 이르도록 노력하는 것이다. 사실 일반적으로 그는 공익을 증진하려는 의도를 갖지도 않고 자신이 공익을 얼마나 증진하는지 알지도 못한다. 그는 외국 산업보다 국내 산업을 뒷받침하는 것을 선호함으로써 오로지 자신의 안전을 꾀하고, 그 생산물이 최대의 가치를 갖도록 감독함으로써 오로지 자신의 이득을 꾀하며, 또한 다른 많은 경우에서처럼 이 경우에도 보이지 않는 손에 이끌려 전혀 의도하지 않았던 목적을 이루게 된다. 그것을 전혀 의도하지 않았다고 해서 반드시 언제나 사회에 더 나쁜 것은 아니다. 그는 흔히 자신의 이익을 좇음으로써 실제로 그가 사회의 이익 증진을 꾀할 때보다 더 효과적으로 그것을 증진하게 된다.(『국부론』 4편 2장)[8]

이때 자본을 어디에 투자하면 가장 안전하게 가장 높은 이익을 얻을 수 있을지는 상인이나 제조업자 자신이 누구보다 잘 안다. 어리석고 주제넘은 정치가나 입법자들이 그들을 지도하겠다고 나서는 것은 위험하다. 여기서 보이지 않는 손에 대한 더 자세한 설명은 없다. 규제받지 않는 시장과 이기심의 유익한 효과에 대한 예찬은 없다. 누구나 자본을 가능한 한 안전한 곳에 투자하려 한다. 해외 투자는 비용이 더 들고 위험하다. 굳이 규제하지 않아도 자본은 자연스러운 유인에 따라 국내에 투자될 것이다. 스미스는 그렇게 말했을 뿐이다.

나는 공익을 위해 사업하는 체하는 이들이 좋은 일을 많이 하는 경우를 본 적이 없다. 실제로 상인들 사이에서 그런 꾸밈이 일반적인 것은 아니며, 그런 가식을 만류하는 데에는 여러 말이 필요하지 않다. 자신의 자본을 어떤 국내 산업 분야에 투자할 수 있을지, 그리고 어느 생산물이 최대의 가치를 가질 것 같은지를 두고 모든 개인이 그의 특수한 사정에 따라 내리는 판단이 어떤 정치가나 입법자가 그를 위해 할 수 있는 것보다 훨씬 더 낫다는 것은 명백하다. 민간인들에게 그들의 자본을 어떤 방식으로 이용해야 하는지 지도하려는 정치가는, 스스로 가장 불필요한 주의를 기울일 뿐만 아니라, 어떤 한 사람에게는 물론이고 어떤 위원회나 상원에도 안전하게 믿고 맡길 수 없는 권한, 그리고 자신이 행사하는 것이 적합하다고 생각할 만큼 어리석고 주제넘은 사람의 손안에 있을 때는 더없이 위험한 권한을 제 것으로 여긴다.(『국부론』 4편 2장)

이처럼 보이지 않는 손에 이끌리는 사람들은 하나같이 특별히 사랑스럽지 않은 사람들이다. 천둥을 신의 변덕이나 노여움으로 풀이하는 미개한 사람이거나, 모든 수확물을 혼자 소비하고 싶어하는 탐욕스러운 지주이거나, 무엇보다 먼저 자신의 안전과 이득을 꾀하며 수입 제한을 통해 독점 이익을 보호해달라고 요구하는 상인과 제조업자다. 이런 사람들이 오로지 자신의 이익을 좇더라도 그 의도와 달리 사회적인 이익이 증진되는 좋은 결과가 나타날 수 있다. 그런 결과는 자주 나타날 수도 있다. 그러나 그들이 아무리 이기적으로 행동하더라도 언제나 그런 결과가 나타나리라고 확신할 근거는 어디에 있을까?

애덤 스미스는 보이지 않는 손을 자신의 핵심 사상을 풀어주는 열쇳말로 여겼을까? 이 표현이 책마다 딱 한 번씩만 등장한다는 사실은 그가 이 말을 그다지 중요하게 여기지 않았을 가능성을 시사한다. 실제로 20세기 전에는 이 말이 논평가들 입에 거의 오르내리지 않았다.

보이지 않는 존재는 흔히 미신을 부른다. 스미스도 수사학 강의 때 보이지 않는 존재를 요정이나 정령 같은 것들과 연결지었다. 그런 존재는 과학적 분석 체계의 빈 공간을 차지한다. 그런 무지의 영역을 없애고 일관성과 질서를 갖춘 연속적인 체계를 조직하는 것이 바로 철학의 목적이다.

물론 스미스가 보이지 않는 손을 중요한 개념으로 여겼을 가능성도

보이지 않는 손의 신화

없지는 않다. 그는 『도덕감정론』에서 보이지 않는 손을 언급하고는 바로 다음 문단에서 "공공의 복리를 증진하는 제도"를 이야기하며 그 "질서의 아름다움"을 말한다. 우리는 "아름답고 웅장한 체계의 완벽성을 보는 데 서 즐거움을 얻는다"라는 것이다.(도덕 4.1) 보이지 않는 손이 그런 체계 와 질서를 만들어내는 조화의 신이라면 참으로 아름답고 사랑스러운 손 일 것이다. 그러나 실제로 스미스가 보이지 않는 손을 핵심적인 개념으 로 여겨 매우 진지하게, 열의와 애정을 담아, 힘주어 이야기한 것 같지 는 않다. 심지어 저명한 스미스 연구자인 에마 로스차일드는 스쳐 지나 가듯 나오는 보이지 않는 손은 스미스의 "반어적 농담"쯤으로 볼 수 있 다고 했다. 실제로 그렇게 볼 근거는 많다. 여러 연구자가 밝힌 근거를 살 펴보자.9

첫째, 보이지 않는 손 이론은 개인의 의도를 지나치게 깔아뭉갠다. 이 이야기에 등장하는 개인은 어리석은 다신교도, 탐욕스러운 지주, 엉큼한 상인들이다. 그들은 자신을 이끄는 손을 보지 못한다. 한마디로 계몽되 지 않은 사람들이다. 스미스는 스코틀랜드 계몽주의를 대표하는 철학자 다. 누구보다 개인의 자유를 옹호한다. 그가 보는 개인은 독립적으로 사 고하며 자신의 이익에 관해 최선의 판단을 할 수 있다. 그들은 체스판의 말이 아니라 독자적인 운동 원리에 따라 움직이는 존재다. 보이지 않는 손으로 그들의 의도를 업신여기고 비웃는 것은 스미스답지 않다.

둘째, 보이지 않는 손은 보통 사람들보다 훨씬 더 많은 것을 볼 수 있 는 어떤 이론가의 존재를 상정하는 것이다. 그 손을 모든 것을 알고 있 는 특권적인 존재로 그리는 것은 스미스답지 않다. 스미스는 오만한 군 주들처럼 "자신을 국가 전체에서 유일하게 지혜롭고 가치 있는 사람으로 생각하는" 이들을 비판한다.(도덕 6.2.3) 중농주의 경제학자들처럼 "보통 사람들이 이해할 수 있는 것을 뛰어넘어 그 이상을 이해할 수 있는 것처럼 보이기를 좋아하는" 이들을 꼬집기도 한다.(국부 4.9)

스미스는 어리석고 보잘것없는 백성이 보지 못하는 것을 자신은 볼 수 있다고 믿으며 잘못된 개혁을 밀어붙이는 군주들이나 자신은 계몽된 지식인이지만 자신이 관찰하는 대상은 한 치 앞을 못 보는 사람들이라고 생각하는 소수의 이론가와 철학자들을 비판적으로 묘사한다. 『국부론』에서 이야기하는 숱한 일화는 그처럼 권위를 내세우는 자들의 지혜가 뜻밖에도 바람직하지 않은 결과를 낳는다는 것을 보여준다. 오히려 방앗간 주인이나 빵 굽는 사람들의 지혜를 믿는 스미스에게 그들을 내려다보며 모든 것을 다 아는 체하는 이들은 전혀 미덥지 않다.

셋째, 스미스는 상인과 제조업자들의 정치적 영향력 문제를 대단히 심각하게 다룬다. 보이지 않는 손이 등장하는 『국부론』 제4편에서 중요하게 다루는 주제가 바로 그것이다. 이 장에서 스미스는 상인과 제조업자들이 어떻게 독점력을 확보하고 자신들에게 유리한 규제를 끌어내는지 신랄하게 해부한다. 실제로 그들은 의도한 대로 결과를 얻어낸다. 사회 전체로 보면 나쁜 의도가 나쁜 결과를 낳는다.

여기서 보이지 않는 손은 아주 잠깐 나타날 뿐이다. 그것도 수입 제한을 위한 상인들의 압력을 이야기할 때 스쳐 지나가듯이 나온다. 이때 보이지 않는 손은 상인들 개개인이 자신에게 가장 유리하다고 생각하는 방식으로 자본을 투자하도록 허용하면 사회와 공공의 이익 증진이라는 정책 목표를 가장 잘 이룰 수 있다고 입법자들을 설득하기 위한 비유다. 보이지 않는 손이 제대로 작동하려면 개인들이 잘 정의된 게임의 규칙

보이지 않는 손의 신화

안에서 자신의 이익을 추구해야 한다. 누구도 제도와 규칙에 부당한 영향력을 행사하려 들지 말아야 한다.

정치인들도 상인들처럼 자기 이익을 좇는다. 그들은 공익을 지키려 하나 흔히 상인들의 영향력에 휘둘린다. 이런 비판은 스미스의 정치경제학에서 핵심을 이룬다. 스미스가 기존 제도와 정치의 현실을 비판하다 갑자기 그 문제를 잊어버리고 보이지 않는 손의 은유로 사회적 조화를 강조하고 예찬했을 가능성은 매우 낮다.[10] 스미스는 "정치가나 정치인으로 불리는 음험하고 교활한 동물"을 공격한다. 그들이 "자신이 행사하는 것이 적합하다고 생각할 만큼 어리석고 주제넘은 사람의 손안에 있을 때는 더없이 위험한 권한"(국부 4.2)을 함부로 휘두르는 사람들이다.

넷째, 스미스의 종교관을 보면 신의 섭리를 표현하는 말로 그 손을 이야기한 것 같지는 않다. 데이비드 흄을 추도하는 글을 쓴 후 교계와 저명인사들로부터 무신론을 부추긴다는 격렬한 비난을 받았던 그다. 스미스는 장 칼라스 사건을 이야기하면서 "아버지 없는 세계"에서 겪어야 할 심리적인 어려움을 묘사하기도 했다.(도덕 6.2.3) 하지만 그 자신은 기독교에 대해 갈수록 더 회의적인 생각을 갖게 된 것으로 보인다.『도덕감정론』의 마지막 판은 초판보다 기독교 색채가 훨씬 옅어졌다.『국부론』에는 종교적 기득권에 대한 비판도 자주 나온다. 스미스가 보이지 않는 손을 종교적인 의미로 썼다 하더라도 그것을 절대적인 믿음을 가질 만한 신의 섭리로 여겼다고 보기는 힘들다. 종교에 대한 스미스의 견해는 흄의 생각에 상당히 가까웠다. 무신론자인 흄이 보이지 않는 손을 말했다면 틀림없이 반어적인 표현이었을 것이고, 스미스도 크게 다르지 않았을 것이다.[11]

다섯째, 기독교에 회의적이었던 스미스가 보이지 않는 손으로 스토아 철학의 섭리를 표현했을 가능성도 크지 않다. 그는 스토아 철학 체계의 여러 부분에 대해 회의적이었다. 무엇보다 섭리에 따른 질서라는 개념에 가장 거부감을 느꼈다. 스스로 위안을 얻는 현자들의 행복이라는 개념에 대해서도 마찬가지였다. 공감을 중시하는 그에게 무관심의 철학은 역겨웠을 것이다. 스미스는 "삶과 죽음을 경멸하는 것과 섭리에 따른 질서에 완전히 복종하면서 인생의 조류에서 밀려오는 모든 일에 철저히 만족하는 것은 스토아 철학의 도덕 전체가 바탕을 두고 있는 두 가지 근본적인 신조"라고 봤다. 그러면서 "자연이 우리의 행동을 위해 개략적으로 그려준 계획과 체계는 스토아 철학과는 전적으로 다른 것 같다"라고 했다.(도덕 7.2.1)

스미스에게 개인은 위대한 감독자의 지시를 받는 존재가 아니다. 앞서 살펴본 것처럼 개인의 의도를 깔보는 태도나 모든 것을 알고 모든 것을 내려다볼 수 있는 감독자의 존재를 상정하는 것은 스미스답지 않다. 보이지 않는 손이 스토아 철학에서 나온 것이라면 스미스는 그 표현을 그다지 중시하지 않았을 것이다.

거인들을 공격하다

요컨대 스미스의 보이지 않는 손을 우주의 질서에서 볼 수 있는 어떤 섭리를 의미하는 것이라고 풀이하기는 어렵다. 스미스가 그런 질서를 이루기 위해 모든 지시를 내릴 수 있는 손을 믿었을 가능성은 매우 낮다. 보이지 않는 손이 스미스의 생각에서 그리 중요한 부분을 차지한다고 보기는 힘들다.

개인은 보통 공공의 이익 증진을 의도하지 않는다. 그는 자신의 이익을 추구하나 "흔히" 그 의도와 상관없이 공공의 이익을 증진할 수 있다. '반드시'나 '언제나'가 아니라 '흔히' 그렇다.[12] 이때 보이지 않는 손은 더 강력하고 억압적인 손을 밀어내는 장치일 수도 있다. 적어도 그런 의미라면 스미스의 생각을 잘 표현하는 장치라고 볼 수 있겠다.

보이지 않는 손은 체제와 질서에 대한 아름다운 상상을 자극한다. 그 수사는 우리를 체제에 대한 사랑으로 이끄는 설득력을 지닌다. 보이지 않는 손을 규제받지 않는 시장에 존재하는 조화의 신으로 믿는 이들은 흔히 질서를 이루기 위한 어떤 설계도 불필요하다고 생각한다. 그리고 개인의 의도와는 상관없이 전체적인 질서와 조화가 이뤄질 수 있다는 믿음을 견지한다. 그러나 개인의 자유를 중시하면서도 개인의 의도와 행동 원리는 무시한다면 앞뒤가 맞지 않는다. 실제로 그런 질서가 가능하다 하더라도 그것이 반드시 유익하거나 아름다운 것인지는 의문이다.

20세기 이후 '인간의 과학'을 하는 이들은 끊임없이 물었다. 보이지 않는 손은 과연 시장의 경쟁을 통해 개인의 탐욕을 사회적 복리로 바꿔주는 마법의 손일까? 그렇다면 정부는 효율적인 시장과 사회의 복리에 걸림돌이 될 뿐이다. 아니면 그 손은 비인격적인 시장의 힘을 통해 승자독식의 경제 체제를 만들어내는 비정한 손일까? 그렇다면 정부는 불공정과 불평등을 막아주는 필수적인 역할을 할 수 있다.

애덤 스미스는 데이비드 흄처럼 이 세상은 위대한 설계자의 지시나 명령이 없어도 질서 있게 돌아갈 수 있다고 믿었다. 이런 생각은 정치적으로 중요한 의미를 지닌다. 사회는 국왕이나 입법자의 설계와 지도 없이도 질서를 이루고 번영할 수 있다. 개인의 노력은 그들의 지시에 따르지 않고도 사회의 이익을 증진할 수 있다. 지시는 오히려 경제적 질서를 방해할 수 있다. 사회의 이익이 될 수 있다는 것은 약속이나 보장이 아니다. 가능성이며 바람이다. 설계의 부재가 곧 질서의 부재를 의미하는 것은 아니다. 그러나 설계의 부재가 곧 질서를 의미하는 것도 아니다. 자유방임이 번영을 보장하는 것은 아니다. 스미스는 그렇게 말한 적이 없다. 더욱이 상인과 제조업자들은 독점력을 지키려고 입법부를 압박하고 정치인들은 그들의 입김에 휘둘리는 체제라면 자유방임과 조화의 신에 관한 믿음을 갖기 어렵다.

스미스는 1780년 한 네덜란드 친구에게 보내는 편지에서 『국부론』을 "대영제국의 상업 체계 전체에 대해 내가 가한 대단히 격렬한 공격"으로 묘사한다. 그 체계에는 개인의 이득을 위해 정치적 영향력을 휘두르려는 상인과 제조업자들이 있다. 스미스의 공격은 그들에게 집중된다.

> 같은 업계의 사람들이 함께 만날 때는, 심지어 유쾌한 기분 전환을 위해 만나더라도, 그들의 대화는 대중에 반하는 음모나 가격을 올리려는 어떤 계략으로 끝나지 않을 때가 없다.(『국부론』 1편 10장)

이들은 자신의 이익을 좇는다. 그런데 그 방식이 문제다. 틈만 나면 공공의 이익에 반하는 음모를 꾸미고 가격을 올리려고 짬짜미를 한다. 그러므로 그들의 제안은 최대한 신중하게 들어야 한다.

보이지 않는 손의 신화

새로운 법률과 상업의 규제에 관해 이 계급에서 나온 제안은 어느 것이든 언제나 매우 경계하면서 들어야 하며, 가장 빈틈없이, 가장 의심스러운 눈길로 오랫동안 주의 깊게 검토하기까지는 절대 채택하지 말아야 한다. 그 제안은 대중의 이익과 결코 정확히 일치하지 않는 이해관계를 가지며 일반적으로 대중을 속이고 억압하는 것이 이익이 되는, 그래서 여러 기회에 대중을 속이고 억압한 적이 있는 계급에서 나온 것이기 때문이다.(『국부론』 1편 11장)

그들은 무엇보다 독점적 이익을 지키려 한다.

독점은 훌륭한 경영의 가장 큰 적이다.(『국부론』 1편 11장)

독점을 반대하는 입법자들은 큰 고초를 겪는다.

독점을 강화하는 모든 제안을 지지하는 의회 의원은 확실히 사업을 이해한다는 평판뿐만 아니라 그 숫자와 부로 인해 엄청난 중요성을 지니는 계층의 사람들에게 대단한 인기와 영향력을 얻을 것이다. 그와 대조적으로 의원이 그런 제안에 반대하고, 더욱이 그런 제안들을 좌절시킬 권위를 가진다면 가장 인정받는 정직성도, 가장 높은 지위도, 가장 훌륭한 공적인 봉사도 그를 가장 파렴치한 매도와 비난으로부터, 개인적인 모욕으로부터 보호해줄 수 없으며, 때로는 분노하고 실망한 독점자들의 무례한 능욕에서 발생하는 실제적인 위험으로부터도 보호해줄 수 없다.(『국부론』 4편 2장)

당시 거상들이 "상인과 제조업자들의 비열한 탐욕과 독점욕"에 대한 스미스의 비판에 어떻게 반응했는지 현재로서는 자세히 알 수 없다. 그러나 글래스고 상인들은 『국부론』이 주창하는 자유무역과 여러 정책 제안을 긍정적으로 평가한 것으로 보인다. 스미스의 신조는 이미 그들이 이런저런 모임에서 토론해서 익히 알고 있었을 것이다.[13] 그러나 당대의 거상들을 비판하는 것은 큰 용기를 요하는 일이었다. 스미스는 다른 기득권자들도 비판했다. 에든버러대학에서 문학을 강의하던 휴 블레어(1718~1800)는 스미스가 대학과 교회에 대한 비판으로 "대단히 무서운 적들을 자극"했다면서 걱정했다.

한국에서는 스미스의 보이지 않는 손을 어떻게 받아들였을까? 국내에서 가장 널리 읽힌 교과서 중 하나였던 조순의 『경제학 원론』(1988년 제3전정판)을 보자. 책은 "자유 기업 경제 체제에서는 애덤 스미스의 보이지 않는 손의 원칙에 따라 모든 개인은 자기 자신의 이익을 추구하기 위해 경제활동을 한다"라며 "그에 따른 경제발전은 자연히 개인주의적 사회 풍토를 조성해 전통적인 미풍과 협동의식, 연대의식을 상실하기 쉬운 것"이라고 지적한다.[14]

"스미스는 정신적 기초로서 인간과 사회의 도덕성을 중요시했다. 그는 인간의 가장 기본적인 본성은 자리심自利心이라고 보았다. (자기 이익 추구를 자리심이라고 옮긴 것이 흥미롭다.) 그러나 이 자리심의 무제한적인 발현을 좋다고 한 것은 아니다. 흔히 스미스는 인간이 자리심에 의하여 경제 활동을 하도록 자유방임하면, 보이지 않는 손이 그 자리심을 이끌어, 항상 사회 전체의 이익을 가지고 온다고 주장한 것으로 이해되고 있다. 그러나 스미스가 그 자리심의 무제한의 발현을 억제하는 여러 장치가 필요하다는 것을 강조했다는 것을 아는 사람은 드물다. 그 자리심은 항상 좋은 것이 아니고, 타인(공평하고 사정에 정통한 관찰자)의 동감을 얻을 수 있는 한도 내에서 발현되어야 한다고 했다."[15] 책은 또 "스미스에게 있어서 자유의 범위는 제한된 것"이라며 "인간의 자유는 양심의 통제하에 도덕과 정의의 테두리 안에 있어야 하는 것"이라고 밝힌다.[16]

거품 속에서

1786년 영국의 한 철학자가 이런 편지를 쓴다. "사랑과 종교, 그리고 다른 온갖 아름다운 것처럼 이자는 자유로워야 한다는 것이 내 오랜 금언임을 아시겠지요." 그는 『고리대금을 위한 변론』이라는 책까지 썼다. 비슷한 시기에 또 한 철학자는 법으로 이자율 상한을 정하는 문제에 대해 이렇게 썼다. "법정 이자율은 시장의 최저 이자율보다 약간 높아야 하며 그보다 훨씬 더 높아서는 안 된다는 점에 주의해야 한다. 예컨대 영국의 법정 이자율이 8퍼센트나 10퍼센트로 너무 높게 정해진다면 대부되는 자금 대부분이 낭비하는 사람과 투기적인 사업가들에게 갈 것이고, 그들만이 기꺼이 그 높은 이자를 주려 할 것이다."

시장에서 자유롭게 정해져야 할 이자율에 법으로 상한을 두자는 주장과 그에 대해 반박하는 주장 가운데 하나는 애덤 스미스가 쓴 것이다. 어느 쪽일까? 많은 사람이 이자율 제한을 둬서는 안 된다는 것이 스미스의 주장이라고 생각할 것이다. 사실은 그 반대였다. 이자율 상한 규제가 그의 주장이었다. 그에 대한 반박은 공리주의 철학자 제러미 벤담

(1748~1832)의 주장이었다. 기이한 논쟁이었다.

애덤 스미스는 『국부론』에서 돈을 빌려주고 이자를 받는 것을 아예 금지해서는 안 된다고 주장한다.

어떤 나라에서는 돈의 이자가 법으로 금지됐다. 그러나 어디서든 돈을 써서 뭔가를 만들 수 있으며 그 돈을 쓰는 대가로 뭔가를 지불해야 한다. 그에 대한 규제는 고리대금의 해악을 막는 것이 아니라 오히려 키운다는 것이 경험으로 밝혀졌다. 채무자는 그 돈을 쓰는 대가뿐만 아니라 채권자가 그 대가를 받음으로써 지게 될 위험의 대가까지 지불해야 한다. 말하자면 고리대금에 대한 처벌에 대비한 채권자의 보험료까지 내줘야 한다는 뜻이다.(『국부론』 2편 4장)

하지만 곧이어 그 이자율은 법으로 규제할 필요가 있다고 인정한다.

이자가 허용된 나라에서는 일반적으로 고리대금의 착취를 막기 위한 법률에 따라 처벌되지 않으면서도 가장 높게 받을 수 있는 이자율을 정한다. 이 이자율은 언제나 시장의 최저 가격, 혹은 일반적으로 가장 확실한 담보를 맡길 수 있는 사람들이 돈을 쓰는 대가로 지급하는 가격보다 약간 높아야 한다. (…) 정부에 대해서는 3퍼센트, 민간인에 대해서는 4퍼센트와 4.5퍼센트로 돈을 빌려주는 영국 같은 나라에서는 지금의 법정 이자율 5퍼센트가 아마도 가장 적정할 것이다.

벤담은 공개적으로 스미스에게 이자 상한 주장을 철회해달라고 요청

보이지 않는 손의 신화

한다. 한 친구는 벤담에게 편지로 "스미스 박사가 (…) 당신이 옳았다고 인정한 것 같다"라며 귀띔한다. 벤담은 그가 스미스를 이겼다고 믿었던 것 같다. 그러나 스미스가 벤담에게 보내준 1789년 판 『국부론』에서 이 자율 규제에 관한 대목은 달라진 것이 없었다. 훗날 시카고학파의 밀턴 프리드먼은 이러한 이자 상한 주장이 스미스답지 않다고 비판한다. 민간에서 경제활동을 하는 사람들을 돌봐주는 척하는 "가장 건방지고 주제넘은" 정치인들을 질타하던 스미스는 어디 갔느냐고 유감스러워한다.

오늘날 시장은 스미스가 봤던 시장보다 훨씬 거대하고 복잡하며 빠르게 변화한다. 스미스가 그린 시장은 수요와 공급에 결정적인 영향을 미칠 수 없는 수많은 참여자가 경쟁하는 곳이었다. 현실의 시장은 그와 달리 움직일 때가 많다. 자산 시장에서는 가격이 오르면 수요가 줄지 않고 오히려 늘어나기도 한다. 거품이 끓어오를 때의 주식시장이나 투기가 몰리는 아파트 시장을 보면 알 수 있다. 혁신적인 기업들은 완전히 새로운 시장을 만들어내고 한동안 독점적 이익을 누린다. 스미스의 시대에는 기술력과 자본력으로 난공불락의 성채를 쌓고 넓고 깊은 해자를 두른 글로벌 거대 기업을 찾아볼 수 없었다. 동인도회사 같은 공룡 기업도 있었으나 특수한 사례였다.

애덤 스미스는 자유로운 시장을 중시했다. 그러나 그가 자유방임을 주창하며 정부의 역할을 무시했다고 보는 것은 오해다. 그는 자유방임을 믿지 않았다. 그런 말 자체를 쓰지도 않았다. 오히려 그것을 주장한 중농주의를 유토피아적이라고 비판했다.[17] 그렇다면 국가가 할 일은 무엇일까? 정부는 시장에 어디까지 개입할 수 있을까? 스미스는 때로 자연적 자유를 침해하는 개입도 정당화될 수 있다고 봤다.

개인들이 은행가로부터 지불 수단으로 약속어음을 기꺼이 받으려 할 때 그 액수가 크든 작든 그것을 받지 못하게 하거나, 그의 모든 이웃이 그 어음을 기꺼이 받으려 하는데도 은행가가 그것을 발행하지 못하게 제한하는 것은 자연적 자유의 명백한 침해라고 할 수 있다. 법률이 해야 할 올바른 일은 그 자유를 침해하는 것이 아니라 지지하는 것이다. (…) 그러나 그처럼 몇몇 개인이 자연적 자유를 행사함에 따라 사회 전체의 안전이 위태로워질 수 있을 때는 가장 독재적인 정부부터 가장 자유로운 정부까지 모든 정부의 법률로 그것을 제한한다. 마땅히 그래야 한다.(『국부론』 2편 2장)

시장은 신뢰 없이 유지될 수 없다. 신뢰를 확보하는 데 정부가 해야 할 일이 있다. 재산권을 보호하고 공정한 법질서를 유지하는 것은 기본이다. 정부는 시장이 잘 못 하는 일도 해야 한다. 모든 규제를 없애는 것이 아니라 부당한 규제를 없애고 필요한 규제를 도입해야 한다. 스미스의 제안은 18세기 정부로서는 대단히 적극적인 역할을 해야 한다는 것이었다. 스미스가 정당하다고 본 정책은 예컨대 이런 것들이다. 자유무역의 원칙을 거스르는 것으로 보이는 항해법을 시행한다. 노동자들이 많이 마시는 맥주보다 증류주에 더 무거운 세금을 물린다. 노동자에게 임금을 현물이 아니라 확실하게 현금으로 주도록 의무화한다. 땅을 가진 사람과 빌리는 사람이 함께 임대차 계약을 등기하도록 강제하고 거짓일 때는 벌금을 물린다. 지대를 현금 대신 곡물이나 가축, 포도주, 기름 같은 현물로 내거나 노동으로 대신하도록 하면 땅을 빌리는 이에게 불리하므로 지주에게는 더 많은 세금을 물린다. 임대차 계약 때 미리 지대를

151

보이지 않는 손의 신화

받거나 경작 방식에 조건을 달 때도 더 무거운 세금을 물린다. 건축물에 방화벽을 세우도록 의무화한다. 아무 은행이나 소액권을 발행하지 못하게 한다. 낭비자와 투기꾼들만 대출을 받지 않게 이자율 상한을 정한다. 소비자를 보호하기 위해 금은 제품의 순도를 표시하고 아마포와 모직물에 검인을 찍게 한다. 지식 재산권을 보호하기 위해 특허권과 저작권의 일시적인 독점을 허용한다.

이처럼 정부가 할 일은 국방이나 사법 같은 전통적인 기능에 머무르지 않는다. 정부는 국민의 복리가 향상되도록 상업과 교육을 진흥하고 공공 기반시설을 구축해야 한다. 화폐를 찍어내고 공립학교를 세우고 도로나 다리, 운하, 항구를 건설하는 데도 나서야 한다. 그저 밤도둑을 막는 데 그치는 야경국가로는 할 수 없는 일들이다.

> 주권자는 민간인들의 산업을 감독하고 그것을 사회의 이익에 가장 적합하게 쓰이도록 지도할 의무에서 완전히 벗어난다. 그 의무를 이행하려 하면 그는 언제나 헤아릴 수 없이 많은 망상에 노출될 수밖에 없다. 그 일을 하는 데는 어떤 인간의 지혜나 지식도 절대 충분하지 않다. 자연적 자유의 체계에서 주권자가 수행해야 할 의무는 세 가지밖에 없다. (…) 첫째, 사회를 다른 독립적인 사회의 폭력과 침략으로부터 보호할 의무, 둘째, 가능한 한 사회의 모든 구성원을 그 사회의 다른 구성원의 불의와 억압으로부터 보호할 의무, 혹은 엄정한 사법 행정을 확립할 의무, 셋째, 어떤 공공사업과 공공기관들을 일으키고 유지할 의무다.(『국부론』 4편 9장)

정부는 동료 시민끼리 자유를 침해하는 부정의를 막아야 한다. 단순히 침해를 막는 데 그치지 않고 더 나아가 서로 적정한 행동을 하도록 중재할 수도 있다. 물론 이런 적극적인 개입은 가장 섬세하고 신중하게 이뤄져야 한다.(도덕 2.2.1)

· · ·

애덤 스미스는 은행이 경제발전에 얼마나 중요한 역할을 하는지 설명한다. 당시 에든버러에는 공공은행 두 곳이 있었다. 1695년 의회 법률에 따라 설립된 뱅크 오브 스코틀랜드와 1727년 국왕의 특허장을 받아 설립된 로열 뱅크 오브 스코틀랜드다. 두 은행이 생긴 후 스코틀랜드의 상거래는 네 배 넘게 늘어났다. 은행이 경제의 피돌기를 촉진한 덕분이다.

하지만 방만한 은행은 흔히 투기의 불길에 기름을 붓는다. 특히 은행들이 안전한 금화나 은화를 충분히 준비해두지 않고 무분별하게 종이돈을 찍어낼 때가 위험하다. 스미스는 금화나 은화를 공공도로에 비유한다. 도로는 곡물과 목초를 유통하는 데 필요하나 그것들을 직접 생산하지는 못한다. 은행이 금화와 은화를 지폐로 대체하는 것은 땅이 아니라 공중에 마차 길을 내주는 것과 같다. 새 도로가 생겼으니 기존 도로는 목초나 곡물을 생산하는 땅으로 활용할 수 있다. 은행은 여유가 생긴 금화와 은화를 놀리지 않고 활용할 수 있다. 그러나 지폐는 다이달로스의 날개[18]와 같다. 금화와 은화로 만든 탄탄대로보다 안전할 수 없다.

당시 은행업 진출은 자유로웠다. 자본이 부족했던 스코틀랜드에서 경제가 성장하자 은행권 수요는 급증했다. 공공은행들은 은행권 발행을

보이지 않는 손의 신화

독점하려고 애썼다. 하지만 스미스는 "다름 아닌 화폐를 독점할 수 있게 하는 가장 광범위하고 가장 위험한 독점"이라며 반대했다. 지폐의 남발을 우려하던 스미스는 5파운드 이하의 소액권은 발행하지 못하게 하자고 제안한다. 그러면 고액권 지폐는 상인들 간 거래에만 쓰일 것이다. 요크셔에서는 6펜스(0.025파운드)짜리 소액권도 발행됐다. 그런 소액권은 누구나 거리낌 없이 받을 것이다. 자본력과 공신력이 떨어지는 이들도 쉽게 은행을 차려 소액권을 발행할 수 있다. 그 은행이 파산하면 가난한 이들이 가장 큰 피해를 입는다.

이는 물론 오늘날과 같은 중앙은행의 통화 관리와 은행 자본의 건전성 확보, 예금자 보호를 위한 제도적 장치가 없던 시대의 이야기다. 중요한 것은 스미스가 어떤 논리로 규제를 정당화했느냐이다. 소액권 금지는 자연적 자유를 침해하는 규제다. 그러나 몇몇 개인이 그 자유를 행사하는 것이 전체 사회의 안전을 위태롭게 할 수 있을 때는 정부가 법으로 제한하는 것이 마땅하다. 가장 독재적인 정부뿐만 아니라 가장 자유로운 정부도 그렇게 할 것이다. 불길이 번지는 것을 막기 위해 건물에 방화벽을 의무적으로 세우게 하는 것도 자연적 자유를 침해하는 것이나 그런 침해는 정당한 것이다.

애덤 스미스는 금융위기를 겪어봤다. 당시 스코틀랜드 경제는 잉글랜드와의 연합으로 교역이 늘어나고 재커바이트 반란이 막을 내린 후 정치·사회적 안정이 찾아오면서 폭발적인 성장의 기반을 다지고 있었다. 스미스의 가르침을 받았던 버클루는 혁신적인 대지주였다. 그가 1769년에 다른 지주들과 함께 세운 에어뱅크는 농업 부문에서 늘어나는 신용 수요에 대응한 것이었다. 당시 스코틀랜드의 자본 부족은 여러 금융 혁신을 낳았다. 로열 뱅크 오브 스코틀랜드는 아마도 최초의 당좌대월(마이너스 통장)이었을 '현금계좌'를 발명했다.

에어뱅크의 대출 문턱은 낮았다. 대출 수요가 몰리고 투기꾼이 가세했다. 1771년에 급격한 경기 침체로 대출 부실이 늘어나자 유동성과 자본력이 부족한 은행들은 위기에 빠진다. 에어뱅크는 이듬해에 무너진다. 오늘날 은행 주주들과 달리 당시 출자자들은 무한책임을 져야 했다. 지주들은 75만 파운드나 되는 토지를 팔아 빚을 갚아야 했다. 스미스는 당시 일화를 『국부론』에 반영하면서 일반적인 교훈을 끌어낸다. 그는 무엇보다 지폐의 남발과 은행 체계의 남용을 경계했다. 투기적 대출 수요와 은행의 탐욕스러운 경쟁은 전형적인 금융 거품과 위기를 낳았다.

스미스는 오늘날과 같은 글로벌 금융시장을 보지 못했다. 스미스가 21세기로 와봤다면 가치의 닻이 없는 암호화폐를 보고 경악했을 것이다. 하지만 그의 가장 기본적인 통찰은 언제나 유효하다. 21세기의 금융위기는 18세기의 위기와 본질적으로 다를 것이 없다. 역사의 가장 큰 가르침은 사람들이 역사에서 배우지 못한다는 것이다.

2011년 3월 11일 오후 2시 46분. 일본 해안에서 70킬로미터 떨어진 바다 밑의 거대한 지각이 다른 지각으로 미끄러져 들어가면서 지진이 일어난다. 히로시마에 떨어진 원자탄 6억 개와 맞먹는 에너지가 거대한 쓰나미를 일으킨다. 일본 동북부 해안을 덮친 쓰나미로 2만여 명이 죽거나 다친다. 누구도 예측하지 못한 격변이었다.

세계는 늘 격변의 씨앗을 품고 있다. 작은 불씨 하나가 거대한 산불로 번지듯 아주 작은 움직임도 폭발적인 변화를 불러올 수 있는 세계다. 복잡계 물리학의 눈으로 세상을 보는 마크 뷰캐넌은 경제학자들이 오랫동안 보이지 않는 손이라는 환상에 사로잡혀 글로벌 금융위기와 같은 격변을 예견하지 못했다고 지적한다.[19] 나는 2015년 서울에 온 그를 만났다. 그는 이런 이야기를 들려줬다.

세상에 존재하는 온갖 물리적 체계의 특성은 저마다 다르다. 아이작 뉴턴은 사과가 땅에 떨어지는 것과 지구가 태양을 도는 것은 같은 운동이라고 밝혔다. 뉴턴의 법칙으로 행성의 몇백 년 후 위치도 정확히 예측할 수 있다. 그러나 지진이나 산불 같은 것은 완전히 무작위적인 것과 규칙적인 것 사이에 있다. 주가 변동도 마찬가지다. 움직임을 정확히 알아맞힐 수는 없어도 어떤 패턴으로 움직일지는 알 수 있다. 지진은 몰려서 온다. 큰 지진이 일어나면 그다음 지진이 일어날 가능성이 크다고 예측할 수 있다. 지금 주가가 롤러코스터를 탄다면 한동안 큰 변동성을 보이리라고 예측할 수 있다. 자산 시장의 거품이 한껏 끓어올랐다 급격히 꺼지는 패턴을 이해하는 것이 중요하다.

글로벌 금융위기 같은 격변을 예측하는 모형은 사람들이 서로의 기대를 강화하는 경향이 있다는 사실을 반영해야 한다. 끝도 없이 오를 듯했던 집값이 갑자기 꺾이는 순간이 있다. 사람들의 생각은 서서히, 그러다 갑자기 바뀐다. 하지만 위기는 늘 다른 모습으로 찾아온다. 아무리 좋은 예측 모형이라도 새로운 위기가 닥치면 쓸모가 없다. 그것만 믿다간 오히려 더 위험해질 수 있다. 새로운 바이러스가 나타났을 때 기존의 백신만 믿고 있을 수는 없다.

경제학자들은 어떤 환상에 사로잡혀 있었다. 보이지 않는 손이 언제나 경제를 최적의 균형 상태로 되돌려준다는 것은 망상이다. 시장은 외부 충격을 받아도 스스로 가장 안정되고 효율적인 상태로 돌아간다는 생각이 오랫동안 경제학을 지배했다. 우리는 임계 상태의 시장이 한순간에 폭발하거나 붕괴하는 것을 지켜봤다. 경제학은 시장이 늘 완벽한 평형 상태를 유지할 수 있다는 믿음을 버리고 격변을 다룰 수 있는 과학으로 거듭나야 한다.

모래 더미가 점점 가팔라지면 한 알의 모래만 떨어트려도 거대한 사태가 일어날 수 있다. 임계 상태는 바로 그런 것이다. 인간사회의 모든 복잡계에 어떤 격변이 일어날지 알아보는 눈을 가지려면 체계의 역사를 이해해야 하며 그 체계가 임계 상태에 있는지 꿰뚫어봐야 한다. 보이지 않는 손과 시장의 마법을 맹신해서는 안 된다.

· · ·

"그 무엇도 자유방임의 원칙에 관한 일부 자유주의자의 아둔한 고집보다 자유주의의 대의에 더 많은 해를 끼치지는 않았을 것이다." "건강과 근로 능력을 유지하기에 충분한 최소한의 의식주가 모두에게 보장될 수 있다는 데에는 의심할 여지가 없다." 자유주의 경제학자 프리드리히 폰 하이에크(1899~1992)가 과연 이렇게 썼을까? 하이에크는 『노예의 길』에 분명히 그렇게 썼다. 이 책은 하이에크가 제2차 세계대전 후 집권한 영국 노동당 정권을 보면서 사회주의 계획경제와 정부 규제가 전체주의로 흐를 위험이 있음을 경고하려고 쓴 것이다.

당시 노동당은 런던정경대학 학장을 지낸 윌리엄 베버리지가 전쟁 중에 낸 보고서를 실행하겠다는 약속으로 압승을 거뒀다. 베버리지 보고서는 복지국가로 가는 길을 제시했다. 실업급여와 상병수당, 연금을 제공하는 국민보험을 대폭 확대하라, 전 국민에게 보편적 의료 서비스를 무료로 제공하라, 최저임금 제도를 시행하라는 것이었다. 국민은 환호했다. 노동당의 한 장관은 이 보고서를 "가장 암울한 시절에 하늘에서 떨어진 감로수"라고 했다.[20] 빈에서 나치즘을 피해 런던으로 온 하이에크는 베버리지와 같은 학교에 몸담고 있었다. 그는 전체주의 국가가 부상하는 것을 가장 걱정스러워했다. 나치즘은 극단적인 전체주의였다. 그는 베버리지에게 메모를 보내 경제에 대한 국가의 관리가 확대되는 데 따르는 위험성을 지적했다. 메모는 잡지 기사로 발전하고 다시 20세기 사회과학의 가장 영향력 있는 책 가운데 하나가 됐다.

하이에크는 정부 개입과 사회보험을 전부 반대하지는 않았다. 그러나 국가가 임금 결정과 자원 배분에 영향을 미치는 결정적인 역할을 하는데에는 반대했다. 그는 1956년 『노예의 길』 미국판 서문에서 이렇게 썼다. "개혁가들의 목표인 사회주의를 복지국가라는 이름으로 대체한, 어설프게 짜맞추고 흔히 일관성을 잃어 뒤죽박죽인 이상들이 전면적인 사회주의와 비슷한 결과를 낳지 않게 하려면 대단히 신중하게 가려낼 필요가 있다. 그렇다고 그 목표 가운데 일부가 실행할 수도 없고 칭찬할 만한 것도 아니라는 말은 아니다. 하지만 같은 목표를 향해 우리가 선택할 수 있는 길은 많이 있고, 지금 같은 여론에서는 빠른 결과를 바라는 우리의 조급함 때문에 특정 목표를 달성하는 데 더 효율적일 수는 있어도 자유로운 사회를 보존하는 데는 적합하지 않은 수단을 선택하게 될 위험이 있다."

하이에크는 영국에서 확대되고 강화된 국가 권력이 사회를 무력화하고 독재의 길로 갈 수 있음을 경고했다. 실제로 영국은 그가 걱정한 것처럼 전체주의의 길을 갔을까? 물론 아니다. 그렇다면 영국의 사례는 『노예의 길』의 논리를 반증하는 것이 아닌가? 하이에크는 그렇게 주장하는 이들이 실제로 중요한 논점을 놓쳤다고 말한다. "광범위한 정부 통제가 빚어내는 가장 중요한 변화는 심리적 변화다. (…) 이는 필연적으로 느리게 진행되는 과정이며, 몇 년이 아니라 어쩌면 한 세대나 두 세대에 걸쳐 나타날 수 있다. (…) 이는 무엇보다 정치적 자유의 굳건한 전통도 새로운 제도와 정책들이 점차 그 정신을 훼손하고 파괴하는 바로 그런 위험이 있다면 결코 안전 장치가 될 수 없음을 뜻한다." 하이에크는 "물론 그 정신이 제때 다시 효과를 내고, 사람들이 자신들을 점점 더 위험한 방향으로 이끌어간 정당에 등을 돌릴 뿐만 아니라 그 위험의 본질을 인식하고 단호하게 진로를 바꾼다면 그런 결과를 피할 수 있다"라고 했다.

하이에크는 지나치게 강해진 국가의 힘이 사회를 노예의 길로 끌고 갈 수 있다고 했다. 대런 애스모글루와 제임스 A. 로빈슨은 하이에크가 두 가지 실수를 저질렀다고 본다. 하이에크는 국가와 사회가 함께 역량을 키워갈 가능성을 제대로 보지 못했고, 국가가 사회안전망을 강화하면서 갈수록 복잡해지는 경제를 효과적으로 규율하는 새로운 역할을 맡아야 할 필요성을 보지 못했다는 것이다.[21] 하이에크는 1929년 대공황과 제2차 세계대전 이후 국가와 사회의 재건 기간에 이 문제를 다뤘다. 그는 국가에 지나치게 많은 권력을 주면서 너무 많은 것을 요구하면 국가는 필연적으로 독재적인 리바이어던이 될 것이라고 걱정했다. 물론 국가의 유전자 안에는 사회를 지배하려는 속성이 내포돼 있으며, 일단 리바이어던에게 준 권력을 되찾는 것은 어렵다. 그러나 국가와 사회가 적극적으로 균형을 이루는 지점이 있다.

애스모글루와 로빈슨은 제대로 기능하는 국가 기관들이 부재하는 체제(부재의 리바이어던)와 그들이 사회를 지배하는 독재적인 체제(독재적 리바이어던) 사이에는 하나의 '좁은 회랑'이 끼어 있으며 이 회랑에서 사회와 국가는 균형을 이룬다고 본다. 사회는 국가 권력을 감시하고 필요하면 국가와 경쟁하고 다투면서 때때로 국가와 협력한다. 국가의 권력과 역량이 커지고 사회가 적극적인 정치 참여를 통해 성장하는 곳도 바로이 회랑 안이다. 실제로 제2차 세계대전 후 서방 대부분의 국가에서 그런 일이 일어났고, 그래서 국가의 독재에 대한 하이에크의 공포는 현실이 되지 않았다. 사실 인류 진보의 많은 부분은 더 강력하고 기민해지는 사회와 더불어 새로운 도전에 맞서며 나아가는 국가의 역할과 역량에 달려 있다. 경제적, 사회적 위기의 순간에 국가가 제 역할을 못 하게 제한하고 모든 것을 시장에 맡기라는 것은 애덤 스미스의 생각이 아니었다.

케인스와 하이에크는 지난 세기 경제사상을 지배한 두 거인이었다. 두 사람의 논쟁은 현대 경제학과 세계 정치 지형을 바꾼 세기의 대격돌이었다. 198센티미터의 키에 황홀한 음색을 지닌 영국인 케인스는 제1차 세계대전 후 패전국의 영웅이 됐다. 복수심에 불타는 승전국들은 독일에 대해 "매년 산 채로 가죽을 벗기려" 했고 이는 또 한 차례 엄청난 재앙을 예고하는 것이었다.[22] 케인스 혁명의 기념비는 1936년에 나온 『고용, 이자 및 화폐에 관한 일반 이론』이다. 그는 경기가 가라앉을 때 부족한 민간 투자 대신 공공 투자를 일으키면 실업을 해결할 수 있음을 보여줬다. 미국의 성인 네 명 중 한 명이 일자리를 잃은 대공황은 케인스 사상의 비옥한 토양이 됐다. 케인스는 새로운 것을 열렬히 갈망하는 진보수의자였다. 좀더 인간다운 세상을 만드는 일을 열심히 거들고 싶었다. 그는 민생을 위해 할 수 있는 일을 하는 게 정부의 책무라고 생각했다. 대공황기에 경제학을 알게 된 세대에게 케인스의 『일반 이론』 메시지는 물에 빠진 이들을 위한 구명줄 같은 것이었다.

반면 하이에크는 시장이 인위적으로 바꾸기 어려운 자연적인 힘에 따라 작동하므로 정부 개입은 해악이라고 봤다. 하이에크의 『자유 헌정론』은 마거릿 대처 시대 보수주의 부활의 경전이 됐다. 소련이 무너지고 자유시장 개혁이 동유럽과 아시아로 번지면서 그는 전 세계 보수파의 영웅으로 떠올랐다.[23] 자본주의를 두 번이나 구했던 케인스나 개인은 정부로부터 자유로워야 한다고 설파한 하이에크의 사상은 여전히 진화하고 있다. 더 나은 세상을 만들려는 경제학자들의 혁명과 반혁명은 끊임없이 되풀이될 것이다. 경제학은 논쟁과 갈등을 통해서만 진보한다.[24] 케인스와 하이에크는 정부가 어느 선까지 어떤 방식으로 경제에 개입해야 하는지를 둘러싼 오랜 논쟁을 끝내 매듭짓지 못했다. 애덤 스미스의 보이지 않는 손은 어느 쪽에도 최종적인 승리를 안겨주지 않았다.

제 6 장

호모 에코노미쿠스는
없다

애덤 스미스는 정글 자본주의와 탐욕의 화신을 축복했을까? 그는 오로지 자신의 이익만 추구하며 도덕이나 정의는 잊어버려도 좋다고 면죄부를 줬을까? 그는 완벽하게 합리적이고 이기적인 경제 인간을 그리지 않았다. 인간은 자기애가 강하지만 공감하는 능력을 갖고 있다. 자기기만이라는 치명적 약점을 극복할 줄도 안다. 시장은 이기심이 아니라 자기 통제를 가르치는 학교다.

1974년 봄 덩샤오핑은 마오쩌둥의 뜻에 따라 유엔 총회에서 연설을 했다. 중국은 결코 패권을 부르짖지 않을 것이라고 한 그는 박수갈채를 받았다. 뉴욕에서 귀국할 때는 파리에 들렀다. 덩샤오핑은 프랑스 유학 시절 공산당 활동을 하다가 1926년 체포될 위기를 맞자 파리에서 도망쳐 모스크바로 간 적이 있었다. 그는 반세기 만에 다시 찾은 파리에서 커피와 크루아상을 즐겼다. 귀국할 때는 크루아상 200개와 치즈를 사가서 1920년대 프랑스에 함께 머물렀던 혁명 동지들에게 나눠줬다.[1] 프랑스에 5년 동안 머물 때 덩샤오핑은 체재비를 벌려고 궂은일을 마다하지 않았다. 군수품 공장에서 불꽃을 사방으로 튀기는 용광로의 벌건 쇳덩이를 큰 집게로 끄집어내는 일을 맡기도 했다. 고무 덧신 만드는 공장에서는 일주일에 54시간씩 일했다. 그 시절에 맛본 커피와 빵, 치즈, 와인은 잊을 수 없었다. 혁명가 덩샤오핑은 그것들을 평생 좋아했다.

빵은 궁극적인 것이다. 애덤 스미스의 책에서 가장 널리 인용되는 게 빵에 관한 문구인 것은 우연이 아닐 것이다. 파리의 덩샤오핑이 『국부론』을 읽었다면 역사는 달라졌을까?

빵집 주인은 무엇으로 사는가?

모든 부분이 악덕으로 가득했지만

그런데도 전체는 낙원이었네.

(…)

사치는 가난한 이 백만 명을 고용하고

밉살스러운 오만은 백만 명을 더 고용했네.

질투와 허영은

산업의 일꾼이며

그들이 먹고 꾸미고 입을 때 보이는

사랑스러운 바보짓과 변덕은

이상하고 터무니없는 악덕이지만

사업을 돌리는 바로 그 바퀴였네.

(…)

커다란 악덕 없이도

세상의 편리함을 누리고

… 여유 있게 산다는 것은

헛되이 머릿속에 자리 잡은 이상향일 뿐.

사기와 사치와 오만은

우리가 그 이득을 누리는 한 남아 있으리라.

(…)

우리가 포도주를 얻는 것은

초라하게 말라 꼬부라진 덩굴 덕분이 아닌가.

(…)

덩굴은 묶이고 잘리자마자

고귀한 열매로 우리를 축복해주듯이

마찬가지로 정의로 잘리고 묶일 때

악덕은 유익하게 되리라.

(…)

오로지 미덕만으로 나라를 살게 할 수는 없으리라.[2]

시에는 온갖 악덕이 등장한다. 18세기 유럽의 사상사를 이야기할 때 빠지지 않는 버나드 맨더빌의 악명 높은 풍자시 「투덜대는 벌집」이다. 맨더빌은 1670년 네덜란드에서 태어났다. 그의 집안은 증조부 때부터 의사 집안이었다. 맨더빌도 대학에서 철학과 의학 박사학위를 받았다. 런던에 정착한 그는 1714년에 『꿀벌의 우화』를 낸다. 이미 발표한 「투덜대는 벌집」을 실은 이 책의 부제는 '개인의 악덕, 사회의 이익'이다. 9년 후에 증보판이 나온 이 책에 엄청난 비난이 쏟아진다. 종교와 미덕을 깎아내리고 사치와 탐욕을 부추긴다는 혐의로 고발까지 당한다. 애덤 스미스가 태어나던 해에 런던을 포함하는 미들섹스 지역 대배심은 맨더빌의 "어둠의 저작"이 "불신을 퍼뜨려 모든 도덕을 부패하게 한다"고 판결한다.

맨더빌은 사람들의 위선을 벗겨내고 싶었다. 그는 쾌락과 방탕, 사치, 과시, 탐욕, 이기심 같은 악덕 그 자체를 추켜세우지는 않았다. 그러나 그런 악덕이 가득 찬 세상도 멀쩡히 돌아간다고 했다. 오히려 악덕이 있어서 잘 산다고 했다. '개인의 악덕, 사회의 이익'이라는 제목을 개인의 악덕이 곧 사회의 이익이 된다는 뜻으로 쓴 것은 아니었다. 그는 실제로 이 역설적인 부제를 이렇게 풀이했다. "개인의 악덕은 능숙한 정치인의 솜씨 좋은 관리에 의해 사회의 이득이 될 수 있다."3 다시 말해 그 부제는 악덕이 무조건 이롭다는 뜻은 아니었다. 포도 덩굴에서 달콤한 열매를 얻으려면 잘 묶어주고 잘라줘야 하듯이 드렁칡같이 자라날 악덕은 정의의 칼로 잘라내고 적절히 묶어줘야 한다. 맨더빌이 말한 "솜씨 좋은 관리"는 개인의 일에 대해 정부가 어떤 일도 하지 말고 그냥 내버려두라는 뜻이 아니었다. 그렇다고 일일이 개입하고 간섭하라는 뜻은 더더욱 아니었을 것이다. 개인의 자유가 최대한 존중되는 제도의 설계를 뜻하는 말쯤으로 이해할 수 있지 않을까?

애덤 스미스는 맨더빌의 철학 체계가 "악덕과 미덕의 구분을 전부 없애버린" 것이어서 "완전히 유해하다"라고 비판한다. 그가 보기에 맨더빌의 생각은 "거의 모든 면에서 잘못된" 것이다. 그러나 "조잡하고 투박하기는 해도 생생하고 익살스러운 묘사와 과장"이 잘 모르는 이들에게는 "진실의 느낌"을 줄 수도 있다.(도덕 7.2.4)

스미스의 주장을 따라가보자. 맨더빌은 칭찬할 만한 모든 행동을 허영에서 비롯된 것이라고 한다. 인간은 자연히 자신의 행복에 훨씬 더 큰 관심을 쏟으므로 진심으로 자신보다 다른 사람의 번영을 선호하는 것은 불가능하다고 본다. 그런 것처럼 보인다면 그가 우리를 속인다고 확신해도 좋다. 그 사람은 늘 그렇듯이 이기적인 동기에서 그렇게 하는 것이다. 그는 동료들을 위해 자신의 이익을 희생하는 것처럼 보일 때 그들이 과도한 칭찬을 하리라는 걸 안다. 칭찬에서 얻을 즐거움은 포기한 이익보다 크다. 맨더빌에 따르면 사익보다 공익을 선호하는 모든 공공정신은 인류에 대한 사기일 뿐이다. 인류가 그토록 자랑하는 미덕은 아부와 자랑이 낳은 자식일 따름이다.

맨더빌의 궤변으로 사람들이 쉽게 혼동하는 것이 있다. 사람들에게는 서로 다른 세 가지 욕구가 있다. 첫째, 명예롭고 고결한 일을 하려는 욕구다. 이는 미덕에 대한 사랑이다. 인간의 본성 가운데 가장 고귀한 열정이다. 둘째, 적절한 존경과 승인을 받고 싶은 욕구도 있다. 이는 진실한 영광에 대한 사랑이다. 이 두 가지는 허영이라고 할 수 없다. 셋째, 어떻게든 칭찬을 받으려는 욕구가 있다. 칭찬받을 만한 가치가 없거나 부족한데도 칭찬을 바라는 가장 저급한 열정이다. 이것이야말로 허영이다.

진실한 영광에 대한 사랑과 허영은 둘 다 다른 사람의 존경과 승인을 바란다는 점에서 비슷한 점이 있다. 그러나 실제로 존경할 만한 자질을 갖추고 존경을 바라는 이는 충분히 존경받지 못한다고 노심초사하지 않는다. 그와 달리 자신의 자질에 견줘 너무 많은 존경을 바라는 이는 늘 시샘하고 의심한다. 조금이라도 예를 소홀히 하면 치명적인 모욕이자 단호한 멸시로 여긴다. 그는 존경을 다 잃어버릴까 끊임없이 불안해한다.

실제로 명예롭고 존경할 만한 존재가 되는 것(미덕에 대한 사랑)과 단순히 명예와 존경의 대상이 되기를 바라는 것(영광에 대한 사랑) 사이에도 차이가 있다. 가장 넓은 도량을 지닌 이는 미덕을 그 자체로 사랑한다. 그는 오로지 무엇이 옳은지만 생각하고 행동하며 실제로 박수갈채를 받지 못하더라도 초연할 수 있다. 다른 사람들이 자신의 동기와 상황을 제대로 이해하면 틀림없이 존경하게 되리라는 걸 알기 때문이다. 그와 달리 마땅히 받아야 할 존경과 승인을 받지 못할까 염려하는 이도 있다. 그는 인간적인 약점을 지니고 있다. 세상 사람들의 무지와 부정의로 굴욕감을 느끼고 화가 날 수 있다. 경쟁자의 질시와 대중의 어리석음은 그의 행복을 해칠 수 있다.

영광이 아니라 미덕을 사랑하는 이의 행복은 더불어 사는 이들의 변덕이나 운에 따라 흔들리지 않는다. 세상 사람들이 그를 미워하고 멸시할 수도 있다. 그러나 사실 경멸과 증오의 대상이 되는 것은 그들의 오해가 빚어낸 딴 사람일 뿐이다. 가장무도회에서 적군의 복장을 하고 나타난 친구를 생각해보라. 우리가 변장한 그에게 분노를 쏟아낸다면 그는 굴욕감을 느끼기보다는 더 재미있다고 생각하지 않겠는가.

맨더빌은 이러한 차이를 무시했다. 이 발랄한 저자는 익살스럽고 재미있는 달변으로 마치 미덕으로 여겨지는 모든 행동의 동기가 허영인 것처럼 독자들을 속일 수 있었다. 그에 따르면 절대적으로 필요한 수준을 넘어서는 모든 것이 사치다. 그의 책은 모든 열정을 그 정도나 방향과 상관없이 악덕으로 표현한다. 이것이 가장 큰 잘못이다. 그에게는 다른 사람의 감정을 의식하는 모든 것이 허영이다. 그들이 실제로 갖는 감정과 마땅히 가져야 할 감정을 구분하지도 않는다. 예컨대 모든 우아한 취향의 옷과 건축과 음악이 다 사치라면 그런 사치를 부리는 악덕은 확실히 공공의 이익이 된다. 그런 것들이 없으면 산업도 예술도 시들어버릴 테니까. 맨더빌은 바로 이런 궤변으로 그가 가장 좋아하는 결론에 이른다. 사적인 악덕은 공공의 이익이라는 결론이다.

이전에 유행했던 금욕주의는 우리의 모든 열정을 완전히 뿌리 뽑아 없애버리는 데서 덕성을 찾았다. 맨더빌이 첫째, 인간사회에서 이런 열정

169

을 완전히 정복하는 것은 불가능하며, 둘째, 그렇게 하면 모든 산업과 직업은 끝장날 터이므로 사회에 해롭다는 점을 입증하기는 쉬웠다. 그는 첫 번째 명제로 진정한 덕성은 존재하지 않으며 덕성을 가장하는 것은 인류에 대한 속임수일 뿐임을 입증하고, 두 번째 명제로 악덕이 없으면 어떤 사회도 번영할 수 없으므로 사적인 악덕은 공공의 이익이라는 점을 입증하는 것처럼 보인다. 그러나 이런 철학 체계로는 우리를 철저히 속일 수 없다.

여기서 다시 표준국어대사전을 보자. 자기애는 "자기에 대한 사랑"이다. 자애심은 "자기를 사랑하는 마음"이다. 그러나 이기심은 "자기 자신의 이익만을 꾀하는 마음"이다. 자기에 대한 사랑은 자기 이익을 추구하는 것과 반드시 같지는 않다. 또 자기애가 꼭 자신만의 이익을 꾀하는 것이라고 한다면 억지다. 루소는 자기애 혹은 자애심amour de soi과 이기심amour propre을 구분한다. 자기애는 자신을 보존하려고 애쓰는 자연적인 감정이다. 이기심은 다른 누구보다 자신을 중시하는 인위적인 감정이다.[4]

『국부론』에서 자기애 혹은 자애심self-love이라는 말은 딱 두 차례 나온다. 스미스는 누구든 다른 사람들의 도움을 얻으려면 "그들의 자애심이 그에게 유리하게" 발휘되도록 해야 한다며 우리가 식사를 기대할 수 있는 것은 푸줏간과 양조장, 빵집 주인의 "자비심 때문이 아니라 그들의 자애심 때문"이라고 했다.

자기 이익self-interest이라는 말은 어떨까? 밀턴 프리드먼과 더불어 시카고학파를 이끌며 1982년 노벨경제학상을 받은 조지 스티글러는 『국부론』이 "자기 이익이라는 화강암 위에 세운 거대한 궁전"이라고 했다.[5] 애덤 스미스의 이론을 단단하게 받쳐주는 토대가 자기 이익이라는 것이다.

스티글러는 "자기 이익 추구라는 엄청나게 강력한 힘은 자원이 가장 효율적으로 이용되도록 이끌며 노동자들이 부지런히 일하고 발명가들이 새롭고 멋진 일을 하도록 자극한다"라고 본다. 스티글러는 이 대목을 인용한다.

> 자신의 처지를 개선하려는 모든 개인의 자연스러운 노력은 너무나 강력한 원동력이므로 자유롭고 안전하게 발휘되도록 내버려두면 다른 어떤 도움 없이 그 자체만으로도 사회에 부와 번영을 가져올 수 있다. 인간의 어리석은 법률은 너무나 자주 그런 노력을 방해하며 그런 방해는 늘 어느 정도 자유를 침해하거나 안전을 감소시키는 효과를 내지만 자신의 처지를 개선하려는 개인의 노력은 백 가지 부적절한 방해를 이겨낼 수 있다.(『국부론』4편 5장)

애덤 스미스의 이론은 현대 경제학의 토대이고 자기 이익은 스미스 이론의 토대라는 것이 스티글러의 시각이다. 그렇다면 자기 이익이라는 말은 무척 자주 등장할 것 같은데 실은 『국부론』에서 단 한 차례밖에 안 나온다.[6] 그것도 아주 다른 맥락에서다. 스미스는 로마 교회에서는 프로테스탄트 교회에서보다 하급 성직자의 노력과 열정이 "자기 이익의 강력한 동기"에 따라 더 활기차게 살아 있다고 했다. 가톨릭 성직자들은 정해진 급여 대신 신자들의 기부에 의존하기 때문이라는 것이다.

스미스는 맨더빌처럼 인간의 모든 동기를 자기 이익 추구나 이기심으로 환원하는 철학 체계를 거부한다. 그는 더 큰 공동체의 이익이 사적 이익에 앞서야 한다는 점을 밝히기도 했다. "현명하고 덕이 있는 사람은

호모 에코노미쿠스는 없다

언제나 기꺼이 자신의 사적 이익을 그가 속한 특정한 계층이나 사회의 공적 이익을 위해 희생해야 한다는 것을 안다. 그는 또한 그 계층이나 사회의 이익은 언제나 국가나 주권자의 더 큰 이익을 위해 희생돼야 한다는 것을 안다.˝(도덕 6.2.3)

스미스는 자기 통제를 모든 덕성의 기초로 본다. 도덕적인 사람은 자신의 감정을 통제하면서 자기 이익을 위한 열정을 억눌러야 한다. 어린이는 또래와 어울리면서 자기 통제를 배운다. 부모와 달리 또래들은 그의 모든 응석을 받아주지 않는다는 것을 알게 되면서 "자기 통제의 위대한 학교"에 들어간다.(도덕 3.3) 어른이 된 우리에게 자기 통제의 위대한 학교가 되어주는 것은 시장이다. 우리는 시장에서 언제나 다른 사람의 이해에 주의를 기울여야 하며 자기애에 매몰되는 것을 삼가야 한다. 자신이 필요로 하는 것만 일방적으로 요구하지 말고 상대가 필요로 하는 것에 맞춰주려고 노력해야 한다. 푸줏간 양조장과 빵집 주인의 이익을 말해야 한다는 뜻이다. 보이지 않는 손과 더불어 애덤 스미스 하면 가장 먼저 떠오르는 빵집 주인 이야기로 돌아가보자.

우리가 식사를 기대할 수 있는 것은 푸줏간이나 양조장, 혹은 빵집 주인의 자비심 때문이 아니라 그들 자신의 이익에 대한 그들의 고려 때문이다. 우리는 그들의 인간애에 호소하지 않고 그들의 자애심에 호소하며, 그들에게 우리 자신의 필요를 말하지 않고 그들에게 유리함을 말한다.

여기서 스미스가 강조하려는 것은 푸줏간 주인이나 빵집 주인이 이기적이라는 사실이 아니다. 중요한 것은 저녁 식사를 하려면 나의 필요가 아니라 그들의 이익에 호소해야 하며 내게 도움이 되는 거래가 그들에게도 이익이 됨을 보여줘야 한다는 점이다. 그들의 도움을 얻으려면 나의 자애심을 넘어 무엇이 그들의 이익이 될지 이해하고 그 이익을 증진해줄 수 있어야 한다. 이때 그들을 꼭 도덕감정이나 공감 능력이 부족한 사람들로 상정할 필요는 없다. 다만 내가 원하는 도움을 확실히 얻는 길은 그들의 이익과 자애심에 호소하는 것이며 그들에게 다른 덕성을 더 요구할 필요는 없는 것이다.

고도의 분업을 바탕으로 한 상업사회에서 살아가는 우리는 모두 어떤 면에서는 상인이라고 할 수 있다.

> 모든 사람은 교환을 통해 살아가며, 다시 말해 어느 정도는 상인이 되며, 사회 자체는 정확히 상업사회로 발전한다.(『국부론』 1편 4장)

상업사회가 공정과 신뢰의 가치를 저버린 자애심이나 이기심만으로 유지되고 발전할 수 없다는 것은 두말할 필요조차 없다. 시장은 이기심이 아니라 자기 통제의 미덕을 가르치는 학교라는 것은 거듭 강조할 필요가 있겠다. 파리의 빵을 잊지 못하던 덩샤오핑이 이 점을 조금 더 일찍 깨달았다면 시장경제와 자본주의 체제도 더 일찍 받아들이지 않았을까?

가장 속이기 쉬운 사람

사람은 누구나 가장 먼저 자신을 돌본다. 그는 확실히 어느 면에서나 자신을 다른 누구보다 더 잘 돌볼 수 있다. 모든 사람은 다른 이보다 자신의 기쁨이나 고통을 더 민감하게 느낀다. 자신의 기쁨이나 고통은 "본래의 감각"이지만 다른 사람의 기쁨이나 고통은 "본래의 감각을 반영하고 공감해 얻는 이미지"다. "전자는 실체이고 후자는 그림자"라고 할 수 있다.(도덕 6.2.1)

우리는 자기 행동이 적정한 것인지 올바로 판단하기 위해 마음속의 공정한 관찰자를 소환한다. 그는 멀리 있지 않다. 그러나 그가 아무리 가까이 있더라도 때로 "우리 자신의 이기적인 열정에서 나오는 맹렬함과 부당함"은 그가 "실제 상황과는 아주 다른 보고를 하도록 유도"하기에 충분할 수 있다.(도덕 3.4) 그러니까 이 "가슴속 사람"은 완벽한 존재가 아니다. 가장 공정해야 할 때 가장 편파적이기 쉽다. 어떤 행동을 하고 난 다음이라면 더 냉정하게 공정한 관찰자의 감정에 공감할 수 있다. 그 행동을 부추긴 열정이 이미 가라앉은 만큼 우리는 그 관찰자와 같이 솔직하고 차분하게 자신의 행동을 검토할 수 있다. 그러나 막 행동을 시작하려 할 때는 격렬한 정념이 우리를 뒤흔들어놓는다. 우리가 보는 것은 그 정념의 색깔에 물들어 변색할 수 있다.

우리는 자신을 공정한 관찰자의 처지에 갖다놓으려고 애쓴다. 하지만 날뛰는 정념은 자꾸만 우리를 관찰자의 자리에서 자기 자리로 다시 끌어온다. 그 자리에서는 자기애 때문에 모든 것이 과장되고 왜곡된다. 우리 자신을 나쁘게 생각하는 것은 너무나 싫다. 그래서 흔히 "비우호적인 판단이 내려질 상황"을 바로 보지 않고 의도적으로 눈을 돌리게 된다.

자기 몸을 수술할 때 손을 떨지 않는 이를 담찬 의사라고 한다. 자신의 행동에서 보기 싫은 것을 가려주는 자기기만의 비밀스러운 베일을 주저 없이 벗어던지는 이도 똑같이 담찬 사람이다.(『도덕감정론』 3부 4장)

우리는 스스로 사랑스러운 사람이기를 바란다. 자신이 그런 사람이라고 믿고 싶어한다. 진정한 자신의 모습을 있는 그대로 보지 않고 우리가 바라는 자신의 모습을 보려 한다. 자신을 아는 것보다 자신을 속이는 것이 더 편하다.

인간의 치명적인 약점인 이 자기기만은 인생의 혼란 중 절반의 원천이다.(『도덕감정론』 3부 4장)

다른 사람의 관점에서 자신을 보게 되면 잘못된 시각을 바로잡는 것은 불가피할 것이다. 그러지 않으면 "보이는 것을 견딜 수 없을 것"이다. 그러나 자연이 이토록 중대한 약점을 고칠 아무런 방법도 없이 우리를 내버려둔 것은 아니다. 자연은 우리를 "자기애의 기만에 완전히 방치"하지 않았다. 다른 사람의 행동을 계속 지켜보면 스스로 알지 못하는 사이에 적절한 행동은 무엇인지, 피해야 할 행동은 무엇인지에 관한 일반적인 원칙을 만들어내게 된다. 이렇게 해서 도덕의 일반 원칙이 형성되는 것이다.

호모 에코노미쿠스는 없다

다른 사람들의 행복이나 불행이 어떤 식으로든 우리의 행동에 달려 있을 때 우리는 감히 자기애가 가리키는 대로 다수의 이익보다 한 사람의 이익을 앞세우지 않는다. 우리가 자신에게 너무 많은 가치를 두는 반면 다른 사람들에게 너무 적은 가치를 두고 있으며 그렇게 함으로써 스스로 동포들의 경멸과 분노의 대상이 되고 있음을 내면의 인간(공정한 관찰자)이 곧바로 깨우쳐줄 것이다.(『도덕감정론』 3부 3장)

애덤 스미스는 늘 인간의 본성을 깊이 탐구하고 행태를 예리하게 관찰한다. 그의 철학에서 가장 놀라운 대목은 보통 사람들에 대한 남다른 믿음이다. 보통 사람들은 저 높은 곳에서 그들을 내려다보는 현자나 대중을 체스판의 졸처럼 여기는 정치인들이 생각하는 것보다 자신의 처지를 훨씬 더 잘 이해한다.

스미스는 플라톤이나 아리스토텔레스 같은 고대의 철학자들보다, 허치슨이나 루소 같은 동시대 사상가들보다 정치를 더 비판적으로 보았다. 누구든 정치세계에 발을 들여놓으면 실제로 자신이 느끼는 것보다 공공의 이익을 더 염려하는 듯이 보여야 한다. 또 나의 본래 모습이 아니라 다른 사람들이 보는 내 모습에 지나치게 신경을 써야 한다. 그런 압력을 크게 느낄수록 안과 겉은 점점 괴리되어간다.

다시 사람을 보라

아이작 뉴턴 경은 2만 파운드를 날리고 말았다. 애덤 스미스가 태어나기

3년 전이었다. 영국 조폐소장이던 뉴턴은 1720년 봄 남해회사 주식을 팔아 짭짤한 차익을 얻는다. 그 후 액면가 100파운드짜리 주식은 몇 달 새 1000파운드 넘게 치솟는다. 더는 참지 못하고 상투에서 다시 주식을 산 그는 결국 낭패를 본다. 오늘날 서울 강남의 최고가 아파트 한 채를 날려버린 것이나 마찬가지였다. 뉴턴은 만유인력과 빛의 원리와 미적분을 깨우친 위대한 과학자다. 그와 같은 천재도 투기적 거품에 뛰어들었다가 평생 남해회사 말만 나오면 얼굴을 붉혀야 했다. 그는 이런 말을 남겼다. "나는 천체의 움직임은 계산할 수 있어도 인간의 광기는 가늠할 수 없다."

스미스는 젊은 시절부터 인간의 본성을 파고들었다. 옥스퍼드에서 공부할 때였다. 베일리얼 칼리지의 높은 분들이 스미스의 방에 들이닥쳤다. 그들은 스미스가 출간된 지 얼마 안 된 데이비드 흄의 『인성론』을 읽고 있는 것을 발견했다. 교단 조사관들은 그 이단적인 책을 압수하고 젊은 철학자를 엄하게 질책했다.7 대학 측은 스미스가 종교에 관해 불온한 생각을 품고 있다고 의심했을 것이다. 흄은 이미 무신론자로 악명이 높았다. 그는 오로지 관찰과 경험에 바탕을 둔 '인간의 과학'을 하고자 했다. 그 체계는 초자연적인 힘이나 신성한 교리에 의지하지 않는 것이었다. 종교에 대한 회의주의와 인간 본성의 탐구에서 스미스와 흄의 철학은 궤를 같이한다. 스미스는 도덕의 기반을 인간의 감정에서 찾는 흄을 따른다. 그는 훗날 이 불온한 무신론자를 감싸기까지 한다는 교계의 비난을 듣는다. 물론 그는 종교에 관한 한 흄처럼 과격하지 않았다. 그러나 신성이 아니라 보통 사람의 감정을 중심에 두는 그의 도덕철학은 혁명적이었다.

호모 에코노미쿠스는 없다

18세기에 이코노미스트라는 말은 경제학자가 아니라 절약하는 사람을 뜻했다. 애덤 스미스는 오늘날의 경제학자와는 너무나 달랐다. 그는 철학자였다. 정치경제학은 인간을 탐구하는 과학의 한 부분이었다. 그조차 수학적 모형과 연역적 추론보다는 역사와 제도의 탐사에 가까웠다. 순수한 정치와 순수한 경제를 나누지도 않았다. 국가와 시장을 완전히 따로 떼어 생각할 까닭도 없었다.

　스미스가 현대 경제학의 발전을 지켜봤다면 정말 놀라워했을 것이다. 19세기에 독립적인 분과로 확립된 경제학은 여러 차례 혁명과 반혁명을 거치며 정교한 이론을 발전시키고 설명력을 키워왔다. 그러나 스미스는 오늘날의 경제학을 걱정스럽게 볼 것이다. 경제학자들은 완벽하게 합리적인 경제 인간과 광범위하게 균형을 이루는 효율적 시장을 상정하며 스미스의 통찰을 선택적으로 빌려왔다. 잘 짜인 개념의 틀과 이념 체계에 맞지 않는 부분은 잘려나갔다. 그리스 신화에 나오는 악당 프로크루스테스가 침대에 맞지 않는 나그네의 팔다리를 가차 없이 잘라버렸듯이 애덤 스미스의 귀중한 통찰도 그렇게 잘라버렸다. 가장 무참히 잘려나간 부분은 시장에서 작동해야 할 규범이었다.

　스미스 이후 사상가들은 그와 다른 각도에서 다양한 통찰을 보여준다. 제러미 벤담은 사람들의 행동을 평가할 때 의도보다 결과를 중시했다. 중요한 것은 그 행동이 얼마나 만족감을 줄 수 있느냐였다. 모든 것을 효용이라는 잣대로 재면 객관적이고 과학적인 분석이 가능할 터였다. 애덤 스미스를 배우고자 했던 토머스 맬서스(1766~1834)는 분석의 범위를 확 좁혔다. 사람을 움직이는 가장 기본적인 동인은 이익 추구와 성적 열정이었다. 다른 곁가지들을 버리고 나면 훨씬 더 단순한 분석 모형을 만들 수 있을 것이었다.

데이비드 리카도(1772~1823)는 스미스의 통찰을 발전시킨 비교우위 개념을 정립했다. 두 나라 중 어느 한쪽이 모든 제품을 더 싸게 만들 수 있더라도 서로 자유롭게 교역하면 두 나라 모두에 이익이 된다는 것을 단순한 모형을 통해 보여줬다. 임금을 둘러싸고 자본가와 노동자 두 계급이 부딪친다는 리카도의 생각은 카를 마르크스에게 영향을 주었다. 그는 잔가지들을 과감하게 쳐내는 일반화를 통해 정치경제학의 느슨한 규칙들을 절대적인 법칙으로 만들어갔다. 스미스의 "자연적 자유의 체제"는 그에게서 "완벽하게 자유로운 상업의 체제"로 바뀌었다.

『국부론』이 "많은 부분 낡고 전체적으로 불완전하다"라고 한 존 스튜어트 밀(1806~1873)은 정치경제학이 인간의 본성 전체를 다룰 필요가 없다고 봤다. 어떤 본성은 사회적 지위에 따라 달라질 수 있다. 그가 관심을 기울이는 인간은 "부를 소유하기를 바라며 그를 위한 수단들을 비교하고 판단할 수 있는" 존재였다. 부에 대한 욕망과 무관한 모든 열정과 동기를 사상해버릴수록 더욱 추상적인 인간이 탄생하게 된다. 밀 역시 벤담처럼 도덕적 의무와는 상관없는 효용의 극대화에 초점을 맞췄다.

스미스가 관찰한 인간은 이런 식으로 점점 더 추상화되고 단순해졌다. 분석의 범위는 더 좁아지면서 그만큼 정밀해졌다. 19세기 후반부터 수학적 분석 모형이 중심적인 위치를 차지하게 되면서 경제학이 상정하는 인간은 극단적인 추상화로 치닫는다. 경제 인간은 사회와 제도, 역사, 문화의 옷을 모두 벗어던졌다. 그의 피와 살을 이루는 온갖 열정과 가치까지 모조리 제거되면서 그야말로 앙상한 뼈대만 남겨졌다.

그 어떤 마찰도 없는 완전한 시장에서 모든 정보를 가지고 가장 합리적으로 효용을 극대화하는 호모 에코노미쿠스는 사실 인간이 아니다. 현실에서 그런 인간은 존재하지 않는다. 물론 더 현실적인 인간을 그린 경제학자도 많다. 대공황 시대의 정책 처방으로 경제학의 큰 흐름을 돌려놓은 존 메이너드 케인스는 "야성적 충동"을 이야기했다. 오늘날의 금융위기를 해부하는 로버트 실러 역시 비합리적인 야성적 충동으로 거품이 끓어오르는 과정을 보여줬다.

오늘날 행동경제학자들의 실험은 주류 경제학의 기본 가정을 무너뜨리고 있다. 최후통첩 게임으로 알려진 실험을 보자. 누군가가 카푸친 씨에게 100만 원을 쥐여주며 모르는 어떤 사람과 마음대로 나눠 가지라고 한다. 단 그 사람이 자기 몫을 받아들이지 않으면 카푸친 씨 또한 한 푼도 받을 수 없다. 카푸친 씨는 그에게 얼마를 떼어줄까? 그 상대방이 진정한 호모 에코노미쿠스라면 카푸친 씨가 단돈 1만 원만 나눠주더라도 마다하지 않을 것이다. 어쨌든 한 푼도 못 받는 것보다 1만 원이라도 챙기는 쪽이 나으니까. 하지만 많은 이가 그 1만 원을 받지 않고 집어던져 버린다. 99만 원을 차지하려는 카푸친 씨의 돼지 같은 심보를 참을 수 없어서다.

행동경제학자들이 실험으로 확인한 인간의 본성은 냉정하고 합리적인 호모 에코노미쿠스와는 거리가 멀다. 사람들은 명백히 자기에게 이득이 되는 거래라도 공정하지 않다면 거부하려 한다. 손실을 보더라도 상대의 탐욕에 벌을 주려 한다. 호모 에코노미쿠스가 공정성을 따지지 않는 이기적 유전자만 갖고 있다는 생각은 지난날의 편견이다.

물리학의 원리를 원용하던 경제학은 이제 심리학의 통찰을 받아들이고 있다. 행동경제학자들은 리스크에 대한 선택을 다루는 기존 이론들이 틀리거나 불완전하다는 것을 입증하는 증거들을 제시했다. 그들의 실험을 통해 재조명된 인간은 기껏해야 제한적인 합리성만을 보여줄 뿐이다.[8]

카푸친 씨에게 물어본다. 당신은 150만 원을 딸 확률이 50퍼센트, 100만 원을 잃을 확률이 50퍼센트인 내기를 하겠는가?

이 내기의 기대이익은 25만 원[9]이지만 카푸친 씨는 위험을 무릅쓰려 하지 않는다. 적어도 이득이 손실의 두 배는 돼야 내기를 받아들인다. 이번엔 이렇게 물어본다. 당신은 100만 원을 확실히 잃겠는가, 아니면 50만 원을 딸 확률이 50퍼센트, 200만 원을 잃을 확률이 50퍼센트인 내기를 하겠는가?

이번에는 내기를 받아들인다. 이 내기의 기대이익은 −75만 원[10]이다. 카푸친 씨는 100만 원을 확실히 잃는 것보다는 위험을 안더라도 손실을 피할 수 있는 쪽을 택한다. 그는 손실을 끔찍하게 싫어하기 때문이다.

애덤 스미스는 "대다수 사람이 자신의 능력에 대해 갖는 지나친 자만심은 모든 시대의 철학자와 도덕가들이 이야기한 오래된 악"이라고 했다. 또 "모든 사람이 이득을 볼 가능성을 과대평가하고 대부분의 사람이 손실을 볼 가능성을 과소평가한다"라며 "어느 나라에서나 복권이 성공하는 것을 보면 이득을 볼 가능성은 자연히 과대평가됨을 알 수 있다"라고 밝혔다.(국부 1.10)[11] 완벽하게 합리적인 경제 인간과는 거리가 먼 실제 인간의 심리를 꿰뚫어본 스미스는 오늘날 행동경제학자들의 아버지라고 할 만하다.

인간적인 약점을 아는 이는 더 현명해질 수 있다. 그리스 신화에 나오는 오디세우스는 세이렌의 유혹을 뿌리치기 위해 선원들에게 밀랍으로

호모 에코노미쿠스는 없다

귀를 막으라고 지시하고 아무리 사정하더라도 돛대에 묶인 자신을 풀어주지 말라고 명령했다. 나중에 세이렌의 노래에 홀린 오디세우스는 밧줄을 풀라고 명령했다. 하지만 선원들은 오히려 그를 더 단단히 묶었다. 그 덕분에 오디세우스는 치명적인 유혹에서 벗어날 수 있었다.

경제학자들은 효율적 시장에서 거래되는 자산의 가격은 투자자들이 이용할 수 있는 모든 정보를 이미 반영하고 있다고 가정한다. 이른바 효율적 시장 가설이다. 주식시장이 효율적이어서 주가가 이미 모든 정보를 반영하고 있다면 누구도 시장을 이길 수 없다. 아무도 주가를 예측하거나 특별히 높은 수익을 낼 수 없다는 말이다. 행동경제학자 리처드 세일러는 효율적 시장 가설의 의미를 "가격은 옳은 것이다" 그리고 "공짜 점심은 없다"라는 말로 요약했다.

이 가설은 다분히 순환론적이다. 시장 참여자들이 모든 정보를 이용해 효용 극대화를 추구하는 가장 합리적인 경제 인간이라고 가정한다면 그들의 선호와 기대를 반영하는 시장은 당연히 효율적일 것이다. 증명하고자 하는 바를 가정하는 꼴이다. 시장이 모든 정보를 즉각 반영한다면 아무도 새로운 정보를 찾아나서지 않을 것이다. 어떤 혁신적인 아이디어도 보상받지 못할 것이다. 가격이 언제나 옳다면 시장에서 거품 같은 것은 끓어오르지 않을 것이다. 하지만 현실은 그렇지 않다.

과도한 거품의 끝은 패닉이다. 지난 300년에 걸친 금융의 역사에서 예외는 찾아볼 수 없다. 광란의 투기는 결국 투매로 이어진다. 2022년 5월 24일 뉴욕증시에서 소셜 미디어 업체 스냅의 주가는 장중 한때 44퍼센트 넘게 폭락했다. 이 회사 최고경영자가 실적 악화를 경고하자 패닉에 빠진 투자자들이 앞다퉈 주식을 내던졌다. 스냅의 주가는 불과

8개월 새 83달러에서 12달러로 85퍼센트 추락했다. 1300억 달러를 웃돌던 이 회사의 몸값은 200억 달러 남짓한 수준으로 쪼그라들었다. 어떤 셈법으로 이런 롤러코스터를 설명할 수 있을까? 이 회사 몸값이 하루 새 거의 반 토막이 났는데도 어제와 오늘의 가격은 다 옳은 것일까?

호주 퀸즐랜드대학 교수 존 퀴긴은 효율적 시장 가설을 옹호하는 이들을 오이디푸스 콤플렉스 이론은 언제나 옳다고 주장하는 심리학자들에 빗대었다. 아들이 아버지를 미워하면 오이디푸스 콤플렉스를 입증하는 명백한 사례로 보고 반대로 아버지를 좋아하면 이 콤플렉스가 억압된 사례라고 설명하는 게 그들의 논법이다. 퀴긴은 "대공황, 닷컴 거품 붕괴, 글로벌 금융위기가 모두 이 가설에 부합한다면 이 이론이 우리에게 가르쳐줄 수 있는 건 아무것도 없다"라고 비판한다.[12]

애덤 스미스의 생각은 훗날의 주류 경제학자들의 패러다임과 어떻게 다를까?[13]

첫째, 스미스는 호모 에코노미쿠스를 상정하지 않았다. 그는 오늘날의 행동경제학자들이 밝혀낸 인간의 제한적인 합리성을 이해하고 있었다. 예컨대 행동경제학자들의 실험에 따르면 사람들은 같은 크기라도 이득보다 손실을 더 크게 느끼고 꺼리는 성향을 보인다. 또 먼 훗날 더 큰 것을 얻는 대신 당장 더 적은 것을 누리는 쪽을 선호한다. 손해를 보는 한이 있어도 불공정한 상대를 응징하기도 한다. 둘째, 스미스는 사람들을 독립적인 원자로 보지 않았다. 그와 반대로 다른 사람들과 끊임없이 공감하며 상호작용하는 사회적 존재로 보았다. 신뢰와 협력, 공정과 정의의 가치는 단순한 이익 균형 차원을 넘어서는 것이다. 셋째, 스미스는 추상적인 이론보다 현실적인 경험을 중시했으며, 완벽한 이상에 집착하기보다는 실용적인 해법을 찾는 데 힘썼다. 완벽한 자유와 평등, 정의를 전제하지 않고도 번영의 길을 찾을 수 있다고 봤다.

오늘날 경제학 분야는 역사적 연구나 다른 사회과학과의 협력을 등한시하면서 수학에 대한, 그리고 순전히 이론적이고 흔히 이념적인 고찰에 대한 유치한 열정을 극복하지 못하고 있다는 지적을 받는다.[14] 애덤 스미스의 정치경제학은 경제학이 정치적이고 규범적이며 도덕적 목적을 지닌다는 인간의 과학임을 분명히 일깨워준다. 그의 세계 어디에도 호모 에코노미쿠스는 없다.

제 7 장

우리에게
모든 것을

애덤 스미스의 이름으로 불평등을 합리화하려는 이가 많다. 하지만 스미스는 평등주의자의 면모를 뚜렷이 보여준다. 그는 보편적 풍요의 사회를 바란다. 누진세를 지지하고 상속세의 가치를 인정한다. 노동자 편을 들고 재산의 광범위한 분산을 지지한다. 부자와 지위 높은 이들을 추앙하고 가난하고 힘없는 이들을 멸시하는 풍조를 가장 보편적인 도덕적 타락으로 본다.

|||

"음식을 훔쳐 먹고 싶으면 손을 더럽혀야 하는 거야. 손을 잘 씻는 법을 알아두게. 우리 시대의 도덕은 이게 전부라네."[1] 중노동을 하는 죄수였던 사내는 젊은 법학도에게 설교한다. 애덤 스미스가 세상을 떠나고 반세기도 안 됐을 때였다. 법률가로 성공하러 파리에 온 외젠 드 라스티냐크는 "부자에게 법과 도덕은 아무런 힘도 발휘하지 못하는" 세상을 보게된다. 사내는 그에게 "당첨 번호를 미리 알고 복권을 사는 것"이나 진배없는 거래를 제안한다. 같은 하숙집의 빅토린을 꾀어 결혼하고 그 오빠를 제거하면 단숨에 100만 프랑을 챙길 수 있다. 후견인 없이 "시골 법정에서 푹푹 썩으면" 서른 살쯤에는 연봉 1200프랑을 받게 되고 "헛바닥으로 법정 바닥을 싹싹 쓸면서" 쉰 살이 되어도 한 해 5만 프랑 넘게 벌기 어려운 시절이었다.

그 하숙집에 장조아킴 고리오라는 영감이 있다. 프랑스대혁명 전에 제면 공장의 일개 직공이었던 그는 극심한 식량난과 공포정치 속에서 밀거래한 밀가루를 열 배나 비싸게 팔며 돈을 모으기 시작한다. 그는 거부가 된다. 하지만 "온 우주"인 두 딸에게 결혼 지참금으로 80만 프랑씩 나눠주고 자신은 한 달에 45프랑을 내는 초라한 하숙방에서 말년을 보낸다.

자본주의가 발흥하던 시대의 사실주의 작가 오노레 드 발자크는 "파리의 정신적 하수구"를 보여주려 했다. 라스티냐크를 비롯한 등장인물은 모두 부의 불평등이 극심한 사회에서 신분 상승을 꾀하려면 거액 자산가의 상속을 노려야 한다는 사실을 잘 알고 있었다.

대상속의 시대가 왔다

19세기의 고리오 영감은 파스타로 돈을 벌었다. 21세기의 스티브 잡스는 아이폰으로 돈을 벌었다. 그러나 자본의 본질은 근본적으로 바뀐 것이 없다. 고리오 영감이나 라스티냐크는 19세기 파리에만 있는 인물이 아니다. 21세기의 파리에도 있고 런던과 뉴욕과 서울에도 있다. 피케티는 『21세기 자본』에서 오늘날 자본주의가 고리오 영감이 살았던 19세기와 같은 세습자본주의 체제로 돌아갈 가능성이 크다고 경고한다. 세습자본주의는 당대에 스스로 노력해서 얻는 소득보다 선대로부터 물려받는 부가 훨씬 중요한 체제다. 세습되는 부는 갈수록 더 큰 불평등을 불러오기 마련이다.

제인 오스틴처럼 발자크도 상속 재산이 노력과 재능에 대한 보상을 압도하는 체제를 그린다. 그 시대의 자본은 보통 한 해 5퍼센트의 소득을 내주었다. 라스티냐크가 실제로 100만 프랑을 거머쥐었다면 해마다

우리에게 모든 것을

5만 프랑의 소득을 얻을 수 있었다. 오늘날 자본의 수익률은 조금 낮아졌을 것으로 추정된다. 그러나 자본과 노동이 함께 만들어가는 경제 전체의 실질 성장률은 늘 자본의 수익률보다 낮았다.[2] "19세기 이전의 역사에서 대부분 그랬고 21세기에 다시 그렇게 될 가능성이 큰 것처럼 자본수익률이 경제성장률을 크게 웃돌 때는 상속 재산이 생산이나 소득보다 더 빠르게 늘어난다. 물려받은 재산을 가진 사람들은 자본에서 얻는 소득 중 일부만 저축해도 전체 경제보다 더 빠른 속도로 자본을 늘릴 수 있다. 이런 상황에서는 상속 재산이 노동으로 모은 부를 압도할 것이고 자본의 집중도는 극히 높은 수준에 이를 것이다. 이는 현대 민주 사회의 근본이 되는 사회 정의의 원칙과 능력주의의 가치에 맞지 않을 수도 있다."[3]

[그림 7-1] 소득보다 빠르게 늘어나는 부

출처: 세계 불평등 데이터베이스

한 나라의 국민소득에 견줘 축적된 자본의 총량이 많을수록, 그리고 자본수익률이 높을수록 국민소득 중 자본이 차지하는 몫은 커진다.[4] 제1차 세계대전 직전까지도 자본주의 선진국들의 자본/소득 비율은 6~7배였다. 두 차례 전쟁으로 자본이 파괴된 후에는 2~3배로 떨어졌다. 그 후 다시 꾸준히 높아져 21세기 초에는 4~5배에 이르렀다. 이대로 가면 19세기 수준으로 돌아갈 수 있다는 게 피케티의 진단이다.

체감하지 못하면 믿기 어려울 것이다. 지난 사반세기 한국의 부가 세계에서 가장 빠르게 늘어났다면 얼마나 믿어야 할까? 2018년에 유엔환경계획UNEP이 낸 『포괄적 부 보고서』에 따르면 1992~2014년 한국의 1인당 부는 33퍼센트 늘어났다. 140개국 중 가장 높은 증가율이다. 보고서는 전통적인 셈법을 넘어선다. 생산한 자본뿐만 아니라 천연 자본과 인적 자본까지 포괄해 부의 지속 가능성을 가늠한다. 1인당 GDP는 늘어났으나 포괄적 부는 오히려 줄어든 나라도 44개국에 이른다. 주로 천연 자본을 까먹고 사는 나라들이다. 이런 나라는 지금은 성장해도 미래의 부를 창출할 잠재력은 갈수록 약해진다. 한국은 그렇지 않다. 한국의 포괄적 부는 소득 수준이 우리의 두 배를 넘는 싱가포르(25퍼센트 증가)보다 훨씬 빠르게 늘었다. 기분 좋은 보고서다. 하지만 이는 지난 한 세대의 성적표다. 더 나은 미래를 보증하지는 않는다. 인적 자본을 가늠하는 잣대를 얼마나 믿어야 할지도 알 수 없다.

다른 잣대를 보자. 한국은행과 통계청이 내는 국민순자산 통계를 보면 지난 사반세기 동안 한국의 부가 얼마나 빠르게 늘어났는지 알 수 있다. 2021년 우리나라 명목 GDP는 2071조 원에 달한다. 그해 말 국민순자산은 1경9808조 원으로 추산된다.[5] 국민순자산은 우리나라의 땅과

우리에게 모든 것을

건물, 생산설비를 비롯한 모든 자산을 다 더한 것으로 국부 총액을 의미한다. GDP는 한 해 소득이고 국민순자산은 지금껏 축적한 부다.

GDP는 1997년 외환위기 이후 24년 동안 3.8배로 늘어났다. 같은 기간 국민순자산은 5.6배로 늘어났다. 국민 전체의 소득보다 부가 훨씬 더 빨리 불어난 것이다. 1997년 국부 총액은 GDP의 6.3배였으나 2021년에는 9.6배에 이르렀다. 소득 창출 능력에 견줘 지나치게 부풀어 오른 자산 시장에는 거품이 끼어 있을 수 있다. 이 기간 전국 주택 시가총액은 6.7배로 불어났다.

부는 소득을 창출한다. 부가 나무이고 소득이 그 열매라고 해보자. 2000년대 들어 그 나무가 자라는 속도와 비교할 때 열매는 그다지 늘어나지 않았다. 혹은 거위의 몸집(부)은 크게 불어났는데 알(소득)은 그만큼 늘지 않았다고 할 수도 있겠다. 나무나 거위의 몸집이 불어나도 생산력이 예전 같지 않다면 마냥 좋아할 수만은 없다. 또 당대의 소득 창출 능력보다 선대가 쌓은 부의 중요성이 커질수록 사회적 이동성은 떨어진다.

한국전쟁의 포성이 멎은 1953년 우리나라 1인당 GDP는 65달러에 불과했다. 1963년에는 100달러를 넘었다. 1977년에 1000달러, 1994년에 1만 달러, 2006년에 2만 달러, 2017년에 3만 달러 고지에 올랐다. 2021년에는 3만5000달러 가까운 수준이다. 잿더미에서 일군 부는 이제 한 해 GDP의 10배 가까이 늘어났다. 달리 말하면 한 해 창출하는 소득은 축적한 자산의 10퍼센트 남짓한 수준에 그친다. 국민순자산이 GDP의 5배일 때와 비교하면 절반 수준이다.

어떤 잣대를 대더라도 한국이 급속히 부유해진 건 틀림없다. 소득 대비 자산 규모로 따지면 이미 웬만한 선진국보다 높은 수준이다. 그 부가 화석처럼 굳어져버리지 않고 미래 성장의 활력을 만들어낼지는 미지수다. 자칫 잘못하면 애덤 스미스의 시대에 네덜란드가 그랬던 것처럼 부유하지만 생산력은 떨어지는 나라로 갈 수 있다. 자산 불평등에 따른 정치적·사회적 갈등도 한층 고조될 수 있다.

더욱이 사망률(전체 인구 대비 사망자의 비율)은 높아지고 있다. 20세기에 줄곧 낮아지던 사망률은 21세기 들어 증가세로 돌아서고 있다. 인구 10만 명당 사망자는 2009년 497명에서 2021년 618명으로 늘어났다. 부가 많이 쌓이고 사망률이 높아질수록 상속 재산은 늘어나게 마련이다.[6] 바야흐로 한국은 대상속의 시대를 맞고 있다.

평균소득이라는 숫자는 뜻하지 않게 눈속임이 될 때가 많다. 2021년 우리나라 1인당 국민총소득GNI은 4000만 원 남짓이었다. 이는 국민 절반이 한 해 4000만 원 넘게 번다는 뜻일까. 그렇지 않다. 기업과 정부 부문을 빼고 가계 부문만 따지면 한 사람이 얻은 소득(1인당 총 처분가능소득)은 2200만 원을 조금 넘었다. 10억 원대 연봉을 받는 이들과 그 100분의 1도 못 버는 이들을 한데 모아 평균을 내면 그 평균에 못 미치는 이들이 전체의 절반을 넘을 수밖에 없다.

2020년 가구당 평균소득[7]은 3600만 원 남짓이었다. 그러나 가장 많이 버는 집부터 가장 적게 버는 집까지 차례대로 셀 때 딱 중간에 있는 집은 3000만 원 조금 넘게 벌었다. 상위 10퍼센트 가구(1억200만 원)는 하위 10퍼센트 가구(300만 원)의 34배를 벌었다. 자산 분배의 양극화는 더 심하다. 2021년 3월 말 가구당 평균 순자산은 4억1400만 원 남짓이었다. 자산이 많은 순서대로 셀 때 중간에 해당되는 가구의 순자산은

우리에게 모든 것을

2억2600만 원에 그쳤다. 열 가구 중 하나는 10억 원이 넘는 순자산을 보유했다. 상위 10퍼센트 가구는 전체 순자산의 43퍼센트를 넘게 차지하고 그다음 10퍼센트 가구는 19퍼센트 가까이 차지한다. 하위 50퍼센트 가구의 순자산은 모두 합해도 전체의 10퍼센트가 채 안 된다.

누가 애덤 스미스의 이름으로 불평등을 합리화하나?

애덤 스미스는 "보편적 풍요"의 사회를 바랐다. 사회의 모든 부문이 물질적 풍요를 누릴 길을 탐구했다. 그러나 자유로운 시장은 극심한 불평등을 낳을 수 있다.

> 어디든 큰 재산이 있는 곳에는 큰 불평등이 있다. 아주 부유한 사람 한 명에 가난한 자는 적어도 500명이 있으며, 소수의 풍요는 다수의 빈곤을 전제로 한다. 부유한 이들의 풍요는 가난한 이들의 분노를 불러일으키며, 가난한 이들은 흔히 결핍에 내몰리고 질투에 자극받아 부자의 재산을 침해한다.(『국부론』 5편 1장)

스미스는 거대한 부를 쌓으라고 부추기지 않았다. 부를 독차지하려는 욕심은 비열하다고 보았다.

> 우리가 모든 것을 갖고 다른 사람들에게는 아무것도 주지 말자는 것은 어느 시대에서나 (…) 지주들의 비열한 좌우명인 것 같다. 그러므로 지대

수입을 전부 자신들이 소비할 방법을 찾게 되자마자 그들은 다른 누구와도 그것을 나눠 갖지 않게 됐다.(『국부론』 3편 4장)

마르크스는 "정직하고 명석한 맨더빌"도 자본 축적 과정에서 자본의 크기뿐만 아니라 노동 빈민의 수도 늘어난다는 점을 이해하지 못했다고 지적한다. 그러면서 맨더빌의 『꿀벌의 우화』에서 이 대목을 인용한다. "그들이 굶지 않도록 해야 하지만 저축할 만큼 받지는 못하게 해야 한다. 그날그날 노동으로 살아가는 이들이 (…) 일을 하도록 일깨우는 것은 가난밖에 없다. 가난을 완화하는 것은 분별 있는 일이나 가난을 없애는 것은 어리석은 짓이다. (노동자가 아닌 사람들의) 사회가 행복하고 가장 열악한 상황에서도 사람들이 편안하게 느끼게 하려면 대다수가 가난하면서도 무지해야 한다."(자본 Ⅰ, 25) 여왕만이 누리던 호사를 여공들도 누릴 수 있게 된 지금도 누군가는 냉동 컨테이너에 숨어서라도 부유하고 자유로운 나라로 가려 한다. 이 세상에는 불평등이 언제나 더 커지고 있으며 세상이 언제나 더 정의롭지 않은 쪽으로 가고 있다고 생각하는 이들이 있다. 반면 불평등은 자연히 줄어들게 되어 있으며 이 행복한 균형을 무너뜨릴 어떤 일도 해서는 안 된다고 믿는 이들도 있다. 두 진영은 흔히 상대방의 말에 귀를 기울이지 않고 일방적인 주장을 쏟아낸다. 그것도 객관적 사실이나 치밀한 논리에 바탕을 두지 않고 앵무새처럼 자기 신념을 되뇌곤 한다. "부의 분배에 관한 지적, 정치적 토론은 오랫동안 부족한 사실과 넘치는 편견을 바탕으로 진행되어왔다."[8] 마치 귀를 닫고 하는 대화와 같다. 자유와 평등, 시장과 국가, 성장과 분배 가운데 어느 한쪽만 지지하는 진영은 한 발도 양보하지 않으려 하면서 상대편의 무

우리에게 모든 것을

지와 악의만 탓한다.

지난 3세기의 불평등의 역사를 연구한 피케티는 이렇게 정리한다. "첫 번째 결론은 부와 소득의 불평등에 관한 어떤 경제적 결정론도 경계해야 한다는 것이다. 부의 분배의 역사는 언제나 매우 정치적인 것이었으며, 순전히 경제적인 것으로 환원될 수 없다. (…) 불평등의 역사는 관련되는 모든 행위자가 함께 만든 합작품이다."9

• • •

이른바 둔감屯監이란 자들이 사방으로 다니며 백성의 재물을 마구 강탈하고 있다. 그러나 관에 귀속되는 것은 그 10분의 1이며, 자신들의 주머니에 들어가는 것은 10분의 9다. (…) 풀 한 포기, 나무 한 그루, 고기 한 마리, 게 한 마리도 모두 '우리 것이야'라며 떡하니 앉아 조세를 거둬들인다.10

정약용의 『목민심서』 형전육조 편에 나오는 내용이다. 둔감은 조선 후기 둔전을 관리하던 하급 관리다. 세금을 걷고 상납하면서 착복으로 부를 축적하곤 해 이들에 대한 통제 문제가 조정과 실학자들 사이에서 자주 제기됐다. 당쟁에 휩싸인 조정은 무능하고 무관심했다. 아전과 호족, 문벌은 발호했다. 재산권은 보호되지 않았고 세금은 멋대로였다.

『국부론』은 그보다 한 세대 전에 나왔다. 애덤 스미스는 책 5편에서 나라 살림의 씀씀이와 세금 문제를 체계적으로 정리한다.

세금은 재산이 있는 사람이 내는 것이다. 그러므로 모든 세금은 그것을 내는 사람에게는 노예의 표지가 아니라 자유의 표지다.(『국부론』 5편 2장)

스미스는 세금의 네 가지 원칙을 제시했다. 오늘날에도 여전히 유효한 원칙들이다.

첫째, 세금은 공평해야 한다. 모든 나라의 국민은 "각자의 능력에 비례해" 정부를 유지하는 데 기여해야 한다. 다시 말해 각자가 "국가의 보호 아래 얻는 수입에 비례해" 세금을 내야 한다. 이 원칙에 따르지 않는 세금은 불공평한 것이다. 둘째, 세금은 명확해야 한다. 각 개인이 내야 하는 세금은 납부 금액과 시기, 방법과 금액이 분명히 정해져야 한다. 그렇지 않으면 밉살스러운 납세자에게 더 무거운 세금을 물릴 수 있고 두려워하는 납세자에게서 선물이나 부수입을 짜낼 수 있다. 과세가 불명확하면 그러잖아도 인기가 없는 징세관들은 더 오만해진다. 제멋대로 물릴 수 있는 세금은 부패를 부추긴다. 이 원칙은 매우 중요하다. 경험상 "상당히 심한 불공평도 아주 작은 불명확성만큼 나쁘지는 않아" 보인다. 셋째, 세금은 편리해야 한다. 모든 세금은 내는 사람이 가장 편한 시기에 가장 편한 방식으로 낼 수 있어야 한다. 넷째, 세금은 최소 비용으로 거둬야 한다. 국민의 주머니에서 나오는 금액과 나라의 금고에 들어가는 금액의 차이를 가능한 한 줄여야 한다. 세금을 걷는 데 수많은 관리가 필요해서 "그들의 급여가 세수를 깎아먹고 그들의 부수입이 납세자에게 추가적인 부담을 지울 때"는 그만큼 징세 비용이 늘어난다. 세금이 사람들의 생산활동을 저해하면서 "수많은 이를 부양하고 고용할 수 있는 사

우리에게 모든 것을

업에 종사하지 못하게 억제할 때"도 마찬가지다. 흔히 무분별한 과세가 밀수의 유혹을 부추기는 것처럼 "일반적인 정의의 원칙과 반대로 먼저 유혹을 불러일으키고 그에 굴복하는 이들을 처벌하는" 세법이 있다. 이런 법을 집행하는 비용은 매우 클 것이다. 또 징세관들이 납세자를 자주 찾아와 불쾌한 조사를 하면 납세자들은 불필요한 고충과 억압을 피하기 위한 대가를 치러야 할 것이다.

> 정부가 다른 나라에서 배우는 기술 가운데 국민의 주머니에서 돈을 빼가는 기술보다 더 빨리 배우는 것은 없다.(『국부론』 5편 2장)

그래서 인지세와 등록세는 한 세기가 채 안 돼 유럽 전역에 퍼졌다. 잉글랜드에서 주택에 대한 세제는 몇 차례 바뀐다. 세금을 걷는 사람이 주택에서 창출되는 임대료 소득을 정확히 알 수 없으므로 처음에는 벽난로세를 매겼다. 벽난로 수와 임대료가 비례한다고 본 것이다. 그런데 집에 벽난로가 몇 개인지 직접 들어가 확인하는 것은 아무래도 불편한 일이어서 명예혁명 이후 폐지됐다. 그다음에는 창문세가 도입됐다. 창문 수는 집 밖에서도 셀 수 있다. 한 집에 기본적으로 3실링의 세금을 매기고 창문 숫자에 따라 추가로 과세하는 방식이었다. 창문 수가 7개 이하이면 하나당 2펜스의 최저 세율이 적용되고 25개 이상이면 하나당 2실링의 최고 세율을 매겼다. 그러나 이는 매우 불공평한 제도였다. 스미스는 이에 대해 "흔히 부자보다 가난한 이들에게 훨씬 더 무거운 부담을 지우므로 가장 나쁜 종류의 불공평"이라고 지적한다. 때로는 집세가 10파운드인 지방 도시 주택의 창문 수가 집세가 500파운드인 런던의 주택 창문 수보다 많을 수 있다. 지방 도시 주택의 거주자는 런던 주택의 거주자보다 훨씬 못사는 사람일 가능성이 크다. 그런데도 국가 유지를 위해 부자보다 더 많이 기여해야 한다면 불공평하다.

누진세는 자산이 많거나 소득이 높을수록 더 높은 세율을 적용하는 것이다. 누진세제는 사회적 정의와 개인의 자유 사이의 타협을 보여준다. 역사적으로 개인의 자유를 중시한 미국과 영국이 다른 나라들보다 더 누진적인 세제를 도입했던 것은 우연이 아니다.[11] 위대한 경제학자 가운데 누진세를 지지한 이는 많다. 애덤 스미스도 그중 한 사람이다. 존 스튜어트 밀과 존 메이너드 케인스도 그랬다.[12]

주택 임대료에 대한 세금은 일반적으로 부자들에게 가장 무겁게 부과되는데, 이런 종류의 불평등에 아주 불합리한 점이 있지는 않을 것이다. 공공의 지출에 대해 부유한 이들이 그들의 수입에 비례해 기여하는 데 더해 그 비율보다 얼마간 더 기여하는 것이 아주 불합리한 것은 아니다.(『국부론』 5편 2장)

마차의 무게에 비례해 통행세를 물리면 그 세금은 "비싸고 가벼운 상품의 소비자가 아니라 조악하고 무거운 상품의 소비자가 주로 부담"하게 된다. 따라서 세율에 차등을 두는 것이 바람직하다.

사치스러운 마차, 대형 사륜마차, 역마차 같은 것에 대해서는 중량에 비례하는 통행세를 이륜 혹은 사륜 짐 마차같이 필수적인 마차에 대해서보다 어느 정도 더 높게 물린다면 무거운 상품들을 전국 각지로 더 싸게

우리에게 모든 것을

운송할 수 있게 함으로써 매우 쉬운 방식으로 게으르고 허영에 찬 부자들이 가난한 이들을 구제하는 데 기여하게 할 수 있다.(『국부론』 5편 1장 3절)

지대 수입에 세금을 물리는 것은 적절하다.

택지 지대와 일반적인 토지 지대는 많은 경우 소유자가 스스로 아무런 관심이나 주의를 기울이지 않고 누리는 수입이다. 이 수입의 일부를 국가 경비를 내기 위해 거둬가더라도 그로 인해 어떤 산업도 저해되지 않을 것이다. (…) 그러므로 택지 지대와 일반적인 토지 지대는 그것에 부과되는 특별한 세금을 가장 잘 부담할 수 있는 종류의 수입일 것이다.(『국부론』 5편 2장 2절)

스미스는 택지 지대가 일반적인 토지 지대보다 특별 과세 대상으로 더 적합하다고 본다. 일반적인 토지 지대는 적어도 부분적으로는 지주의 주의와 관리 덕분에 나오는 것이다. 따라서 세금이 아주 무거우면 그 주의와 관리를 심하게 저해하겠지만 택지 지대는 그렇지 않다는 것이다.

택지 지대가 일반적인 토지 지대를 초과하는 한 그것은 전적으로 국가의 훌륭한 통치 덕분이다. 그 통치는 전체 국민이나 특정 지역 주민들의 생산활동을 보호함으로써 그들이 집을 짓는 땅의 진정한 가치보다[13] 훨씬 더 많은 지대를 낼 수 있도록 해주었기 때문이다. (…) 국가의 훌륭한 통치 덕분에 생긴 수입에 대해 그 정부를 뒷받침하기 위해 특별히 과세하는 것, 다른 대부분의 수입보다 더 많이 기여하도록 하는 것보다 더 합리적인 것은 없다.(『국부론』 5편 2장 2절)

택지 소유자는 언제나 "독점자처럼 행동"한다. 모든 독점을 공격하는 스미스의 화살을 피할 수 없다. 독점 가격으로 재미를 보던 설탕 생산자들도 마찬가지다. 그들은 "설탕에 대한 새로운 세금이 제안될 때마다 더는 가격을 올릴 수 없다며 아우성"을 친다. 하지만 그것은 이미 독점의 이익을 한껏 누리고 있기 때문이다.

독점자의 이익은 (…) 언제든 가장 적절한 과세 대상이다.(『국부론』 5편 2장 2절)

스미스는 자가소비용으로 직접 술을 양조하는 상류층은 내지 않는 세금을 맥주 한 잔에 시름을 더는 가난한 노동자들은 내야 하는 불공평도 지적하고, 앞서 본 통행세처럼 소비하는 물건의 가치가 아니라 부피나 무게에 따라 과세하는 방식으로 보통 사람들이 상대적으로 더 무거운 부담을 안는 문제도 지적한다.

오늘날 각국은 자본을 유치하기 위해 세제상 더 유리한 조건을 제시하는 경쟁을 벌인다. 자본 이동이 자유로운 만큼 기업들은 언제든 세금을 덜 내는 곳으로 떠날 수 있다. 스미스는 이미 이런 조세 경쟁의 문제를 알고 있었다.

상인은 꼭 어느 특정 국가의 시민일 필요는 없다고 하는데 맞는 말이다.

우리에게 모든 것을

(…) 아주 사소한 역겨움만으로도 그는 자신의 자본을, 그리고 그것이 떠받치는 모든 산업을 가지고 한 나라에서 다른 나라로 옮겨가버린다.(『국부론』 3편 4장)

자본의 소유자는 사실 세계의 시민이며, 꼭 어느 특정 국가에 매여 있는 것은 아니다. 그는 짐스러운 세금을 내기 위해 성가신 조사를 받을 수 있는 나라를 버리고 떠나기 쉬우며, 더 편안하게 사업을 하거나 재산을 즐길 수 있는 다른 나라로 자본을 옮겨갈 것이다.(『국부론』 5편 2장)

사치품보다 생활 필수품의 세금 부담은 가벼워야 할 것이다. 필수품은 살아가는 데 없어서는 안 될 상품인데, 그 나라의 관습에 비추어볼 때 "심지어 가장 낮은 계층 사람이라도 그것이 없으면 점잖게 보일 수 없는" 상품은 다 필수품이다. 예를 들어 아마포 셔츠는 엄밀히 따지면 살아가는 데 꼭 필요한 것은 아니었다. 그리스와 로마 사람들은 그것 없이도 아주 편안하게 살았다. 그러나 스미스의 시대에는 "유럽 대부분의 나라에서 아마포 셔츠를 입지 않고 사람들 앞에 나타나는 것은 날품팔이 노동자에게도 부끄러운 일"이며 그것이 없으면 "누구라도 지극히 나쁜 행동을 하지 않고는 빠져들 수 없을 만큼 수치스러운 가난을 드러내는 것"으로 여겨졌다. 잉글랜드에서 가죽 신발 없이 사람들 앞에 나서는 것도 마찬가지였다.

가진 자와 못 가진 자의 이해가 부딪칠 때 스미스는 거의 예외 없이 못 가진 자 편에 선다. 그는 일자리를 찾아 주거지를 맘대로 옮길 수 없게 규제하고 임금의 하한이 아니라 상한을 정하는 의회를 비판한다. 스미스는 정치인들이 나랏빚을 미래 세대에 떠넘기거나 사실상의 파산을 감추는 법도 꿰뚫어봤다.

> 그들은 미래에 공공 수입을 (채무에서) 해방하는 일을 후대의 걱정거리로 남겨둔다.(『국부론』 5편 3장)

> 화폐의 액면 금액을 올리는 것은 겉치레로 부채를 상환하는 것처럼 보이게 해 사실상의 재정 파산을 위장하는 가장 상투적인 방편이었다. (…) 사실상의 파산에 따른 불명예를 덮기 위해 이런 식으로, 너무나 쉽게 들여다볼 수 있고 동시에 너무나 극단적으로 해로운 속임수를 쓸 때 국가의 명예는 확실히 너무나 졸렬한 것이 되고 만다.(『국부론』 5편 3장)

스미스는 재산이 널리 분배되지 않고 한곳으로 집중되도록 하는 제도에 대단히 비판적이었다. 맨 먼저 태어난 적자에게 재산의 전부 혹은 대부분을 물려주는 장자상속제와 재산을 누가 물려받을지 조건을 걸어놓는 한사상속제[14]는 모두 한 집안의 재산이 흩어지지 않도록 하려는 제도였다.

여기서도 스미스는 역사와 제도를 폭넓게 탐사한다. 로마제국이 무너진 후 서유럽의 토지는 소수의 대지주가 독차지했다. 토지의 규모가 곧 힘이었으므로 그것을 안전하게 지키려면 어떻게든 분할을 막아야 했다. 논란의 여지가 없는 성과 나이를 기준으로 삼다보니 장자상속과 한사상속 같은 제도가 굳어진 것이다. 그러나 1에이커의 땅을 가진 이의 재산권도 10만 에이커를 보유한 이만큼 법률로 안전하게 보호되는 시대에는

우리에게 모든 것을

한사상속보다 더 불합리한 제도도 없다. 그 제도는 명예로운 자리에 대한 배타적 특권을 유지하려는 계층에게나 필요한 것이었다. "나머지 동료 시민들에 대한 우위를 부당하게 빼앗은 그 계층은 자신들의 가난이 우습게 보이지 않도록 또 다른 특권을 가져야겠다고 생각한다."(국부 3.2) 누구든 이 대목을 읽고도 애덤 스미스를 기득권 지킴이로 몰 수는 없을 것이다.

스미스는 어린 시절부터 작은 땅을 가진 주인들이 일반적으로 "가장 부지런하고 똑똑하고 성공적으로" 토지를 개량하는 것을 봐왔다. 그들은 "작은 땅을 구석구석 잘 알고 (…) 모든 애정을 갖고 돌보며 그것을 경작하는 것뿐만 아니라 꾸미는 일에서도 기쁨을 느끼는" 사람들이었다. 그러나 대지주가 토지 개량의 대가인 예는 드물었다. 낭비하는 지주는 투자할 자본이 없다. 검약하는 지주라도 토지를 개량하기보다는 새 토지를 더 사들이는 것이 낫다고 생각한다. "태어날 때부터 큰 재산을 가진 이가 토지를 개량해 이윤을 남길 수 있는 경우는 거의 없다." 대지주는 가능성이 별로 없는 이윤을 바라고 투자하기보다는 입맛에 맞는 장식품을 사들이는 데 더 신경을 쓴다.

막걸리 도둑의 미래

경제협력개발기구OECD는 갤럽 조사를 바탕으로 각국 시민이 사회적 연결망에서 얼마나 도움을 받을 수 있는지 가늠해본다. 어려운 일이 있을 때 필요하면 언제든 도와주리라고 생각할 수 있는 친척이나 친구들이 있느냐고 물어보는 조사다. 2020년 통계를 보자. 어려울 때 언제든 도움을 줄 사람이 있다는 한국인은 80퍼센트였다. 조사 대상 35개국 평균(91퍼센트)을 한참 밑돈다. 아이슬란드(98퍼센트)나 아일랜드, 노르웨이, 핀란드(각각 96퍼센트) 같은 나라와 까마득한 차이를 보인다. 한국은 멕시코(77퍼센트), 그리스(78퍼센트), 콜롬비아(80퍼센트)와 더불어 최하위권에 속한다.

통계청 사회조사에서 갑자기 큰돈을 빌려야 할 때 도움받을 사람이 있다고 답한 이는 절반밖에 안 된다.[15] 막걸리를 훔친 젊은이는 복지 제도뿐만 아니라 사회적 연결망에서도 도움의 손길을 기대할 수 없었다. 기술과 시장의 변화가 갈수록 빨라지는 가속의 시대에는 그와 같은 처지로 내몰리는 이가 갈수록 늘어날 것이다.

1818년에 태어난 마르크스가 본 자본주의와 2세기가 지난 지금의 자본주의는 아주 다르다. 사실 자본주의는 마르크스에게 빚을 졌다. 이 체제는 19세기 후반에 나온 그의 묵시록 덕분에 새롭게 진화할 수 있었다. 자본주의가 반드시 끝장나리라는 계시는 각국 정부가 자유방임에서 벗어나 공황과 유혈 혁명을 막기 위해 적극적으로 나서게 했다.

마르크스가 태어났을 때 영국이나 프랑스 같은 나라에서 가장 지배적인 자본은 농경지였다. 산업혁명이 진전되면서 공장과 기계가 더 중요해졌다. 20세기에는 금융자본의 지배력이 커졌다. 그러나 오늘날에는 토지나 공장, 주식보다 무형의 지식과 신뢰 자본이 훨씬 더 중요해졌다. 마이크로소프트를 생각해보자. 2022년 6월 말 이 거대 기업의 총자산 가운데 유형 자산은 4분의 1이 채 안 된다. 2조 달러를 넘나드는 시가총액과 비교하면 유형 자산은 20분의 1에 불과하다. 애플이나 구글, 아마존

우리에게 모든 것을

같은 회사도 마찬가지다. 무형자본이 전통적인 유형자본보다 중요해지는 체제가 이른바 자본 없는 자본주의다.[16]

지난 사반세기 동안 우리나라 전체 자산은 5.6배로 늘어났다. 그동안 농경지의 가치는 4.8배, 기계나 운송장비 같은 생산설비는 3.1배로 늘어나는 데 그쳤다. 주거용 건물은 6.6배로 늘어났다. 그러나 지식재산은 9.9배로 증가했다. 무형자본의 놀라운 확장성은 수익성 높은 거대 기업이 부상할 수 있게 해준다. 하지만 그 때문에 경쟁에서 밀린 대다수 기업은 오히려 생산성이 떨어지면서 혁신 투자를 감행할 야성적 충동을 잃어버릴 수 있다. 그럴수록 불평등은 심해진다. 뛰어난 인재가 몇몇 잘나가는 기업에 몰리면서 소득 불평등이 커진다. 인재가 몰리는 도시의 집값은 치솟고 나머지 지역은 침체되면서 부의 불평등도 심해진다. 서울과 강남 집값 문제의 뿌리에도 이런 요인들이 있다.

무형자본의 시대에는 공공정책의 틀도 달라져야 한다. 혁신에 열려 있으면서도 모두를 포용할 수 있는 국가 거버넌스가 필요하다. 가장 중요한 건 지식의 기반을 넓히고 다지는 일이다. 그 핵심은 교육 개혁이다. 우리나라의 남다른 교육열은 엄청난 무형자본을 만들어낼 수 있는 것처럼 보인다. 그러나 교육 투자는 학벌 프리미엄을 얻는 데에 집중된다. 명문대 졸업장과 '사'자 돌림 면허로 30년 넘게 프리미엄을 누리는 사회는 창조적 파괴에 굼뜰 수밖에 없다.

마르크스는 노동의 도구가 노동자를 내려친다고 했다. 그러나 2세기 전의 가장 놀라운 혁신이었던 방적기는 인간의 노동을 쓸모없는 것으로 만들지 않았다. 지금의 인공지능과 로봇은 노동자들에게 방적기보다 훨씬 더 큰 위협일 수도 있다. 그렇다고 시대착오적인 기계파괴운동을 벌일 수도 없다. 자본 없는 자본주의 체제의 저성장과 불평등 문제를 풀어 가려면 무엇보다 근본적인 교육 개혁이 이뤄져야 한다.

예나 지금이나 명문 대학 졸업자는 어떤 특권을 얻는다. 애덤 스미스는 "특정 대학에 몇 년 동안 다니기만 해도 문학이나 법학, 의학, 신학 분야에서 졸업자의 특권을 얻을 수 있다면 학생들은 부득이 교수들의 실력이나 평판과 상관없이 그 대학에 들어가려 한다"는 점에 주목한다. 그런 대학은 기금이 많다. 교수들은 실력이나 평판이 좋든 나쁘든 봉급을 받는다. 공동의 이해관계를 가진 교수들은 서로에게 매우 너그럽다. 의무를 소홀히 해도 눈감아줄 가능성이 크다. 스미스는 자신이 다녔던 옥스퍼드대학이 바로 그런 곳이라고 했다.

> 옥스퍼드에서는 지난 여러 해 동안 교수 대부분이 심지어 가르치는 체하는 것조차 포기했다.(『국부론』 5편 1장)

스미스는 옥스퍼드의 "가장 놀랍고 터무니없는" 학비에 불만을 토로한다. 그는 "여기서 우리가 하는 일은 하루에 두 번씩 기도하러 가고 일주일에 두 번씩 강의를 듣는 것뿐"이라며 "누구든 옥스퍼드에서 무리한 공부로 건강을 위태롭게 한다면 그건 본인의 잘못일 것"이라고 전한다. 옥스퍼드는 경건함에는 철저했으나 배움에는 느슨했다.

교수들은 얼마나 엉터리로 강의를 했을까? "지각이 있는 교수라면 자신이 학생들에게 강의하면서 허튼소리를 하거나 그보다 나을 것도 없는 이야기를 하고 있다는 사실을 의식하고는 틀림없이 기분이 나빠질 것이다. 또 학생 대다수가 강의를 듣지 않고 가버리거나 듣더라도 무시하고

우리에게 모든 것을

경멸하고 조롱하는 티를 분명히 내는 것을 보고는 불쾌해질 수밖에 없다. 그러므로 일정한 횟수의 강의를 해야 한다면 이런 이유만으로도 웬만큼 좋은 강의를 하려고 애를 쓸 것이다."

물론 그렇지 않을 수도 있다. 몇 가지 편법을 쓰면 된다. "교수는 그가 가르치려고 하는 과학을 학생들에게 직접 설명하는 대신에 그에 관한 책을 읽어줄 수도 있다. 그 책이 외국어나 지금은 사용하지 않는 사어로 쓰였다면 학생들에게 그들의 언어로 풀이해주거나, 혹은 그보다 수고를 덜 하려고 학생들이 그 글을 해석하도록 하고 이따금 그에 대해 한마디씩 하면서 강의라는 걸 하고 있다고 스스로 으쓱할 수 있다. 최소한의 지식을 가지고 조금만 주의를 기울이면 참으로 어리석고 터무니없고 우스꽝스러운 말로 멸시나 조롱을 당하지 않고도 그렇게 할 수 있다. 그는 또 대학의 규율 덕분에 학생들이 자신의 엉터리 강의에 가장 규칙적으로 출석하고 강의 내내 가장 예의 바르고 공손한 태도를 지키도록 강요할 수 있다."(국부 5.1)

스코틀랜드의 계몽주의를 대표하는 철학자인 애덤 스미스는 무엇보다 변화에 둔감한 대학을 신랄하게 비판한다. 몇몇 학문 분야의 교육 과정을 개혁한 대학도 있었다. 그러나 대부분은 그렇지 않았다.

몇몇 학자의 사회는 깨져버린 학설 체계와 낡은 편견들이 세상의 모든 구석에서 밀려난 다음에도 숨을 곳을 찾아 보호받는 성역으로 오랫동안 남아 있는 쪽을 택했다.(『국부론』 5편 1장)

일반적으로 개혁에 가장 느린 대학은 가장 부유하고 기금이 많은 대학이었다. 그들은 이미 확립된 교육 과정에 상당한 변화를 주는 것은 좀처럼 허용하지 않았다. 더 가난한 대학들은 더 쉽게 개혁을 도입했다. 형편이 넉넉지 않은 대학에서는 교수들 생계의 대부분이 그들의 평판에 달려 있다. 그러므로 교수들은 "현재 세계의 견해"에 더 많은 주의를 기울일 수밖에 없었다. 스코틀랜드 대학들이 그랬다. 그곳에서는 교수들의 주된 소득이 대학의 급여보다는 학생들의 수업료였다. 교수들은 학생들의 목소리에 귀 기울이고 가장 새로운 철학 사조와 과학 혁명을 전파하려고 연구에 힘써야 했다.

· · ·

누군가가 토지를 차지하고 자본을 축적하기 전인 원시사회에서는 노동으로 생산한 것이 모두 노동자의 것이었다. 그러나 토지가 사적 소유로 되자 지주가 생산물 일부를 나눠 지대로 달라고 요구하게 됐다. 물건을 만드는 원료나 설비 같은 자본을 댄 이도 생산물 일부를 이윤으로 분배할 것을 요구한다. 자본가는 노동자를 고용해 임금을 주면서 더 많이 생산하려 한다. 이때 일을 하는 이들은 임금을 올리려고 뭉치고 그들을 부리는 이들은 임금을 낮추려고 뭉친다. 어느 쪽이 유리할지 예상하기는 어렵지 않다.

고용주들은 숫자가 더 적어서 훨씬 더 쉽게 뭉칠 수 있다. 게다가 법은 고용주들의 단합을 인정하거나 적어도 금지하지는 않지만, 노동자들의 단합은 금지한다. 노동의 가격을 낮추려는 단합에 반대하는 의회의 법

우리에게 모든 것을

률은 없지만, 그 가격을 올리려는 단합에 반대하는 법률은 많다. 이 모든 분쟁에서 고용주들은 훨씬 더 오래 버틸 수 있다. (…) 노동자들은 일자리가 없으면 일주일 동안 먹고살 수 있는 이가 많지 않고, 한 달을 살아갈 수 있는 이들은 얼마 안 되며, 한 해를 버틸 만한 이는 거의 없다.(『국부론』 1편 8장)

물론 오늘날 노동자는 기본적으로 단결권을 가진다. 애덤 스미스가 살폈던 당시 노동자의 처지는 훨씬 열악했고 노사 간 힘의 불균형도 심했다. 고용주들은 때로 "임금을 현재 수준보다 더 낮추기 위한 특별한 연합"에 들어가는데, 그 계획은 언제나 "실행되는 순간까지 비밀리에 극히 조용하게" 진행되므로 노동자들은 "저항도 못 하고 굴복할 때까지" 아무것도 듣지 못하기도 했다. 그러나 노동자들의 단합은 방어적이든 공격적이든 언제나 떠들썩하다. 빠른 결정을 끌어내려고 "언제나 가장 시끄럽게 소란을 피우며 때로 가장 폭력적이고 무도한 행동에 의지"하기도 한다.(국부 1.8)

그들은 필사적이며 어리석고 무절제하게 행동한다. 그들은 굶어 죽지 않으려면 고용주들에게 겁을 주어 자신들의 요구에 즉시 따르게 해야 한다. 이런 경우에는 고용주들도 다른 한편에서 똑같이 떠들썩하게 치안판사의 도움을 요청하면서 하인과 노동자, 직인들의 단합에 그토록 가혹하게 제정된 법률을 엄격하게 집행하라고 끊임없이 요구한다. 그래서 노동자들이 이 요란한 단합의 폭력으로 뭐라도 얻어내는 경우는 매우 드물다. 치안판사가 개입하고 고용주들이 한 수 위의 침착함을 보이는 데다 대부분의 노동자가 당장 먹고살기 위해 굴복해야 하므로 일반적으로 주동자들의 처벌이나 파멸밖에는 아무것도 얻지 못하고 끝난다.(『국부론』 1편 8장)

그러나 아무리 하찮은 노동이라도 임금을 어떤 수준 아래로 오랫동안 억누를 수는 없다. 사람은 언제나 일을 해서 먹고살아야 하므로 임금은 "적어도 그의 생활을 유지하는 데" 충분한 수준이어야 한다. 가족을 부양하려면 그보다 더 많이 받아야 한다.[17] 그렇다면 길게 보면 임금은 언제 오를까? 임금으로 살아가는 사람들에 대한 수요가 지속적으로 늘어날 때다.

임금으로 살아가는 이들에 대한 수요는 자연히 국부의 증대와 함께 늘어나며, 그것 없이는 늘어날 수 없다. 노동자의 임금 상승을 불러오는 것은 국부의 실제 크기가 아니라 국부의 지속적인 증대다. 따라서 노동자의 임금이 가장 높은 곳은 가장 부유한 나라들이 아니라 가장 번창하는 나라, 혹은 가장 빠르게 부유해지는 나라들이다.(『국부론』 1편 8장)

잉글랜드는 확실히 북아메리카의 어느 지역보다 훨씬 더 부유했다. 그러나 북아메리카의 임금은 잉글랜드의 어느 지역보다 높았다. 잉글랜드보다 훨씬 더 빠른 속도로 부유해지고 있었기 때문이다. 그곳에서는 소규모 자작농과 높은 임금을 받는 노동자들이 민주주의와 기업 발전의 토양을 만들어가고 있었다. 솜씨 좋은 일꾼들은 지역사회에서 부러움을 샀다. 비싼 인력을 기계로 대체하려는 노력도 빨라졌다.

우리에게 모든 것을

어떤 나라가 큰 부를 쌓았더라도 오랫동안 정체돼 있었다면 임금이 매우 높을 것으로 기대해서는 안 된다. 노동자들은 부족한 일자리를 얻으려고 경쟁해야 할 것이다. 스미스는 중국을 예로 든다. 이 나라는 오랫동안 세계에서 가장 부유한 나라 중 하나였다. 그러나 오랫동안 정체됐다. 그가 전하는 중국 하층민의 비참한 삶은 충격적이다. 광둥에서는 강과 운하의 조그만 고기잡이배에서 사는 이들이 유럽 선박에서 바다에 버린 가장 더러운 쓰레기까지 건져올리려고 애를 쓴다. 그들은 반쯤 부패하고 악취가 나는 개나 고양이까지 먹는다. 모든 큰 도시에서는 밤마다 몇 명의 아이가 길거리에 버려져 있거나 강아지처럼 물에 빠져 죽어 있다.

정체에 그치지 않고 후퇴하는 나라도 있었다. 인도의 벵골이나 동인도의 영국 식민지가 그런 상황이었다. 일자리 경쟁은 몹시 격렬해 임금은 가장 비참한 수준으로 떨어졌다. 굶주린 이들은 구걸하거나 남의 집에 침입했다. 인구가 적고 토지가 비옥한데도 해마다 수십만 명이 굶어 죽었다. 북아메리카와 동인도의 차이는 무엇일까? 스미스는 "북아메리카를 보호하고 통치하는 영국 헌법의 정신과 동인도 사람들을 억압하고 지배하는 상업회사 정신의 차이"라고 지적한다. 한마디로 제도의 차이였다.

요컨대 노동에 주어지는 후한 보상은 국부가 늘어나면서 필연적으로 나타나는 효과이자 국부의 증대를 보여주는 증거다. 스미스는 묻는다. 하위 계층 사람들의 생활 형편이 개선되는 것은 사회에 유리한 것인가, 불편한 것인가? 그 답은 아주 명백하다.

하인과 노동자, 다양한 직공은 사회의 대다수를 차지한다. 그들의 형편이 개선되는 것을 결코 사회 전체에 불편한 것으로 여길 수 없다. 구성원 대부분이 가난하고 비참하다면 확실히 어떤 사회도 번창하고 행복할 수 없다. 그뿐만 아니라 인구 전체를 먹이고 입히고 재워주는 일을 하는 사람들이 본인도 웬만큼 잘 먹고 입고 잘 수 있도록 그들의 노동으로 생산한 것에서 그들의 몫을 갖는 것이 공평하다.(『국부론』 1편 8장)

높은 임금은 인구 증가를 촉진한다. 그들의 후한 보수에 대해 불평하는 것은 "사회의 가장 큰 번영을 불러오는 원인과 그에 따른 효과에 대해 한탄하는 것"이다.

국민의 대다수인 가난한 노동자의 처지가 가장 행복하고 편안해 보이는 것은 사회가 진보하고 있을 때, 사회가 이미 모든 부를 얻어냈을 때보다는 더 많은 것을 얻기 위해 나아가고 있을 때일 것이다. 노동자들의 처지는 사회가 정체 상태에 있을 때 힘들고 쇠퇴하고 있을 때 비참하다. 사회가 진보하고 있을 때는 실제로 모든 계층이 기운차고 즐거운 상태이며 정체하고 있을 때는 따분하고 쇠퇴하고 있을 때는 침울하다.(『국부론』 1편 8장)

스미스는 노동자에 대한 깊은 공감을 보여준다. 자본가 편을 들고 노동자의 처지에는 고개를 돌리는 이라면 도저히 느낄 수 없을 공감이다. 스미스에 관한 가장 큰 오해 가운데 하나는 그가 극심한 불평등을 용인하거나 부추겼다는 것이다. 그러나 스미스의 생각과 행동은 모두 놀랄

우리에게 모든 것을

만큼 평등주의적이었다. 그는 어떤 형태의 위계도 싫어했다.[18] 곡물 매점과 매석의 문제에서 보듯이 완전한 거래의 자유를 주장한 것도 결국 가장 가난한 사람들의 문제를 풀어주려는 것이었다. 정부가 노동시장과 토지 임대, 공공사업에 개입하라고 주문한 것 역시 "사회의 더 낮은 계층의 행복과 편리"를 위한 것이었다. 토머스 맬서스라면 분별없다고 반대했을 것들이다.

• • •

20세기는 포디즘의 시대였다. 대중을 위한 차를 만든다는 혁명적 발상을 한 헨리 포드(1863~1947)는 거대한 컨베이어벨트가 상징하는 대량생산 체제로 효율성을 한껏 높였다. 포드는 말했다. "자동차를 만들 때 중요한 것은 자동차를 모두 똑같이 만드는 것이다. 핀 공장에서 나오는 핀이 모두 똑같고, 성냥 공장에서 만드는 성냥이 모두 똑같은 것처럼."[19]

자동차는 한때 부자들의 호사스러운 장난감이었다. 20세기 초에 이르자 자동차는 대중 소비재가 됐다. 헨리 포드의 '모델 T'가 처음 나온 1908년에 한 대 가격은 당시 보통 노동자의 18개월치 임금과 맞먹는 850달러였다. 1925년에는 한 대 값이 290달러까지 떨어졌다. 4개월치 임금을 모으면 살 수 있었다. 1927년 마지막 한 대가 굴러 나올 때까지 모델 T는 1500만 대 가까이 팔려나갔다.

미국 남북전쟁이 한창일 때 미시간주의 한 농가에서 태어난 헨리 포드는 기계공작소 수습으로 일을 시작한다. 1903년 투자자를 모아 포드자동차를 세우고 미국 시골 사람들이 탈 만한 모델을 구상한다. 험한 시골길에서도 잘 견딜 수 있을 만큼 튼튼하고 가벼우면서도 농부들이 직접 수리할 수 있을 정도로 구조가 단순하고 누구나 살 수 있을 만큼 값이 싸야 했다. 어려운 숙제였다. 포드는 물 흐르듯 이어지는 조립 공정에서 해법을 찾았다. 그는 먼저 시카고의 여러 육가공업체와 통조림업체를 둘러보았다. 갓 잡은 가축의 몸통이 천장의 컨베이어에 매달려 움직인다. 작업자들은 자기 위치에서 맡은 부위를 해체하고 손질한다. 그 광경을 지켜보던 포드의 머릿속에는 자동차 공장의 생산 흐름이 떠올랐다. 우편 주문 판매업체인 시어스로벅의 물류창고가 문을 열자마자 찾아간 그는 수많은 컨베이어에서 노동력과 시간을 줄일 기계 기술을 다 봤다고 한다.

그 이전의 생산은 모두가 차 한 대에 달려들어 완성하던 방식이었다. 작업자가 움직이지 않고 차가 움직이는 조립 방식은 혁신적이었다. 분업의 효과를 극대화하자 생산성은 폭발적으로 높아졌다. 1914년 새로운 조립 방식 덕분에 차 한 대를 완성하는 데 걸리는 시간은 12.5시간에서 1.5시간으로 줄었다. 포드자동차는 1920년 미국 차 시장의 56퍼센트를 차지했다. GM의 점유율은 그 4분의 1에 불과했다. 포드는 고임금과 값싼 자동차를 약속했다. 높아진 구매력을 바탕으로 한 대량 소비와 한껏 효율을 높인 대량생산의 선순환을 이뤘다. 최고의 장인이나 천재가 아니어도 중산층 대열에 합류할 수 있었다. 교외가 살아나고 햄버거 체인이 늘어났다.

대량생산의 분업 체계에서는 그다지 대단한 숙련이 필요하지 않았다. 조립 작업에 필요한 덕목은 깊은 지식과 기술이 아니라 기민함과 성실함이었다. 그러나 그런 작업은 육체와 정신을 탈진시켰다. 비숙련 노동자

우리에게 모든 것을

들은 조금이라도 임금을 더 받을 수 있으면 언제든 회사를 떠났다. 포드는 파격적인 해법을 내놓았다. 2.5달러가 채 안 되던 미숙련공의 하루 임금을 5달러로 올려주었다. 엄밀히 말하면 임금 인상이 아니라 이익 배분이었다. 이익 배분을 받으려면 배우자와 합법적으로 결혼해 가족을 적절히 부양하며 검소하게 생활하고 술독에 빠지지 않았음을 보여줘야 했다. 포드는 새로운 공장 시스템에 맞게 개조된 노동자를 원했다.

처음에는 포디즘을 예찬하던 이들도 비판의 날을 세우기 시작했다. 1923년에 디트로이트에 온 찰리 채플린은 포드 부자의 안내로 조립 공정을 둘러보았다. 1936년 개봉된 「모던 타임스」의 노동자는 식사하면서도 일을 해야 한다. 음식 주는 기계는 오작동을 일으켜 노동자의 입에 억지로 나사를 밀어넣는다. 올더스 헉슬리의 『멋진 신세계』는 모델 T가 나온 1908년을 A.F.(포드 이후) 시대의 기원으로 하는 디스토피아를 그렸다. 포드는 그 세계의 신이었다.

분업의 그늘은 일찍이 스미스가 예견한 것이었다. 노동자가 거대한 기계의 부속품처럼 되어가는 것은 마르크스가 목소리를 높인 문제였다. 마르크스는 "사실 18세기 중반의 일부 제조업자는 사업상의 비밀인 어떤 작업에 반쯤 바보가 된 사람들을 고용하기를 선호했다"라며 『국부론』의 다음 구절을 인용한다.(자본 Ⅰ, 14.5)

결과물이 항상 같거나 거의 같은 몇 가지 단순한 작업을 수행하면서 평생을 보낸 사람은 예상치 못한 어려움을 해결할 방법을 찾는 데 그의 이해력과 창의력을 발휘할 기회를 얻지 못한다. 따라서 그는 자연히 그런 역량을 발휘하는 습성을 잃고 일반적으로 인간으로서 이를 수 있는 가

장 어리석고 무지한 상태가 된다.(『국부론』 5편 1장)

스미스는 그에 대한 하나의 해법으로 공교육을 제시했다. 마르크스는 병의 원인으로 병을 치료하는 방법이라며 조롱했다.

포디즘은 1920년대부터 반세기 동안 다른 체제를 압도했다. 한국전쟁이 일어난 해에 미국은 세계 자동차 생산 중 4분의 3을 차지했다. 포디즘을 개선한 일본은 미국을 빠르게 따라잡았다. 뒤늦게 경쟁에 뛰어든 한국은 일본을 숨 가쁘게 추격했다. '개발연대' 시기에 한국은 이 체제의 선순환을 잘 활용했다. 이 생산 방식은 여러 장점이 있었다. 조립 공정은 최고의 장인이나 천재를 요구하지 않았다. 고숙련과 저숙련 노동자들이 한 라인에서 협력하며 노동조합으로 쉽게 뭉칠 수 있었다. 임금 격차는 미미했다. 임금 인상을 자제하는 대신 안정된 일자리를 지키는 합의는 쉽게 이뤄질 수 있었다. 정부는 교육 제도와 기반시설로 밀어주었다. 노사정 협력 체제다.

그러나 1980년대부터는 포디즘의 단점이 두드러지기 시작했다. 컨베이어벨트는 일부 노동자만 규합해도 멈춰 세울 수 있었다. 기술이 고도화되자 고숙련과 저숙련 노동자 간 연대에는 금이 갔다. 임금 격차는 커졌다. 기업은 임금이 싼 나라로 재빨리 공장을 옮겼다. 대량생산 시대에 맞게 표준화된 인재를 양산하던 공장식 교육은 기술 변화를 따라가지 못했다. 정치인들은 갈등 조정 역할을 하지 못했다.

영화 「포드 v 페라리」는 자동차 경주 '르망 24'에서 절대 강자 페라리를 꺾은 포드의 분투를 그린다. 1960년대 포드의 생산 방식과 경제 체제를 볼 수 있다. 영화에서 경쟁사에 밀리고 있다고 느낀 헨리 포드 2세

우리에게 모든 것을

는 끝이 안 보일 정도로 넓은 생산 현장을 굽어보며 갑자기 조립 라인 가동을 중지시킨다. 컨베이어벨트는 요란하게 신음하며 멈춰선다. 그는 어리둥절한 임직원들에게 소리친다. "들리나? 저게 바로 포드 자동차가 퇴출되는 소리야."

21세기는 자동차를 재정의하고 재발명하는 시대다. 미래의 차라던 전기차는 이미 우리 곁에 있다. 자율주행차는 서서히, 그러다 갑자기 우리 일상이 될 것이다. 자동차는 바퀴 달린 컴퓨터가 될 것이다. 포디즘은 빛바랜 추억이 되고 있다. 생산 방식의 변혁은 경제와 정치사회 체제도 바꿔놓을 것이다. 단순 조립 노동자와 인공지능 기술자의 연대는 기대할 수 없을 것이다. 기업과 노동자, 지역사회, 교육 기관, 정책 당국 모두 쓰나미처럼 덮쳐올 변화에 맞닥뜨릴 수밖에 없다. 생존 경쟁의 요체는 속도에 있다. 속도전에 밀리면 컨베이어벨트는 언제든 멈춰설 수 있다. 이럴 때 모든 문제를 시장이 스스로 알아서 해결하도록 내버려두라는 것이 애덤 스미스의 가르침이라며 자유방임과 불평등을 합리화하는 것은 얼마나 위험하고 잘못된 생각인가?

제 8 장

손목을
자르리라

애덤 스미스는 자유무역을 주창한다. 그의 생각은 당시에는 이단이었으나 곧 주류로 자리 잡는다. 스미스는 중상주의 체제를 격렬히 비난한다. 독점으로 이득을 보려는 상인과 제조업자들의 행태를 공격한다. 하지만 그의 모든 주장이 그렇듯이 자유무역의 원칙 역시 어떤 경우에도 관철돼야 하는 철칙은 아니었다. 그는 풍요보다 국방이 중요하다고 했다. 21세기 무역 전쟁에서도 그는 양날의 칼이다.

|||

"덤벼라, 녀석들아. 여기 요킨스가 있다!" 징세관들은 겁을 먹고 물러난다. 전설적인 밀수꾼 요킨스는 어느 날 밤 홀로 뭍에 오른다. 상당한 양의 밀수품을 옮기는 현장을 징세관들이 덮친다. 요킨스는 대담하게 그들 앞에 모습을 드러낸다. 이름만으로도 상대를 공포에 떨게 할 수 있는 그다.

한번은 그가 짐을 부리고 있을 때 감시선 두 척이 양쪽에서 덮쳐왔다. 닻을 올린 요킨스는 그 사이로 돌진했다. 배는 바로 잡힐 듯했다. 그는 한쪽 감시선 갑판에 모자를, 다른 쪽에는 가발을 던지며 단속망을 비웃고 사라졌다. 두려움을 모르고 귀신같은 항해술을 자랑하는 네덜란드인 선장 요킨스는 맨섬과 스코틀랜드, 프랑스와 네덜란드의 밀수단에 자주 고용됐다. 그는 스코틀랜드 서남쪽 갤러웨이 해안과 덤프리서 지역에서 악명을 떨쳤다. 밀수품은 블랙 프린스라는 범선으로 실어날랐다. 대중은 신출귀몰한 그에 대한 미신을 가지고 있었다. 선원 열 명 중 한 명꼴로 악마를 섞어놓아서 그 배는 절대 잡히지 않는다는 믿음이었다.

밀수품을 내륙으로 운반할 때는 200명 넘는 짐꾼이 동원될 때도 많았다. 에든버러까지 차 한 상자나 담배 한 꾸러미를 나르는 운임은 15실링이었다. 한 명이 말 두 마리로 네 상자를 옮길 수 있었다. 밀무역은 번창하는 산업이었다. 당시 밀수꾼은 '자유무역업자'로 불렸다.

이 산업을 무너뜨린 것은 징벌적 세법을 앞세운 공권력이 아니었다. 윌리엄 피트 정부는 매서운 바람이 아니라 따스한 햇볕이 밀수꾼들의 옷을 벗길 수 있으리라고 보았다. 1784년 의회를 통과한 감세 조치가 그 햇볕이었다. 수입되는 차에 매기는 관세는 119퍼센트에서 12퍼센트로 낮췄다. 그러자 합법적인 수입업자도 밀수꾼들과 경쟁할 수 있게 됐다. 밀무역으로 재미를 봤던 갤러웨이와 덤프리서 지역 사람들은 이 법을 "태우고 굶기는 법"이라고 불렀다.[1]

월터 스콧(1771~1832)의 소설 『가이 매너링』은 바로 이 시기를 그린다. 소설에서 밀수선 선장인 더크 헤터레이크는 요킨스를 모델로 한 인물이다. 에든버러대학에서 듀걸드 스튜어트의 도덕철학 강의를 듣기도 했던 스콧은 애덤 스미스에 관해 잘 알고 있었을 것이다. 소설에서 다섯 살 때 밀수꾼에 유괴되는 해리 버트럼은 똑똑한 아이였다. 그의 개인 교사는 "벌써 세 음절 낱말들을 쓰는 법까지 배운" 아이를 보면서 생각한다. "이 신동이 어린 애덤 스미스처럼 집시들에게 끌려간다는 생각을 하면 참을 수 없다."[2]

소설은 초판이 출간된 당일에 매진됐다. 스미스 사후 사반세기가 지났을 때였다. 작가는 당시 스코틀랜드의 밀수를 둘러싼 역사적 사실과 정치경제 논리에 관해서 충분히 알고 있었을 것이다. 징벌적 세금이 밀수를 부추기는 문제를 누구보다 잘 꿰뚫어본 이는 스미스였다.

분별없는 조세는 밀수의 커다란 유혹을 불러일으킨다. (…) 통상적인 정의의 원칙과 반대로 이 법은 먼저 유혹을 부추기고 그런 다음 그 유혹에 굴복한 이들을 처벌한다.(『국부론』 5편 2장)

2+2=1

스미스가 태어나고 자란 커콜디는 국제적인 항구였다. 한때 라트비아 영사관이 있을 정도로 붐비던 곳이었다. 비릿한 생선 냄새를 풍기는 항구에서는 북해와 발트해의 억양이 뒤섞였다. 온갖 모양의 배들이 석탄이나 소금, 곡물, 철물, 아마뿐만 아니라 세관원의 눈을 피해 브랜디 통을 감추고 드나들었다. 스미스는 어릴 때부터 항해와 상업의 냄새를 맡으며 국제 교역에 대한 정보와 통찰을 풍부하게 얻을 수 있었다. 그는 아버지가 몸담았던 세관 업무에도 관심이 많았을 것이다. 스코틀랜드 전역에서 활개 치던 밀수의 원인과 효과를 나름대로 추측해보기도 했으리라.

국내 시장과 외국 시장 사이의 가격 차이가 클수록 밀수의 유혹도 강해진다. 가격 차이는 세금이 무거울수록 커진다. 스코틀랜드의 긴 해안과 긴 밤은 밀수꾼들에게 유리한 조건이었다. 밀수꾼을 '자유무역업자'로 부르는 사람들은 가당찮은 세금과 허약한 공권력을 비웃었다. 밀수꾼이야말로 자유무역의 진정한 개척자로서 경제의 영토를 가차 없이 확장하며 앞길을 가로막는 그 어떤 장애물도 넘어선 사람들 아닌가?[3] 국가가 그 '자유'를 지나치게 억누를 때는 저항이 일어났다. 1736년 에든버러에서 일어난 포르티어스 폭동 때도 그랬다. 그해 봄 앤드루 윌슨이라는 '자유무역업자'가 처형될 때 에든버러 경비대 존 포르티어스 대위가 군중에 발포를 명령한 것이 도화선이었다. 군중은 사형 선고를 받았다가 사면된 포르티어스를 감옥에서 끌어내 윌슨이 처형된 곳에서 목을 매달았다.

스미스는 어떤 밀수범에 대해서는 상당히 동정적이었다. 그는 먼저 세금을 피하려다 재산을 몰수당하고 완전히 파멸할 수 있음을 경고한다. 이어서 "자연적인 정의의 법을 어길 수 없는"이도 실정법상 범죄자가 되는 경우를 이야기한다.

> 흔히 자연적 정의의 법을 어길 수 없는 어떤 사람이, 비록 자국의 법률을 어긴 것에 대해서는 크게 비난받을 만하다는 점에서 의심할 나위가 없지만, 만약 그 나라 법률이 그 행위를 범죄로 규정하지 않았다면(자연은 결코 그렇게 하지 않았으리라) 모든 면에서 그는 아주 훌륭한 시민이었을 것이다.(『국부론』 5편 2장 2절)

밀수를 부추기는 법이 선량한 시민도 범죄자로 만들 수 있다는 말이다. 스미스는 "위증죄의 위험 없이 쉽고 안전하게 밀수할 기회가 있다면 그렇게 하는 데 양심의 가책을 느끼는 사람은 많지 않을 것"이라고 했다. 대중이 그런 태도를 보일 때 밀수꾼은 스스로 어느 정도 결백하다고 생각한다. 가혹한 세법의 징벌이 떨어지려 하면 흔히 격렬하게 맞서 싸운다. "아마도 처음에는 범죄자라기보다는 무분별한 사람이었을 그는 결국 그 사회의 법을 가장 단호하고 결연하게 위반하는 사람이 되는 경우가 많다."(국부 5.2) 물론 스미스가 밀수꾼들을 진정한 '자유무역업자'로 보면서 그들에게 죄가 없다고 생각한 것은 아니다. 관세를 무겁게 물리면 수입품 가격이 오르고 그만큼 소비는 줄어든다. 결국에는 수입 수요도 줄어들고 정부의 세금 수입도 줄어든다. 세금이 무거울수록 과세를 피하려는 밀수는 늘어난다. 세수는 또 그만큼 줄어든다.

> 세관의 셈법에서는 2+2는 4가 아니라 가끔 1이 된다는 스위프트 박사의 말은 그토록 무거운 관세에 대해서는 완전히 맞는 말이다.(『국부론』 5편 2장 2절)

소비가 줄어 세수가 감소한다면 해결책은 하나뿐이다. 세율을 내리는 수밖에 없다. 밀수가 늘어나 세수가 감소한다면 두 가지 해결책이 있다. 밀수의 유혹을 줄이거나 밀수를 더 어렵게 하는 것이다. 밀수의 유혹을 줄이려면 세율을 내려야 한다. 밀수를 더 어렵게 하려면 그만큼 효과적인 관리 체계를 만들어야 한다. 쉽지 않은 일이다. 밀수선은 감시선보다 더 빨리 내달릴 때가 많다. 세관원이 밀수꾼의 돈을 받는 때도 있었다. 그렇다면 정부가 어떤 물품의 수입을 아예 틀어막거나 지나치게 무거운 세금을 물리려는 까닭은 무엇일까? 국내 산업과 외국 산업의 경쟁을 제한할 때 가장 큰 이득을 보는 이들은 누구일까? 애덤 스미스는 이 문제를 집요하게 파고든다.

"양을 수출한 자는 초범일 때는 전 재산을 영원히 몰수하고 1년 동안 감옥에 가둔 다음 장날 시장에서 왼손을 자르고 못을 박는다. 재범일 때는 중죄를 선고하고 사형에 처한다." 엘리자베스 1세 여왕 때인 1566년에 정한 법이다. 이 나라 양의 품종이 외국에 보급되지 못하게 하려는 것이다. 한 세기가 지나도 가혹한 법은 사라지지 않았다. 찰스 2세 때인 1662년의 법은 양모를 수출한 자에게 중죄인과 같은 벌을 내리고 재산을 몰수하도록 했다. 스미스는 이런 법들이 "드라콘의 법과 마찬가지로 피로 쓰인 것"이라고 했다.[4] 이토록 가혹한 법은 양과 양모 수출을 철저히 틀어막으려는 모직물 제조업자들의 이해를 반영한 것이었다. 의회를 상대로 한 로비에서 그들은 다른 어떤 업자들보다 더 큰 성공을 거뒀다. 이 나라의 번영이 자신들의 특별한 사업이 성공하고 확장하느냐에 달려 있다고 설득할 수 있었다. 외국산 모직물 수입 금지로 소비자들에 대해 독점적 이익을 누렸을 뿐만 아니라 양과 양모 수출을 막음으로써 원재료 공급업자들에 대해서도 독점력을 확보했다.

중상주의는 무역 흑자로 부자 나라를 만들려는 것이다. 그러자면 수출을 장려하고 수입을 억제해야 한다. 그러나 어떤 상품에 대해서는 거꾸로 수출을 억제하고 수입을 장려하기도 한다. 완성품이 아니라 원료라면 그렇게 하는 것이 제조업자들에게 유리하다. 양모 수출 금지는 값싼 원료를 원하는 모직물 제조업체에 이득을 준다.

우리의 중상주의 체제가 주로 장려하는 것은 부자와 권력자의 이익을 위해 운영되는 산업이다. 가난한 사람들을 위한 산업은 너무 자주 무시되거나 억눌린다.(『국부론』 4편 8장)

윌리엄 3세 때인 1695년 법은 찰스 2세 때보다는 누그러졌으나 여전히 가혹했다. 양모를 수출하다 걸리면 다 몰수당하고 양모값의 네댓 배나 되는 벌금을 물어야 했다. 석 달 안에 벌금을 내지 못하면 7년 동안

손목을 자르리라!

유배된다. 패가망신하는 것이다. 범죄 사실을 알고 있던 배 주인과 선장도 혹독하게 처벌받는다.

수출이 금지되면서 국내 상거래에도 번거롭고 억압적인 제한이 가해졌다. 양모는 아무 상자나 통으로 포장해서는 안 된다. 오로지 가죽이나 천으로 싸서 겉에 3인치 이상의 크기로 '양모' 또는 '모사'라고 써야 한다. 일출과 일몰 사이가 아니면 양모를 말이나 마차에 싣거나 바닷가에서 5마일 이내에 있는 길로 옮겨서도 안 된다. 어기면 양모든 마차든 다 몰수당하고 벌금 폭탄을 맞는다. 윌리엄 3세 때의 법은 너그럽게도 이렇게 선언한다. 바닷가에서 5마일 내라도 털을 깎은 장소에서 집으로 양모를 옮기는 것은 막지 않는다. 다만 털을 깎고 열흘 안에, 그리고 양모를 옮기기 전에 세관원에게 양모 꾸러미의 정확한 숫자와 보관 장소를 자필로 써서 알려야 한다. 사흘 전에 그 의사를 자필로 써서 알리지 않으면 양모를 옮길 수 없다.

모직물 제조업자들은 잉글랜드 양모가 좋은 옷감을 만드는 데 필수적이라고 주장했다. 그러나 그 말은 "완전히 거짓"이었다. 좋은 옷감은 전적으로 스페인 양모로 만들어졌다. 잉글랜드와 스코틀랜드가 통합되면서 스코틀랜드산 양모가 이 규제를 받게 됐을 때 값은 절반으로 떨어졌다. 제조업자의 이익을 위해 양모 생산자의 이익이 희생된 것이다. 이처럼 "다른 계층의 이익을 증진하기 위해 한 계층의 이익을 해치는 것은 모든 계층의 국민을 공정하고 평등하게 대우해야 한다는 국왕의 의무를 명백히 저버리는 것"이다.(국부 4.8)

집안 살림을 생각해보자. 분별 있는 가장이라면 밖에서 사는 것보다 더 비싸게 먹히는 물건을 집 안에서 직접 만들려고 하지 않는다. 양복장이는 구두를 직접 만들려고 하지 않는다. 사서 신는 것이 더 싸기 때문이다. 구두장이 역시 양복을 직접 만들지 않고 주문한다. 누구나 자기가 가장 잘 만드는 것을 만들고 그것으로 다른 필요한 것을 사면 된다. 나라 살림도 다르지 않다. 이웃 나라가 우리나라보다 더 싸게 만들어줄 수 있는 상품을 사고 우리가 더 싸게 만들 수 있는 상품을 팔면 서로에게 좋은 일이다. 어떤 상품을 국내에서 더 싸게 만들 수 있다면 수입 규제는 불필요하다. 더 싸게 만들 수 없다면 수입 규제는 해로운 것이다. 햇볕이 귀한 스코틀랜드는 프랑스보다 포도주 재배에 불리하다. 물론 이곳에서도 유리 온실을 설치하면 좋은 포도를 얻어 훌륭한 포도주를 만들 수 있다. 그러나 수입할 때보다 30배나 비싸게 먹히는 포도주를 굳이 직접 생산하는 것은 "얼빠진 짓"이 아닌가?(국부 4.2)

데이비드 리카도는 스물일곱 살 때 『국부론』을 읽는다. 유대인 이민자의 아들로 대학 문턱에도 가보지 않은 그는 애덤 스미스의 논리를 발전시켜 '비교우위' 이론을 완성한다. 리카도는 1817년에 낸 『정치경제학과 과세의 원리에 대하여』에서 이런 예를 든다. 옷 한 벌을 만드는 데 영국에서는 100시간, 포르투갈에서는 90시간의 노동이 필요하다. 와인 한 병을 만드는 데 필요한 노동 시간은 영국에서는 120시간, 포르투갈에서는 80시간이다. 포르투갈은 옷과 와인 모두 영국보다 더 싸게 생산할 수 있다(포르투갈은 옷과 와인 생산에서 '절대우위'를 갖고 있다). 그러나 영국은 와인보다 옷을, 포르투갈은 옷보다 와인을 더 효율적으로 생산할 수 있다(영국은 옷 생산에서, 포르투갈은 와인 생산에서 비교우위를 갖고 있다). 이때 영국은 모든 노동 시간을 옷을 만드는 데 투입한 다음 그 옷 일부를 수출하고 와인을 수입하는 게 유리하며, 포르투갈은 와인 생산에 전념

손목을 자르리라

하고 영국에서 옷을 수입하는 게 이득이 된다. 두 나라가 각자 더 적은 것을 포기하면서 만들 수 있는 분야를 특화하고 자유롭게 교역하면 모두에게 이득이 되는 것이다. 이렇게 교역하면 두 나라 모두 비교열위에 있는 분야에 투입하던 자원을 비교우위에 있는 분야로 돌려 전체적으로 더 많이 생산할 수 있다.[5]

여기서 다시 앞서 제기했던 문제로 돌아가자. 자유무역이 모두에게 이득이 된다면 굳이 수출입 규제를 하는 까닭은 무엇일까? 스미스는 수입 금지와 무거운 관세에서 가장 큰 이득을 보게 되는 이들을 가리킨다. 국내 시장에서 독점력이 강화되는 상인과 제조업자는 수입 규제의 최대 수혜자들이다.

> 소비는 모든 생산의 유일한 목적이며, 생산자의 이익은 소비자의 이익을 증진하는 데 필요한 범위 내에서만 보살펴야 한다. 이 금언은 너무나 완벽하게 자명한 것이어서 그것을 증명하려는 것은 어리석은 일이다. 그러나 중상주의 체제에서는 소비자의 이익이 생산자의 이익에 거의 변함없이 희생되며, 모든 산업과 상업의 궁극적인 목적과 목표로 소비가 아니라 생산을 고려하는 것 같다.(『국부론』 4편 8장)

애덤 스미스는 "완전한 정의와 완전한 자유, 그리고 완전한 평등을 확립하는 것이 모두에게 최고 수준의 번영을 효과적으로 확보해주는 아주 단순한 비법"이라고 했다.(국부 4.9) 그러나 대외 교역에서 그 비법은 그리 단순하지 않았다. 그는 절대적인 의미의 자유무역이 경제적 진보에 필수적이라고 보지는 않았다. 현실적으로 완전한 자유무역 체제가 실현

되기는 어렵다는 것을 잘 알았다.

영국에서 실제로 무역의 자유가 완전히 회복되리라고 기대하는 것은 이 나라에 오세아나[6]나 유토피아가 세워지리라고 기대하는 것만큼이나 터무니없다.(『국부론』 4편 2장)

무엇이 문제일까? 대중의 편견도 문제지만 그보다 더 극복하기 어려운 걸림돌이 있다. 개인들의 사적 이해관계가 바로 그것이다. 그들의 반대는 "저항할 수 없을 만큼" 압도적이다. 군대의 병력을 조금이라도 줄이려 하면 장교들이 한목소리로 얼마나 강력히 반대하는지 생각해보라. 제조업자들은 국내 시장에서 경쟁자를 늘릴 수 있는 모든 법에 그처럼 거세게 반발할 것이다. 그런 법규를 제안한 이들을 격렬하게 공격할 것이다. 장교들이 병사들을 부추기듯이 제조업자들은 노동자들의 분노에 불을 붙일 것이다. "제조업자들이 우리의 이익에 반해 얻어낸 독점을 어떤 식으로든 약화시키려는 시도는 군대를 감축하려는 것만큼이나 위험한" 일이다. 이 독점으로 이익을 보는 부류의 숫자는 너무나 많이 늘어났다. 그들은 "지나치게 비대한 상비군처럼 정부가 두려워하는 세력이 됐으며 입법부를 위협할 때도 많다."(국부 4.2) 밀턴 프리드먼은 오늘날 '독점자들의 부류'를 넓게 봤다. "경쟁으로부터 보호받는 기업들뿐만 아니라 노동조합과 학교 교사, 복지 수급자 등등"도 그 부류에 포함해야 한다고 본 것이다.[7]

감자칩과 반도체 칩

애덤 스미스는 영국이 1651년에 제정한 항해법을 옹호했다. 얼핏 보면 자유무역의 주창자답지 않은 견해다. 스미스는 "어떤 특별한 종류의 산업이 국가의 방위에 필요할 때"는 국내 산업을 장려하기 위해 외국 산업에 부담을 지우는 것이 유리하다고 보았다. 예컨대 영국의 국방은 선박과 선원의 숫자에 달려 있다. 항해법은 "아주 정당하게도" 영국의 선원과 선박이 자국의 교역에서 독점권을 갖도록 하려는 것이다. 그 독점권은 어떤 경우에는 절대적인 금지를 통해, 다른 경우에는 외국 선박에 지우는 무거운 부담을 통해 강화된다.

항해법은 선주와 선장, 그리고 선원 중 4분의 3이 영국 국민이 아니면 그 배로 영국령 정착지나 식민지와 교역하거나 영국의 연안 무역에 나설 수 없도록 금지한다. 어기면 배와 짐을 모두 몰수한다. 영국이 물건을 수입할 때는 영국 배뿐만 아니라 그 물건을 만든 나라의 배도 들어올 수 있으나 그들은 관세를 두 배로 물어야 한다. 이 법이 시행되자 해상 운송에서 유럽 최강자였던 네덜란드의 배는 영국을 드나들 수 없게 됐다.

이 법이 제정될 때는 잉글랜드와 네덜란드가 전쟁까지 벌이지는 않았다. 그러나 두 나라 사이에는 "가장 격렬한 적의"가 도사리고 있었다. 적의는 곧 17세기 후반 세 차례 전쟁의 불쏘시개가 된다. 스미스는 항해법의 일부 규제가 두 나라 국민의 적대감에서 비롯됐을 수도 있으나 그 규제는 "가장 사려 깊은 지혜에 따른 것처럼 현명한" 것이었다고 평가한다. 당시 가장 사려 깊은 지혜를 가진 이가 권고했을 목표는 무엇이었을까? 다름 아닌 "잉글랜드의 안보를 위험에 빠트릴 수 있는 유일한 해상

강국인 네덜란드의 해군력을 약화시키는 일"이었다.(국부 4.2)

이는 자유무역의 대원칙을 무너뜨리는 것이 아닌가? 스미스는 보충 설명을 한다. 사실 항해법은 외국과의 교역으로 부를 증진하는 데는 유리한 것이 아니다. 가장 완벽한 교역의 자유를 누릴 때 살 것은 가장 싸게 살 수 있고 팔 것은 가장 비싸게 팔 수 있다. 영국의 수출품을 실으러 올 때는 외국 배도 들어올 수 있다지만 누가 빈 배로 들어오려 하겠는가? 영국 국민은 결국 외국 상품을 더 비싸게 사고 자국 상품을 더 싸게 팔아야 할 것이다.

그러나 국방은 풍요보다 훨씬 더 중요하므로 항해법은 아마도 영국의 모든 상업 규제 가운데 가장 현명한 것이리라.(『국부론』 4편 2장)

스미스는 또 "불만의 대상이 되는 외국의 높은 관세나 수입 금지를 철회시킬 가능성이 있다면 무역 보복 조치도 좋은 정책이 될 수 있다"라고 했다.(국부 4.2) 물론 큰 원칙은 당연히 자유무역이었다.

각국은 모든 이웃 나라를 가난하게 만드는 것이 자기 나라에 이익이 된다고 배웠다. 모든 교역 상대국의 번영을 시샘하는 눈으로 바라보고 그들의 이익은 곧 자신들의 손실이라고 여기게 된 것이다. 개인들 사이에서처럼 국가 간에도 자연히 서로를 화합과 우정으로 묶어주어야 할 교역이 가장 심한 불화와 적의를 불러일으키게 됐다. 지난 세기와 이번 세기에 왕과 장관들이 드러낸 변덕스러운 야심도 상인과 제조업자들의 당치 않은 질투심보다 유럽의 평화에 더 치명적이지는 않았다. 인류의 지배자들이 휘두르는 폭력과 부정의는 오래된 악으로, 인간사회의 속성상 좀처럼 치유될 수 없다. 그러나 상인과 제조업자들은 인류의 지배자도 아니고 그렇게 돼야 하는 것도 아니며, 그들의 비열한 탐욕과 독점욕이 (…) 그들 자신이 아닌 다른 누구에 대해서도 평온을 흩트리지 못하게 막는 것은 아주 쉬울 것이다.(『국부론』 4편 3장)

무엇이든 필요한 것을 가장 싸게 살 수 있도록 하면 국민 대다수에게 가장 큰 이익이 된다. 이는 "너무나 명백해서 증명하려고 조금이라도 애쓰는 것이 어리석어 보이는" 명제다. 상인과 제조업자들이 "이해관계에 따른 궤변"을 늘어놓지 않았다면 어떤 의문도 제기되지 않았을 상식이다. 그러므로 국내 시장에서 독점적인 지위를 확보하려는 그들의 이해관계는 "국민 대다수의 이익과 정반대"에 있다.

이웃 나라의 부는 전쟁 때는 위험한 것이지만, 무역에서는 확실히 유리한 것이다.(『국부론』 4편 3장)

우리와 이웃 나라가 적대관계에 있다고 하자. 그들의 부는 우리보다 뛰어난 함대와 육군을 유지할 수 있게 해줄 것이다. 평화로운 교역관계에 있다면 이야기가 달라진다. 그들이 부유할수록 우리에게 더 좋은 시장이 되어줄 것이다. 교역의 가치는 더 커질 것이다. 부자 나라의 제조업자들은 이웃 나라의 제조업자들에게 매우 위험한 경쟁자가 될 수밖에 없다. 그러나 바로 그 경쟁이 대다수 국민에게는 유리한 것이다. 사람들은 "얼마 안 되는 부가 도는 곳에서는 얻을 것이 별로 없지만 큰 부가 움직이는 곳에서는 그중 일부가 자신들에게 떨어질 것"이라는 점을 잘 안다. 나라 사이에서도 마찬가지다. 이웃 나라의 부는 자국이 부를 얻을 수 있는 "원인이자 기회"로 봐야 한다.

　"고대 이집트인들은 대외 교역을 소홀히 했다고 한다. 현대의 중국은 교역을 극도로 멸시하며 어지간한 법의 보호조차 좀처럼 해주지 않는 것으로 알려져 있다." 이웃 나라를 가난하게 만들려는 원칙들이 의도대로 실행된다면 교역은 움츠러들 수밖에 없다. 프랑스와 영국 사이의 교역이 억눌리는 것도 바로 그 때문이다. 두 나라가 "중상주의의 질서나 국민적인 적의 없이 자신들의 진정한 이익을 생각한다면" 영국은 다른 어느 나라보다 프랑스와 교역하는 것이 유리하며 프랑스도 영국과 교역하면 가장 유리할 것이다. 프랑스 인구는 2400만 명으로 추정되며 북아메리카 인구는 300만 명을 넘지 않을 것이다. 그러므로 프랑스는 영국에 적어도 여덟 배 넓은 시장을 제공할 수 있으며, 북아메리카 식민지보다 프랑스와 교역할 때 자본을 더 빨리 돌릴 수 있으므로 영국에는 스물네 배나 유리할 것이다. 그러나 두 나라는 부와 인구, 지리적인 요인을 무시하고 이웃 나라보다는 자국의 식민지와 더 열심히 교역하려 했다. "두 나라의 현자들이 마땅히 억눌러야 한다고 생각한 (영국과 프랑스 간의) 교역과 그들이 가장 촉진했던 (자국 식민지와의) 교역 사이에는 이처럼 엄청난 차이가 있다."(국부 4.3)

　두 나라가 이웃하고 있다는 것은 자유롭고 개방된 교역이 이뤄진다면 매우 유리한 조건이다. 하지만 바로 그 조건이 교역에 가장 큰 걸림돌이 될 수도 있다. 그들은 "이웃이므로 필연적으로 적이 되고 그래서 각자의 부와 힘은 상대에게 더 무서운 것이 되며, 두 나라 국민의 우정을 키우는 데 유리한 요인이 오히려 폭력과 적의에 불을 붙일 따름"이다. 상인과 제조업자들은 상대국 경쟁자들의 기술과 활동력을 두려워한다. 그들의 시샘은 양 국민의 적대감을 부추긴다. 그들은 "이해관계에 따른 거짓"을 선언한다. 열정적이고 확신에 찬 목소리다. 그들은 상대국과 제한 없이 교역하면 "필연적인 결과"로서 불리한 무역수지가 나타나고 그에 따라 "확실한 파멸"이 올 것처럼 꾸민다.

> 유럽의 통상국 가운데 이 체계의 학자인 척하는 이들에게서 불리한 무
> 역수지에 따른 파멸이 오고 있다는 예언을 자주 듣지 않는 나라는 하나
> 도 없다. 그러나 그들이 그 모든 불안을 부추기고 통상국마다 이웃 나라
> 들을 상대로 자국의 무역수지를 유리하게 바꾸려고 그 모든 헛된 시도
> 를 했는데도 유럽에서 어느 모로 보나 이 문제로 가난해진 나라는 하나
> 도 없는 것 같다.(『국부론』 4편 3장)

반대로 자기네 항구를 모든 나라에 개방한 도시와 국가는 자유무역으로 파멸하지 않고 부유해졌다. 개방도가 높을수록 더 부유해졌다. 스미스는 영국이 식민지 무역을 독점하면서 거대한 제국을 유지할 수 있다는 환상을 깬다. "영국의 통치자들은 한 세기 전부터 대서양 서쪽에 거대한 제국을 소유하고 있다는 상상으로 사람들을 즐겁게 해주었다. 그러나 그것은 지금껏 상상으로만 존재하는 제국이었다. (…) 그것은 금광이 아니라 금광을 채굴할 계획이었다."(국부 5.3) 영국이 아메리카 식민지 무역을 독점한 것은 대다수 국민에게 손실을 초래했다. 스미스는 그러므로 "지금은 확실히 우리 통치자들이 (…) 그들 자신도 빠져 있었던

황금빛 꿈을 실현하든지, 아니면 스스로 그 꿈에서 깨어나야 할 때"라고 주장한다. 황금빛 제국 건설의 꿈을 완성할 수 없으면 포기하라고 촉구한 것이다.

스미스는 아메리카 식민지의 위기에 대한 최선의 해법은 헌법으로 모국과 식민지를 통합하는 것이라고 주장했다. 스미스를 배우려고 했던 소_小 윌리엄 피트 수상은 그런 방식으로 아일랜드와의 통합을 이뤘다. 스미스는 식민지 주민들의 정치적, 경제적 자유에 대한 열망을 이해하게끔 정치인들을 설득할 수 있기를 바랐다. 하지만 제국의 꿈과 경제적 통제력에 대한 미련을 버리지 못한 위정자들은 결국 야만적이고 값비싼 전쟁을 택했다.

스미스는 인도 문제에 대해서도 같은 목소리를 냈다. 영국 동인도회사는 인도에서 왕처럼 군림했다. 이 회사는 상인이자 군주였다. 상반되는 두 가지 성격을 동시에 지니고 있었다. "동인도회사가 상인 정신 때문에 나쁜 군주가 되었다면 마찬가지로 군주의 기질 때문에 나쁜 상인이 된 것으로 보인다."(국부 5.2) 동인도회사는 나쁜 군주와 나쁜 상인을 합쳐놓은 괴물이 된 것이다. 실제로 이 회사의 이사와 주주들은 호혜적인 교역으로 이익을 내려 하기보다는 파괴적인 전쟁과 정복에 몰두했다. "그들이 얼마나 부당하고 변덕스럽고 잔인하게 (전쟁과 평화를 결정할) 권리를 휘둘러왔는지는 최근의 경험에서 아주 잘 알 수 있다."(국부 5.1)

손목을 자르리라

．．．

"보호무역주의를 추구하는 것은 자신을 어두운 방에 가두는 것과 같다." 미국 대통령과 중국 국가주석 중 어느 쪽이 한 말일까? 시진핑 중국 국가주석이 2017년 초 스위스 다보스에서 열린 세계경제포럼 기조연설에서 한 말이다. 그는 "무역 전쟁에서는 어느 나라도 승자가 될 수 없다"라며 "지구촌을 괴롭히는 여러 문제의 책임을 세계화에 돌려서는 안 된다"고 했다. 지구촌의 엘리트가 집결한 다보스에서 중국 최고 지도자가 자유무역과 세계화를 옹호하며 목소리를 높이는 장면은 역설적이었다. 시 주석의 비판은 당시 도널드 트럼프 행정부의 보호무역주의와 고립주의에 대한 공격이었다. 냉전 후 유일한 초강대국이었던 미국은 중국의 도전을 뿌리치기 위해 첨단 기술 제품의 대중 수출을 더 엄격히 제한하려 한다. 조 바이든 행정부는 특히 중국이 가장 애타게 찾는 첨단 반도체 제조 장비 수출을 막고 있다.

2012년 당시 아베 신조 일본 총리는 공격적인 통화 살포와 재정 확대, 구조 개혁이라는 세 가지 화살로 표현되는 아베노믹스를 들고나왔다. 인구 고령화와 디플레이션으로 "우아한 쇠퇴"의 길을 갈 수밖에 없었던 일본 경제에 다시 활력을 불어넣으려는 몸부림이었다. 늙어가는 인구와 꺼져가는 성장 동력으로 '일본화'를 걱정하던 모든 나라가 아베의 저돌적인 실험에 주목했다. 유동성 홍수로 엔화 가치를 크게 떨어트리는 아베노믹스는 스미스가 지적했던 '이웃 나라 거지 만들기'와 같은 효과를 내는 것이었다. 세계 시장에서 일본 기업과 가장 치열하게 맞붙는 한국 기업들은 그만큼 혹독한 담금질을 겪을 수밖에 없었다.

세계화로 더 길고 가늘어진 글로벌 공급망에서 중요한 자리를 차지하고 있는 교역국들은 언제든 마음만 먹으면 상대국에 큰 고통을 안겨줄 수 있다. 중국과 무역 전쟁을 벌이려는 트럼프에게 당시 국가경제위원장을 맡고 있던 게리 콘은 이렇게 말한다. "중국이 정말로 우리를 망하게 하려면 그냥 항생제 수출을 끊어버리면 됩니다." 그는 페니실린 같은 주요 항생제 아홉 가지가 미국에서 생산되지 않는다는 자료를 내밀었다. 그리고 "미국의 아기들이 패혈성 인두염으로 죽어가면 엄마들에게 뭐라고 하겠느냐"고 물었다.[8]

2019년 여름 아베 정부는 한국 기업의 반도체 생산에 꼭 필요한 일본산 화학 소재 수출을 규제하겠다고 나섰다. 단 세 가지 화학 소재로 한국 주력 산업의 목줄을 죄려는 노림수였다. 중국이 항생제 수출을 끊더라도 미국 제약사들은 바로 수입 대체에 나설 수 있다. 하지만 오랜 축적의 시간이 필요한 일본의 소재와 부품 수입이 끊기면 우리 기업들은 당장 어찌할 도리가 없다. 닌자와도 같은 아베의 기습은 한국 기업에 치명상을 줄 수도 있었다. 글로벌 교역 질서의 주도권과 기술 패권을 차지하려는 미국과 중국의 난타전이 격화될수록 수출로 성장해온 한국 경제의 고민도 깊어질 수밖에 없다. 세계화의 황금시대가 조금씩 막을 내리고 각국의 보호주의 장벽이 다시 쌓이면 자유무역 체제의 최대 수혜자였던 한국은 큰 타격을 받을 수 있다.

『국부론』이 나오고 한 세기쯤 지난 1871년 일본 메이지 유신 체제의 실세들이 사절단(이와쿠라 사절단)을 꾸려 미국과 영국을 비롯한 선진 열강들을 둘러보러 떠난다. 오쿠보 도시미치, 기도 다카요시, 이토 히로부미를 포함한 정권의 실력자들은 2년 동안 이어진 여행에서 큰 충격을 받는다. 일본은 선진 열강과 비교조차 되지 않았다. 스스로 국가 발전을 이룬 영국은 특별한 교훈을 주었다. 한때 일본처럼 작은 섬나라였던 영국은 체계적인 정책으로 국력을 키워왔다. 항해법은 해상의 지배력을 키우는 데 결정적인 역할을 했다. 영국은 자국의 산업이 국제적으로 주도권을 확보하기 전까지는 보호 정책을 포기하지 않았다.[9] 일본은 애덤 스미스의 교훈을 선택적으로 받아들였다. 자유무역은 처음부터 받아들이지 않았다. 사절단의 이런 교훈은 일본 산업정책의 뼈대가 된다.

자동차 산업에서도 그랬다. 깡통 차나 만들던 일본 업체들이 세계 자동차업계의 왕좌를 지키고 있던 미국 업체들에 덤빌 수 있을 때까지 철저한 보호주의 정책을 고수했다. 포드와 GM은 1920년대에 일본에 조립 공장을 세웠다. 그 후 10년 동안 미국 차는 일본에서 새로 등록된 차의 95퍼센트를 차지했다. 일본의 임금은 훨씬 쌌으나 차를 만드는 비용은 미국보다 50퍼센트 더 들었다. 미국 업체를 몰아내려는 일본 군부의 노력은 집요했다. 두 회사는 결국 1939년에 두 손을 들고 말았다. 일본은 무역 전쟁에서 싸우는 법을 일찍이 터득했다.

일본은 제2차 세계대전 때 미국 군인들이 더 용감해서가 아니라 미국 산업이 더 강해서 이길 수 없었음을 깨달았다. 1950년 일본은 3만 2000대의 차를 만들었다. 미국이 하루 반이면 만들 수 있는 물량이었다. 1974년 일본은 서독을 제치고 세계 최대 자동차 수출국이 됐다. 1980년에는 1100만 대를 생산해 미국마저 밀어내고 세계 최대 자동차 생산국이 됐다. 당시 『뉴욕타임스』는 이렇게 보도했다. '디트로이트가 세계의 규칙을 정하던 때가 있었다. 새로운 세계는 일본의 것으로 보인다.'[10]

미국 업계는 일본 정부의 보조금과 악착같은 보호무역주의를 탓했다. 그러나 1985년 플라자합의 후 달러 가치가 가파르게 떨어져 미국에서 수입차 가격이 크게 올랐을 때도 일제 자동차 수입은 계속 늘어났다. 일본 자동차업체가 대량생산 방식으로 미국과 겨루기에는 일본 국내 시장이 너무 좁았다. 고객의 요구와 취향에 맞춰 제품을 다양화하는 수밖에 없었다. 그들은 규모보다 속도로 경쟁해야 했다. 새로운 모델을 더 빨리 설계하고 생산을 더 빨리 안정화하면서 경쟁자의 성공은 재빨리 베끼고 자신의 실수는 더 빨리 바로잡아야 했다. 생산은 더 유연해야 했다. 미국 노동자들은 지극히 단순한 작업을 지치도록 반복했으나 일본 노동자들은 다목적 기계를 다루며 눈에 불을 켜고 개선할 점을 찾았다. '적시 생산'을 위해서는 자동차 조립 공장 앞에 대기하는 부품 트럭에서 협력업체 직원들이 새우잠을 자야 했다.

"포테이토 칩이나 컴퓨터 칩이나, 무엇이 다른가? 칩은 다 같은 칩 아닌가? 포테이토 칩 100달러어치는 마이크로 칩 100달러어치와 교환할 수 있다. 미국이 반도체 칩을 만들든 감자칩을 만들든 무슨 문제란 말인가?" 이 말을 한 이는 아버지 부시 대통령 당시 백악관 경제자문위원장이던 마이클 보스킨으로 '알려졌다'. 숱한 칼럼과 논문이 그렇게 전한다. 그러나 정작 본인은 그런 말을 한 적이 없다며 단호히 부인했다. 보스킨은 미국 기업경영학회가 주는 1998년 애덤 스미스 상 수상 강연에서 보도가 나오기 전에는 들어본 적도 없는 말이라고 했다. 그래도 언론인과 학자들은 "그는 부인하지만"이라는 한마디를 덧붙이며 여전히 그 유명한 문구를 퍼 날랐다.

보스킨은 부시 행정부가 고화질HD TV 업계에 보조금을 줘야 한다는 업계와 의회의 압력에 맞서 수십억 달러의 낭비를 막았다고 자랑스러워했다. 당시 핵심 산업 경쟁력에서 일본에 밀릴 것을 우려한 이들은 정부가 전략 산업을 선정해 집중적으로 지원해야 한다고 주장했다. 보스킨은 자신이 그런 산업 정책을 반대하자 마치 그가 '포테이토 칩과 컴퓨터 칩' 이야기를 한 것처럼 잘못 알려진 것 같다고 했다.

반도체 칩이나 감자칩이나 다를 바 없다는 것은 비교우위를 중시하는 자유무역론자들의 논리다. 자유무역을 설파하는 경제학자 자그디시 바그와티는 2010년 한 칼럼에서 이렇게 주장한다. "당신은 반도체 칩을 만들어서 감자칩과 바꾼 다음에 그걸 우적우적 먹으면서 TV를 보다 얼간이가 될 수 있다. 반대로 감자칩을 생산해서 반도체 칩과 교환하고 그걸 PC에 넣어서 컴퓨터 천재가 될 수도 있다. 요컨대 당신이 어떤 사람이 될지, 경제와 사회가 어떻게 달라질지는 당신이 무엇을 생산하느냐가 아니라 무엇을 소비하느냐에 달려 있다."

아버지 부시 행정부 시절은 소련이 무너지고 미국이 유일한 초강대국이 된 때였다. 미국이 어떤 산업에서 밀리더라도 다른 산업에서 더 앞서나가면 그만이었다. 한 세대가 지난 지금은 반도체 칩을 감자칩과 똑같이 대접하자는 목소리가 잦아들 수밖에 없다. 2022년에 2800억 달러에 이르는 반도체 및 과학 지원책이 나온 것도 그런 맥락에서였다. 감자칩은 병사들의 에너지를 보충해준다. 하지만 미사일을 유도하는 것은 반도체 칩이다. 재래식 전력을 상쇄할 수 있는 똑똑한 무기는 반도체 없이 움직일 수 없다. 바다 위를 떠다니며 적 잠수함의 움직임과 교신 내용을 탐지하는 조그만 세일 드론부터 거대한 항공모함에 이르기까지 모든 무기의 지능은 반도체에 달려 있다.

바그와티가 생각한 것처럼 감자칩을 만들고도 언제든 반도체와 교환할 수 있다면 문제가 없다. 그러나 정치 논리가 경제 논리를 누를 때는 아예 반도체 공급이 막혀버릴 수도 있다. 전략적으로 수출입을 규제하는 나라들은 흔히 안보상의 이유를 든다. 스미스는 자유무역을 주창하면서도 국방을 위해서는 그 자유를 제한할 수 있다고 봤다. 오늘날 자유무역을 촉구하는 쪽이나 안보를 이유로 규제를 정당화하려는 쪽이나 모두 스미스의 책에서 자신의 논리를 뒷받침할 근거를 찾아낼 것이다.

절인 청어 이야기

조선시대에 한반도의 모든 해역에서 가장 많이 난 물고기는 청어였다. 조선 후기의 문신 성해응(1760~1839)은 "청어가 무리를 이루어 바다를 덮어오는데 사람이 배를 버리고 그 위에 설 수 있다"라고 했다.[11] 1545년에 일어난 을사사화의 여파로 성주에 유배된 문신 이문건(1494~1567)의 일기를 보면 그가 동해와 남해의 청어를 문경새재를 넘어 괴산으로 유통시켰음을 알 수 있다. 1564년 겨울에는 13만 마리의 청어를 팔았다고 한다. 영조 때의 문신 권상일(1679~1759)은 1736년 겨울 영천과 군위를 지나다 청어가 말 짐과 등짐으로 끊임없이 밀려드는 모습을 보면서 "바다가 무진장하다는 것을 알겠다"라고 했다.[12]

기름기가 많아 쉽게 상하는 청어는 가능한 한 빨리 소금에 절여야 한다. 14세기 중반 네덜란드의 빌렘 벤켈소어라는 어부가 청어 내장을 단칼에 제거해 통 속에 염장하는 기술을 개발했다. 청어 같은 어류는 배

속에 유문수라는 작은 주머니를 가지고 있는데 거기서 소화를 돕는 효소가 분비된다. 어부들은 내장을 완전히 제거하지 않고 유문수와 췌장을 남겨둔 채 염장하면 신선도가 훨씬 오래 유지되며 덤으로 맛도 더 좋다는 것을 알아냈다.[13] 염장한 청어는 길게는 2년 동안 보관할 수 있게 됐다. 그에 따라 원양어업과 장거리 교역이 가능해졌다. 사나운 날씨에도 조업할 수 있는 헤링 버스(하링 뷔스)라는 청어잡이 배도 건조됐다. 암스테르담은 청어의 뼈 위에 건설된 도시였다.

네덜란드 동인도회사 선원으로 1654년 일본 나가사키로 가다 태풍을 만나 제주도에 온 하멜은 다산처럼 강진에 유배된 적이 있다. 그는 조선에서도 청어를 만났다. 그의 동료는 조선에서 벤켈소어의 청어 염장법을 가르쳐주었다.[14] 그러나 네덜란드나 스코틀랜드, 일본과 비교하면 조선의 청어잡이는 상업과 금융을 일으키고 재정을 튼튼히 하는 데 큰 역할을 하지 못했다. 혁신과 기업가 정신을 북돋울 제도와 체제가 갖춰지지 않은 것도 그 이유 중 하나였을 것이다.

청어잡이는 애덤 스미스의 중요한 연구 주제였다. 스미스는 어업에 장려금을 주기로 한 입법부가 "지독하게 속았다"라고 주장한다. 그의 이야기를 따라가보자. 우선 청어잡이 배에 주는 장려금은 지나치게 많았다. 양질의 청어 한 통(1배럴)은 평균 1기니(21실링)에 팔린다. 외국산 소금에 절인 청어 한 통을 수출하면 현금으로 받는 장려금과 면제받는 소금세를 합쳐 1파운드 7실링(27실링)이 넘는 세금 혜택을 받을 수 있다. 정부와 일반 납세자는 그만큼 큰 부담을 진다. 더욱이 장려금은 배의 크기에 비례했다. 청어를 얼마나 많이 잡는지를 따지지 않았다. 청어를 잡기보다는 그저 장려금을 받으려고 큰 배를 만들기도 했다. 1759년에는 톤당 50실링의 장려금을 주었다. 이해 스코틀랜드 전역의 헤링 버스가 잡은 청어는 네 통에 불과했다. 한 통에 159파운드 넘는 세금을 삼킨 청어였다.

장려금은 적게는 20톤, 많게는 80톤까지 실을 수 있는 큰 배에 주는 것이었다. 네덜란드인들이 청어를 잡으려면 먼바다까지 나가야 했다. 물을 많이 싣고 염장 처리까지 할 수 있는 큰 배가 필요했다. 그러나 스코틀랜드에서는 육지 깊숙이 형성된 바다 호수로 청어 떼가 몰려들었다. 조그만 배로 잡아서 바로 뭍에 올라 처리할 수 있었다. 예전에는 이런 소형 어선을 이용한 청어잡이가 번창했다. 그러나 헤링 버스 같은 대형 어선에 장려금을 주자 소형 어선의 청어잡이는 가격 경쟁력이 떨어져 대부분 망해버렸다.

청어는 보통 사람들의 중요한 먹을거리다. 국내 시장에서 청어 가격을 낮출 수 있는 장려금은 "생활이 절대 넉넉지 않은 동포들을 구제하는 데 크게 도움을 줄 수도 있는" 제도다. 그러나 이 장려금은 스코틀랜드 지역의 특성상 청어잡이에 가장 적합한 소형선 어업을 파괴했다. 수출장려금까지 얹어주자 큰 배로 잡은 청어의 3분의 2는 외국으로 가버렸다. 당시 5년 동안 청어 한 통 값은 평균 25실링이었다. "기억이 아주 정확하고 경험이 많은 한 노인"은 50년도 더 된 옛날 양질의 청어 한 통 값이 보통 1기니(21실링)였다고 확인해주었다. 물론 스코틀랜드 연안에 청어가 귀해졌을 수도 있다. 미국 독립전쟁 후 통 값이 올랐을 수도 있다. 하지만 장려금 덕분에 청어의 시장 가격이 낮아지지 않은 것은 분명하다. 그렇다면 이처럼 후한 장려금을 받는 어업은 큰 이익을 남겼을까? 스미스는 "일반적으로 전혀 그렇지 않다고 믿을 충분한 이유"가 있다고 했다.

이러한 장려금의 일반적인 효과는 분별없는 기업가들이 잘 알지도 못하는 사업에 덤벼들도록 부추기는 것이다. 그들이 지극히 후한 정부에게서 얻을 수 있는 것보다 그들 자신의 게으름과 무지 때문에 잃는 것이 더 많다.(『국부론』4편 5장)

1750년 처음으로 청어잡이 배에 톤당 30실링의 장려금을 주기로 한 바로 그 법에 따라 자본금 50만 파운드의 주식회사가 설립됐다. 주주들은 (후한 장려금과 별도로) 14년 동안 출자금 100파운드당 매년 3파운드를 받을 수 있었다. 비슷한 어업회사가 여럿 세워졌다. 그러나 이 크고 작은 회사들은 결국 모든 자본을 날려버리고 흔적조차 남지 않았다. 그렇더라도 스미스는 모든 장려금이 불합리한 것은 아니라고 했다. 어떤 특별한 제조업이 우리 사회를 지키는 데 실제로 필요하다면 이웃 나라에 의존해 그 제품을 공급하는 것은 반드시 분별 있는 일이라고 할 수 없다. 다른 방법이 없다면 그 제조업을 지원하기 위해 다른 모든 산업 부문에 세금을 물려도 "불합리하지 않을 것"이다. 예컨대 범선의 돛이나 화약 제조를 지원하는 것은 이런 이유로 정당화될 수 있다.

그런 이유가 아니라면 특정 제조업자들을 지원하기 위해 국민 대다수가 하는 일에 세금을 물리는 것은 좀처럼 합리화할 수 없다. 물론 "대중이 어디다 써야 할지 잘 모를 만큼 큰돈을 버는" 엄청난 번영의 시기에는 선호하는 제조업에 장려금을 주어도 그리 큰 문제가 되지 않을 것이다. 그러나 "개인적인 씀씀이와 마찬가지로 공적인 지출에서도 흔히 대단한 부는 대단한 어리석음에 대한 핑계가 될 수 있다. 그렇지만 모두가 어렵고 가난한 시기에 계속 그처럼 통 크게 돈을 쓴다면 틀림없이 보통

어리석은 짓이 아니다".(국부 4.5)

스미스의 청어 이야기에는 여러 생각이 버무려져 있다. 이야기는 청어 잡이를 장려해 보통 사람들이 이 기름진 생선을 더 싸게 사 먹게 하려는 정책에 초점을 맞춘다. 아무리 좋은 뜻으로 펼치는 정책이라도 어설프게 설계하고 시행하면 역효과만 낼 수 있다. 그대로 됐으면 번창했을 부문이 몰락하기도 했다. 생선값은 오히려 비싸졌다. 스미스는 장려금을 노려 큰 배를 만들고는 고기잡이는 게을리하는 선주를 보았다. 잘 알지도 못하는 사업에 덤벼들어 세금만 축내고 자본을 다 말아먹는 기업가도 놓치지 않는다. 50년도 더 지난 시절의 청어 가격에 대한 기록을 찾지 못해 기억력이 뛰어난 노인을 만나기도 한다. 무심히 보아 넘길 수도 있을 사안을 꿰뚫어보고 두루 살피고 깊이 파헤친다. 처방도 내린다.

스미스는 네덜란드산 청어의 품질(맛)이 영국산보다 훨씬 더 훌륭하다며 "그 차이를 짐작도 못 할 것"이라고 했다.[15] 그는 모든 수출 보상금과 모든 수입 금지를 폐지해야 한다고 주장한다. 그와 관련해 영국산보다 훨씬 질 좋은 네덜란드산 염장 청어에 대해서는 반 기니의 세금을 매기라고 권고한다. 그러면 비싼 네덜란드산 청어는 상류층 식탁에만 오를 테고 영국의 생산업자들도 그처럼 높게 값을 받기 위해 자기네 상품의 품질을 높이려 할 것이다. 그대로 두면 50~60년이 지나도 이뤄지지 않을 것 같은 품질 향상이 5~6년 안에 이뤄질 수 있다.

나는 책머리에서 애덤 스미스와 정약용의 만남을 상상했다. 스코틀랜드 앞바다에 몰려드는 청어는 조선의 바다에도 떼 지어 다녔다. 이웃 일본은 청어잡이로 산업을 일으키고 있었다. 18세기 말 세계는 들썩이고 있었다. 그러나 조선의 앞바다는 고요했다. 조선의 학자들은 왜 스미스

손목을 자르리라

처럼 치밀하고 깊이 있게 청어잡이를 논하지 않았을까?

금이냐 황소냐

콜럼버스 이후 신대륙에서 모험 사업을 벌이도록 스페인 사람들을 부추긴 것은 모두 같은 동기였다. 그것은 금에 대한 "거부할 수 없는 갈망"이었다.(국부 4.7)

> 아메리카 발견 후 한동안 어느 곳이든 미지의 해안에 이른 스페인인들의 첫 질문은 흔히 가까운 곳에 금이나 은이 있느냐는 것이었다. (…) 타타르인들은 자주 그[16]에게 프랑스 왕국에 양과 소가 많이 있느냐고 묻곤 했다.(『국부론』 4편 1장)

한 나라의 부는 금은을 얼마나 많이 가지고 있느냐가 아니라 노동과 기술로 필요한 것을 얼마나 많이 생산할 수 있느냐에 달려 있다. 스미스는 "부는 화폐 혹은 금과 은으로 이뤄져 있다는 생각은 화폐가 거래의 수단으로서, 그리고 가치의 척도로서 이중적인 기능을 하는 데서 자연히 생기는 통속적인 관념"이라고 했다. 그러므로 "부가 화폐나 금은이 아니라 그것들로 살 수 있는 뭔가로 이뤄진다는 점을 진지하게 증명하려 한다면 너무나 우스꽝스러운 일"일 것이다.(국부 4.1) 어떤 나라든 "불필요하게 많은 금과 은을 들여와 국내에 잡아둠으로써 부를 늘리려 한다면 가정에서 불필요하게 많은 부엌 세간을 가짐으로써 좋은 음식을 늘리려는 것만큼이나 어리석은 일"이 될 것이다. 한 나라가 외국과 전쟁을 할 때도 꼭 금과 은을 쌓아둘 필요는 없다. 함대와 육군을 유지하는 데 필요한 것은 금은이 아니라 쓸 수 있는 물자들이다.

중세의 유럽과 아랍 사람들은 금을 찾아 아프리카 대륙 깊숙이 들어갔다. 그들은 금과 맞바꿀 여러 물품을 갖고 갔다. 아프리카인들이 금보다 귀하게 여기던 은과 구리 동전도 가져갔다. 그러나 아프리카 오지의 원주민들이 가장 절실하게 원하는 건 따로 있었다. 바로 소금이었다. 사막의 대상(카라반)들은 까마득한 옛날부터 소금과 비단, 황금, 향신료, 노예를 실어날랐다. '커다란 배꼽을 가진 수호자의 샘'이라는 뜻을 가진 황금의 도시 팀북투는 14세기 서아프리카 종교와 문화의 중심지로 칸칸 무사 왕의 지배 아래 있었다. 메카로 순례를 가던 길에 무사 왕이 카이로의 신하들에게 얼마나 많은 금을 나눠줬던지 이집트의 금값은 그 후 10년 동안 바닥을 기었다.[17]

소금을 나르는 길은 멀고 험했다. 사람들은 뜨거운 모래바람에 눈이 멀거나 목이 타 죽기도 했다. 낙타조차 지쳐 더 나아가지 못하면 큰 소금 덩어리를 쪼개 사람들이 이고 가야 했다. 목숨을 걸고 운반한 소금은 비싸게 팔렸다. 1온스의 소금이 같은 무게의 금과 교환될 때도 많았다. 하지만 원주민들 눈에는 몸을 치장하거나 부를 과시하기 위한 금속 덩어리보다 생명을 유지하는 데 없어서는 안 될 소금이 훨씬 더 값진 것이었다.

지난 몇천 년 동안 인류가 캐낸 금은 모두 20만 톤 남짓이다. 모두 한데 모아 정육면체를 만들면 가로, 세로, 높이가 22미터가 된다. 인류가 기적 같은 연금술을 발명하지 못하는 한 금 공급은 극히 제한적일 수밖

손목을 자르리라

에 없다. 아름다움을 좇고 부와 권력을 탐하며 안전을 희구하는 인간의 욕망이 사라지지 않는 한 금 수요는 늘 춤을 출 것이다. 매혹적인 빛을 내는 이 금속은 녹슬지 않는다. 아무리 단단한 강철이라도 세월의 무게는 이기지 못한다. 하지만 금은 아무리 오랜 시간이 지나도 파괴되지 않는다. 인간은 그런 영원성에 집착한다. 금은 늘 종교적인 아우라를 지녔으며 부와 권력을 상징했다.

금을 최고의 안전 자산으로 여기는 사람들은 그 희소성과 불변성을 높이 산다. 금은 전쟁이나 혁명 같은 격변과 혼란의 시기에 더욱 빛난다. 스미스가 걱정한 대로 종이돈에 대한 믿음이 흔들릴수록 금의 안정감은 돋보인다. 1946년 여름 한때 헝가리의 물가는 15시간마다 두 배로 치솟았다. 2008년 겨울 짐바브웨에서는 물건값이 3.7일마다 두 배로 뛰었다. 이럴 때 금은 구매력을 지킬 수 있는 가장 좋은 피난처였다.

모든 금융자산은 누군가의 청구권인 동시에 누군가의 빚이다. 상대방이 빚을 갚겠다는 약속을 저버리면 금융자산은 휴짓조각이 될 수 있다. 금을 갖고 있으면 빚쟁이들이 믿음을 저버릴까 애태울 필요가 없다. 그렇더라도 롤러코스터를 타는 금값의 역사를 돌아보면 가장 안전한 자산으로 여겨지는 금이 가장 위험한 투기 대상이 되는 역설을 볼 수 있다.

장롱이나 은행 금고에 쌓아둔 금은 스스로 부를 창출하지 않는다. 아프리카 원주민들이 보여준 것처럼 금은 우리가 절실히 원하는 뭔가를 얻기 위한 수단일 뿐이다. 스미스는 금과 은이 곧 부가 아니라는 통찰로 당대의 뿌리 깊은 오해를 바로잡으려 했다. 중요한 것은 인간의 노동으로 창출하는 가치다. 그리고 생산물이나 노동 자체를 살 수 있는 구매력이다.

쉽게 번 돈은 헛되이 써버리기 쉽다. 16세기의 스페인이 그랬다. 유럽은 신대륙에서 엄청난 부를 약탈했다. 유럽의 금과 은 보유량은 한 세기 전의 다섯 배에 이르렀다고 한다. 신대륙을 선점한 스페인의 세비야에는 1564년 한 해 동안에만 154척의 배가 금은보화를 부려놓았다.[18] 이 나라는 사치품을 사들이고 제국의 위엄을 세우는 데 열중했다. 한탕주의에 물든 국민은 인내와 절제를 잃어갔다. 군주는 자신의 영광을 위해 국부를 탕진했다. 스페인은 지나치게 많은 빚을 지고 되풀이되는 위기를 겪다 당시에는 생소했던 국가 부도의 선례를 남겼다. 결국에는 신흥 제국에 밀려 급속히 쇠퇴한다.

지구의 경제적인 무게중심은 끊임없이 움직인다. 알리안츠 금융그룹 조사팀은 2021년 초에 낸 보고서에서 각국의 명목 GDP를 가중치로 구한 세계 경제 중심점(구의 무게중심을 지표에 표시한 점)이 줄곧 서진하다 2002년 방향을 틀어 아시아로 이동 중이라고 밝혔다. 팬데믹 위기 이후 속도가 빨라지고 있는 이 점은 현재 중동을 지나고 있으며 2030년 중국과 인도, 파키스탄이 만나는 지점에 이를 것으로 내다봤다.[19] 중국의 GDP는 미국의 4분의 3 수준이지만 2030년에는 세계 1위가 될 것으로 전망했다. 그 전에 전망한 것보다 2년 앞당긴 것이다. 당초 중국 경제가 2030년 미국을 제칠 것으로 봤던 노무라증권도 2020년 말 보고서에서 그 시점을 2년 앞당겼다. 위안화 가치가 더 오르면 2026년 역전도 가능하리라 봤다. 물론 각국의 물가 차이를 고려한 구매력평가PPP 환율을 적용하면 중국은 이미 세계 최대 경제국이다.

매킨지글로벌연구소에 따르면 첫 밀레니엄 내내 중앙아시아에 머물던 세계 경제의 중심은 산업혁명 때 빠르게 유럽 쪽으로 옮겨간다. 그 후

손목을 자르리라

미국 쪽으로 계속 서진하다 20세기 중반에 방향을 튼다. 일본과 아시아의 네 마리 용에 이어 중국이 고속 성장을 이어가면서 중심 이동은 빨라진다. 2030년의 경제 중심은 서기 1년과 비슷한 지점에 이를 것이다. 지구촌 부의 동진에는 거칠 게 없는 듯하다. 그러나 최근 추세만으로 앞날을 내다보면 큰 변곡점을 놓칠 위험이 있다. 중국 인구는 2029년부터 한 해 500만 명씩 줄어든다. 양적 성장은 갈수록 어려워질 것이다. 한때 빠른 성장을 이끌었던 권위주의 체제가 창조적 파괴가 가능한 포용적 제도를 받아들일 수 있느냐가 문제다.

21세기는 확실히 아시아의 세기가 될까? 변화는 새로운 상상력을 요구한다. 거대한 힘의 이동에 맥없이 휩쓸리지 않으려면 부의 창출 과정에서 필수 불가결한 존재가 돼야 한다. 지구촌에서 갑자기 한국이 사라졌다고 해보자. 그럴 때 누구도 충격을 받지 않는다면 한국은 의미 없는 존재다. 20세기에는 석유가 없으면 모든 게 멈췄다. 21세기에는 반도체를 못 구하면 아무것도 할 수 없다. 그럴수록 한국과 대만의 전략적 가치는 커진다. 문제는 글로벌 공급망에서 핵심적인 위치를 지킬 수 있느냐다.

애덤 스미스가 태어났을 때 무역 강국 네덜란드의 1인당 GDP(2011년 구매력평가 기준)는 3500달러 남짓했다. 당시 영국보다 40퍼센트 가까이 많았다. 하지만 19세기 초에는 산업혁명을 일으키고 바다를 누빈 영국이 네덜란드보다 더 부유한 나라가 됐다. 미국이 독립하고 한 세기가 지났을 때 1인당 소득은 여전히 영국의 85퍼센트 수준이었다. 20세기에 접어들자 미국은 확실히 영국을 제치고 지구촌에서 가장 부유한 나라가 됐다.

두 차례의 세계대전이 끝난 1945년 강대국들의 새로운 각축전이 시작됐다. 종전 이듬해 일본의 1인당 GDP는 영국의 4분의 1에 불과했다. 하지만 1980년대 일본의 소득 수준은 영국을 제쳤다. 독일은 종전 직후 1인당 소득이 영국의 3분의 1에 불과했으나 한 세대도 안 지난 1970년대부터 영국을 능가하는 부자 나라가 됐다. 소련의 위협을 막는 게 급했던 미국은 이들 나라에 전쟁 범죄의 대가를 치르게 하는 대신 경제 부흥을 지원했다. 전후 두 세대가 지나면서 각축전의 양상은 또 한 번 크게 바뀌고 있다. '우아한 쇠퇴'를 숙명으로 받아들이는 듯했던 일본은

[그림 7-1] 부의 이동

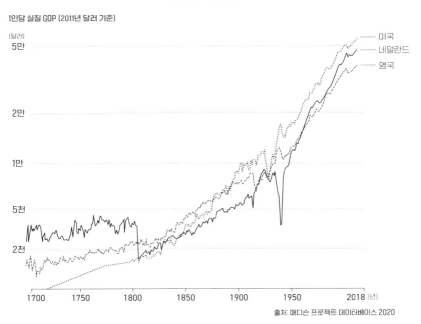

1인당 실질 GDP (2011년 달러 기준)

출처: 매디슨 프로젝트 데이터베이스 2020

손목을 자르리라

아베노믹스 이후 마지막 힘을 모아보려 했다. 또 다른 전쟁을 막으려 유럽을 하나의 공동체로 묶으려 한 독일은 그 덕분에 늙은 대륙에서도 그나마 활력을 유지할 수 있었다.

산업혁명 이후 강대국의 부침을 보면 하나의 일관된 패턴을 발견할수 있다. 경제발전에 늦은 나라가 앞선 나라를 쫓을 때는 참으로 민첩하지만 일단 선두권에 이르면 급속히 둔해진다는 점이다. 앞선 자가 이미 걸었던 길을 일직선으로 질주할 때보다 스스로 미로를 찾아가야 할 때속도가 느려지는 것은 당연하다.

18세기의 네덜란드는 작지만 강력한 벤처기업이었다. 모험 자본을 모아 놀라운 성공을 거두었다. 그러나 기업이 성숙기에 접어들자 벤처 정신은 쇠퇴했다. 일찍이 애덤 스미스가 꿰뚫어봤듯이 이윤이 감소하는 것은 더 많은 자본을 투자하고 더 큰 번영을 이룬 데 따르는 자연스러운결과였다. 부자가 된 네덜란드의 정부는 2퍼센트, 신용 좋은 개인은 3퍼센트 이자로 돈을 빌릴 수 있었다. 하지만 국내에서 돈을 굴릴 곳을 찾기는 더 어려워졌다. 부자가 된 기업가들은 모험에 나서기보다는 목가적인 삶을 원했다. 쌓아둔 자본은 신흥 벤처인 영국에 투자했다. 자본을 가진 계층과 못 가진 계층 간 부의 불평등은 커졌다. 영국이라는 거대기업이 성숙기에 접어들었을 때도 같은 현상이 나타났다. 영국의 자본은새롭게 떠오르는 미국으로 몰려갔다. 한때 자본이 가장 부족했던 일본은 이제 자본을 가장 많이 수출하는 나라가 됐다.

1945년 한국의 1인당 GDP는 2011년 구매력평가 기준으로 900달러남짓했다. 당시 일본의 3분의 1에 불과했다. 일본이 한껏 기세를 올리던 1980년대 초에는 4분의 1로 더 낮아졌다. 그러나 2018년에는 역전했다. 역사상 처음으로 골든 크로스가 발생한 것이다. 2022년 국제통화기금IMF이 추정한 구매력 기준 1인당 GDP는 한국이 5만3574달러로 일본(4만8812달러)보다 10퍼센트 가까이 많았다(에필로그 [그림 a, b]를 보라). 시장환율 기준으로도 곧 역전이 이뤄질 수 있다. 그러나 반세기 동안 질주한 한국은 급속히 지치고 노쇠해질 수도 있다. 부족한 것은 자원이 아니다. 자원은 사면 된다. 과거 일본은 부족한 자원을 확보하고자 동아시아를 통째로 삼키려 했다. 하지만 패전 후에는 석유든 철광석이든 살 수 있다는 것을 깨달았다.

지난 3세기 동안 강대국의 부침을 연구한 하버드대학의 역사학자 데이비드 랜즈는 이렇게 정리했다. 경제발전에 필수적인 것은 자원도 아니고 자본도 아니다. 미지의 세계에 도전하는 모험 정신과 경영 능력이다. 지난 70년 한국은 지구촌에서 가장 놀라운 벤처기업이었다. 지금은 어떤가?

제 9 장

우리는
모두 상인이다

스미스는 봉건질서의 예속이 독립적인 개인의 거래관계로 대체되는 상업사회를
옹호했다. 전장에서 싸우지 않고 시장에서 경쟁하는 체제는 경제적 자유를 증진
하고 혁신을 촉진할 수 있다. 그러나 독점과 연고주의의 폐해를 낳는다. 스미스는
당대 거상들을 비판하며 지대추구를 공격한다. 사람들을 체스판의 말로 보는 독
선적인 체제 개혁은 반대한다.

||||

끔찍한 전화에 휩싸인 키이우(키예프). 미사일이 폭발하는 도시에서 맥도
널드의 황금 아치는 초현실적이다. 햄버거를 팔던 곳은 모두 문을 닫았
다. 적군에 맞서는 사람들에게 먹을 것을 나눠주기는 한다. 그러나 따뜻
한 빅맥을 기대하는 이는 아무도 없다. 우크라이나에서 처음으로 맥도
널드가 문을 연 건 1997년이다. 2022년 초 점포는 109곳에 달했다. 이
나라와 전쟁을 벌이는 러시아에도 1990년부터 곳곳에 황금 아치가 들
어섰다. 점포는 850곳에 이르렀다. 러시아가 우크라이나의 크림반도를
침공한 2014년에는 430여 곳이었는데 그새 두 배로 늘었다. 두 나라 국
민은 똑같이 빅맥을 즐겼다. 그러나 그 일상은 처참하게 무너졌다.

나는 지구촌 곳곳에서 빅맥을 먹었다. 2000년 겨울 세계경제포럼이
열리는 스위스 다보스에서도 한 곳뿐인 맥도널드를 자주 찾았다. 하지
만 반세계화 시위대가 그 가게를 때려 부수는 바람에 훨씬 더 비싼 식
당 앞에 줄을 서야 했다. 2007년 여름 모스크바에서는 맥도널드 매장마
다 주문자들이 길게 줄을 선 것을 보고 놀랐다. 러시아인들은 이미 오래

전에 세계화에 맛을 들였다.

누구보다 여러 나라에서 빅맥을 먹어봤다고 자부하는 저널리스트가 있다. 『뉴욕타임스』 칼럼니스트 토머스 프리드먼이다. 그는 20여 년 전에 문득 떠오른 생각을 가다듬어 '분쟁 예방에 관한 황금 아치 이론'이라는 걸 내놓았다. 프리드먼은 역사적으로 맥도널드 체인을 두고 있는 두 나라가 전쟁을 벌인 예가 없었다는 사실에 주목했다. 빅맥을 즐기는 중산층이 늘어나면 그 나라 국민은 전장에 나가려고 줄을 서기보다는 햄버거 가게에서 줄을 서기를 좋아한다고 봤다.

그것은 시한부 이론이었다. 1999년 프리드먼의 『렉서스와 올리브나무』가 출간된 직후부터 이 이론을 둘러싼 공방은 가열됐다. 당시 맥도널드가 있는 유고슬라비아를 북대서양조약기구NATO가 공습하자 그 이론이 틀렸다는 비판이 쏟아졌다. 프리드먼은 반박했다. 황금 아치 이론은 내전에는 적용되지 않는다고 했다. 한 나라 안에서는 "빅맥을 먹는 이들과 빅맥에 먹힐까 겁내는 이들"(세계화 찬성론자와 반대론자)이 싸울 수 있다. 게다가 언젠가는 맥도널드가 지구촌의 거의 모든 나라에 진출할 터이므로 이 이론은 처음부터 유효 기간을 두고 내놓은 것이라고 했다.

1980년대 초 맥도널드가 진출한 나라는 30여 곳이었다. 2022년에는 120곳에 이르렀다. 지구촌의 맥도널드 점포는 4만 곳에 가깝다. 그에 따라 황금 아치 이론에 반하는 사례가 늘고 있다. 그동안 카슈미르를 둘러싸고 인도와 파키스탄이 충돌했다. 헤즈볼라 무장 세력이 있는 레바논과 이스라엘이 싸웠다. 비판자들이 드는 사례가 모두 '국가 간' 전쟁인지는 논란의 여지가 있다. 하지만 러시아와 우크라이나의 전쟁으로 더는 이 이론의 수명을 연장할 수 없게 됐다. 빅맥 자리에 델의 컴퓨터나 애플의 아이폰을 대입한 이론을 만들더라도 마찬가지일 것이다.

맥도널드는 세계화를 상징한다. 세계화의 혜택을 누리는 중산층이 늘수록 전쟁에 따른 희생과 전쟁에 반대하는 목소리는 커질 수밖에 없다. 그러나 맥도널드가 있는 두 나라도 얼마든지 전쟁을 벌일 수 있다. 한 나라를 전쟁으로 이끄는 것은 경제적 요인뿐만이 아니기 때문이다. 펠로폰네소스 전쟁사를 쓴 투키디데스는 전쟁의 동기로 명예와 공포, 이익을 들었다. 옛 소련 제국의 영광을 잃어버린 것에 분개하고 이웃 나라가 더 부강해지는 데 공포를 느끼는 블라디미르 푸틴에게 경제적 이해관계는 부차적인 것이었다. 조국의 영광을 위해서라면 아이들에게 따뜻한 햄버거를 사주는 소소한 행복쯤은 잠시 포기한들 무슨 대수냐고 생각했으리라.

인간이 늘 호모 에코노미쿠스처럼 생각하고 행동하는 건 아니다. 안정을 희구하는 중산층이 전쟁에 반대하더라도 절대적인 권력을 휘두르는 스트롱맨이 전쟁의 광기에 빠져들면 도리가 없다. 황금 아치 이론은 대중이 경제적 이해관계를 합리적으로 계산하고 이성적으로 판단하리라는 믿음에 바탕을 둔 것이다. 또 지도자가 중산층의 목소리를 잘 듣는 민주주의 체제를 상정하는 것이다. 러시아의 우크라이나 침략은 그러한 전제가 얼마나 쉽게 허물어질 수 있는지 보여줬다. 이 전쟁은 또한 세계화의 황금시대가 옛 소련 제국의 영광처럼 멀어지고 있음을 보여준다. 강대국들은 상품과 자본, 사람과 아이디어의 이동을 가로막는 장벽을 다시 쌓고 있다. 기술 패권 다툼과 비뚤어진 국가주의에서 비롯된 전쟁으로 세계는 다시 분절되고 있다. 우리는 그런 세계에서 새로운 생존법을 터득해야 한다.

상업사회와 자본주의

애덤 스미스는 서방의 여러 나라가 전쟁국가에서 상업국가로 탈바꿈할 가능성을 보았다. 물론 교역이 전쟁을 완전히 대체할 거라는 확신은 없었다. 자본주의는 그가 세상을 떠나고 반세기나 지나서야 제대로 자리를 잡을 터였다. 자본주의 체제의 엔진인 급속한 산업화나 거대한 기업들은 기껏해야 막 태동하는 단계였다. 그의 책에서 자본주의라는 말은 아예 찾아볼 수 없다.

『국부론』보다 91년 늦게 나온 『자본론 I』에서 카를 마르크스는 이렇게 쓴다. "공장제 수공업 시대는 우리에게 나침반과 화약, 활판 인쇄, 자동 시계 같은 위대한 발명품을 물려주었다. 그러나 전체적으로 보면 기계는 부수적인 역할을 했다. 애덤 스미스는 노동의 분업과 비교하면 기계는 부수적이라고 보았다. (…) 세부적인 분야의 노동자들이 결합해서 형성된 집단적인 노동자 자신이 바로 공장제 수공업 시대의 특성을 보여주는 기계다."(자본 I, 14.3) 마르크스는 "현대 공업의 혁명이 공장제 수공업에 미친 영향"을 이야기한다. "애덤 스미스에 따르면 그 시대에는 열 명이 협력해 하루 1만8000여 개의 바늘[1]을 만들었다. 그러나 이제 바늘 제조 기계 한 대가 하루 11시간 동안 14만5000개를 만든다. 성인 여성이나 소녀 한 명이 그런 기계 네 대를 관리하므로 하루에 60만 개 가까이, 일주일에 300만 개 넘게 생산한다."(자본 I, 15.8)

마르크스가 본 자본주의는 스미스가 말한 상업사회보다 더 특수한 체제였다. 스미스는 자본주의 사회보다 훨씬 폭넓은 개념으로 상업사회를 이야기한다. 상업사회는 모든 사람이 교환을 통해 살아가며, 모두가 어느 정도는 상인이 되는 사회다. 상업사회는 경제적인 발전 단계만을 의미하지 않는다. 이 사회를 이해하려면 정치와 사회, 제도와 문화의 변화를 함께 봐야 한다.

스미스는『국부론』에서 수렵, 목축, 농업, 상업 시대의 통치 체제를 비교한다. 어느 사회에서나 "부유한 자들이 지닌 탐욕과 야심, 가난한 자들이 지닌 노동을 싫어하고 당장의 편안함과 즐거움을 사랑하는 마음"이 타인의 재산권을 침해할 수 있다. "큰 재산이 있는 곳에 큰 불평등이 있다." 부유한 이들의 풍요는 가난한 이들의 분노를 불러일으키며 "가난한 이들은 흔히 결핍에 내몰리고 질투에 자극받아" 부자의 재산을 침해할 수 있다. 그러므로 어떤 사회가 값진 재산을 많이 갖게 되면 반드시 사법적인 통치가 필요해진다.(국부 5.1)

사법은 오랫동안 극도로 부패했다. 가장 훌륭한 왕조 아래서조차 평등이나 공정과는 거리가 멀었다. "큰 선물을 들고 와서 재판을 신청하는 이는 정당한 것 이상을 얻을 가능성"이 컸다. 벌금을 물리는 제도는 "불만을 사는 이가 실제로는 잘못이 없더라도 잘못했다고 판결받을 아주 강력한 이유"가 돼주었다. 그래서 스미스는 사법권의 독립을 강조한다.

사법권과 행정권이 한데 합쳐져 있으면 속된 말로 정치라고 하는 것에 정의가 자주 희생되지 않도록 하기는 어렵다.(『국부론』 5편 1장 2절)

"국가의 큰 이익을 돌보도록 위임을 받은 사람들은 (…) 흔히 그 이익을 위해 개인의 권리를 희생할 필요가 있다고 생각한다." 그러나 모든 개인의 자유는 공정한 사법행정에 달려 있다. "모든 개인이 자신이 가진 모든 권리를 확실히 안전하게 누리고 있다고 느끼게 하려면 사법권은 행정권에서 분리되어야 할 뿐만 아니라 그 권력으로부터 최대한 독립돼야 한다. 재판관이 그 권력의 변덕에 따라 그의 직위에서 제거될 수 있어서는 안 된다."(국부 5.1)

스미스는 자유가 도덕을 증진한다고 보았다. 강압에서 벗어난 상태에서 내리는 도덕적 판단은 정의의 규범을 낳고 시장과 상업의 발전을 가져온다. 농업 시대에는 부와 신분이 정치적 권위의 바탕이었다. 봉건질서 아래서 농노는 예속 상태를 벗어날 수 없었다. 스미스는 상업사회가 지배와 의존의 관계를 독립적인 개인들의 협력관계로 대체한다고 본다. 시장 거래를 통해 서로의 권리와 이익을 존중함으로써 유지할 수 있는 관계다.² 유목국가에서 "법률의 권위는 나라의 모든 구성원에게 완벽한 안전을 제공하기에 불충분"하다. 하지만 상업국가에서는 "법률의 권위가 나라에서 가장 지위가 낮은 사람까지도 보호해주기에 충분"하다. 다소 과장된 이 표현은 이전 단계에서 나타난 체제보다 상업사회가 훨씬 안전하고 자유로우며 공정하다는 점을 강조한다.

> 상업과 제조업은 점차 개인의 자유와 안전을 위한 질서와 좋은 통치를 불러왔다. (…) 그들은 이웃들과 사실상 끊임없이 전쟁을 벌이고 노예처럼 상위 계급에 의존하며 살아왔다. 이는 지금까지 나타난 (상업과 제조업의) 가장 중요한 효과이지만 이 점을 주목한 이는 거의 없었다.(『국부론』 3편 4장)

스미스가 보기에 상업사회는 봉건주의의 예속과 의존에서 벗어날 수 있는 길이었다. 상업사회에서 "각 상인이나 장인은 한 사람에 매이지 않고 수백 혹은 수천 명의 서로 다른 고객을 상대로 생계 수단을 얻으며, 그들 모두에게 어느 정도 의무를 지지만 어느 한 사람에게 완전히 의존하지는 않는다."(국부 3.4) 다른 체제보다 자연적 자유의 체제와 보편적인 풍요에 더 가까이 갈 수 있는 길이었다. 또 노예제하에서도 시민의 덕성을 키울 수 있다는 오래된 통념을 깰 수 있는 체제였다. 자유롭고 개방된 시장은 부패를 줄이고 권력을 분산하는 데 유리한 곳이었다.

상업사회가 오면서 대지주의 영향력은 갈수록 줄어들었다. "상업국가에서는 부가 흩어지지 않도록 하려는 매우 엄격한 법규에도 불구하고 한 가문에 부가 오랫동안 남아 있는 경우가 드물다. (…) 이런 식으로 두 계층의 사람들이 대중의 행복에 대단히 중요한 하나의 변혁을 불러왔는데, 그들은 공익에 봉사할 의도는 조금도 없었다. (…) 상인과 장인들은 (대지주들보다) 훨씬 덜 어리석었지만 단지 자신의 이익을 보고 행동했을 뿐이다. 그들 중 누구도 어느 한쪽의 어리석음과 다른 쪽의 부지런함이 점차로 불러오는 대변혁을 알지도 내다보지도 못했다."(국부 3.4) 전통적인 부호와 지배계급들은 사치와 과시에 바빴다. 이는 다른 생산적인 계급에 자유를 안겨주었다. 스미스가 상업사회를 옹호한 까닭을 이해하면 오늘날의 자본주의에 대해 그가 어떤 평가를 할지도 짐작해볼 수 있다. 모든 개인이 온갖 지배에서 벗어나 진정한 자유를 누리는 길로 나아갈 수 있는가? 이것이 가장 중요한 잣대일 것이다.

물론 스미스는 상업사회의 그늘을 외면하지 않았다. 그는 "상인과 제조업자들의 비열한 탐욕과 독점욕"을 누구보다 강도 높게 비판했다. 산업 현장에서 끊임없이 단순 작업만 반복하는 노동자가 "예상하지 못한 어려움을 해결하기 위해 창의력을 발휘할 기회"를 잃고 "가장 어리석고 무지한 상태"에 이를 수 있음을 경고했다. 또 상업사회는 상무 정신을 감퇴시키고 "부자와 권력자를 거의 숭배하는" 풍조 때문에 가난하고 약한 이들을 소외시킬 것으로 봤다. 스미스 사후 시장경제와 자본주의 체제가 드러낸 문제를 모두 그의 잘못된 교리 탓으로 돌리는 것은 터무니없다. 그러나 오늘날의 거대하고 견고한 불평등을 비롯해 이 체제의 온갖 구조적인 문제를 풀어나가려면 결국 스미스의 시대까지 거슬러 올라가며 상업사회를 다시 성찰하지 않을 수 없다. 스미스는 부와 덕성이 함께 갈 수 없을 때가 종종 있다고 지적한다.

> 재산을 좇는 사람은 선망하는 것을 얻기 위해 너무나 자주 덕성의 길을 포기한다. 불행히도 재산으로 이끄는 길과 덕성으로 이끄는 길은 때로 정반대 방향으로 나 있기 때문이다.(『도덕감정론』 1부 3편 3장)

스미스는 상업사회의 강점과 약점을 함께 이해하고 있었다. 남들이야 어찌 되든 오로지 자신의 이익만 챙기는 이기주의를 변호하지 않았다. 완벽하게 합리적이지만 다른 사람들과 공감하지 못하는 경제 인간을 상정하지도 않았다. 그는 보이지 않는 손에 이끌리는 시장과 가격은 늘 옳은 것이므로 정부는 손을 떼야 한다는 자유방임의 논리를 설파한 적이 없다. 그는 오히려 부자와 권력자를 추앙하고 가난하고 힘없는 이들을 멸시하는 대중의 타락한 도덕감정을 염려했다.

스미스에게 상업사회는 다른 체제보다 인간의 자유와 복리를 증진하는 데 더 유리하기 때문에 옹호할 만한 체제였다. 상업은 전쟁과 예속

우리는 모두 상인이다

을 벗어나는 길이었다. 그러나 그에게 자유는 방종과 다른 것이며 물질적 성공이나 부는 그 자체로 찬양할 것이 아니었다. 오도된 중상주의 정책이나 공공의 이익에 반하는 상인들의 행태는 자유롭고 개방된 시장의 경쟁을 가로막았다. 그럴 때 스미스는 시장의 편에 섰다. 그러나 시장은 만능이 아니었다. 보이지 않는 손은 언제나 조화를 이루는 마법의 손이 아니었다. 애덤 스미스가 바란 것은 "보편적 풍요"였다. 그 시대의 통념과 달리 높은 임금이 번영의 표시임을 밝혔다. 당시에는 급진적이었을 조세 제도를 제안하며 부의 광범위한 분배와 재분배를 지지했다.

　사회 발전은 가치관의 변화를 수반한다. 스탠퍼드대학 역사학 교수인 이언 모리스는 『가치관의 탄생』에서 인간의 가치관이 어떻게 진화했는지 탐구한다. 그의 논지는 시대의 필요가 생각을 결정한다는 것이다. 인류 역사는 필요한 에너지를 어떻게 얻느냐에 따라 수렵채집 시대, 농경 시대, 화석연료 시대로 나뉜다. 그에 따라 인구 구조와 사회 체제가 결정되고 그에 맞는 가치관이 형성된다.

　수렵채집으로 에너지를 얻는 사람들은 위계보다 평등을 중시한다. 사냥을 같이하고 먹을 것을 공평하게 나누는 소규모 집단에 위세를 부리는 권력자는 필요 없다. 수렵채집 생활을 하는 칼라하리 사막 쿵산족 사이에서 정치적 위계를 만들려는 시도는 조롱거리가 된다. 누군가가 잘난 체하면 모두 그의 말을 못 알아듣는 척한다. 그가 화를 내면 모두가 크게 웃어줫힌다. 그래도 안 되면 그만 남겨두고 가버린다. 그러나 뚜렷한 위계가 없는 사회에서 다툼이 생기면 때로 폭력에 의지해야 한다.

　농경민은 평등보다 위계를 중시한다. 폭력에는 덜 관대하다. 농업사회는 인구가 크게 늘고 더 부유해졌으나 등골이 휘는 노동과 산출물의 불평등한 분배를 받아들여야 했다. 만인과 만인의 투쟁을 막기 위한 계층 질서가 확립되고 합법적으로 폭력을 독점하는 통치 기구가 생겼다. 자기 핏줄에 재산을 물려주려는 남성은 여성의 순결에 집착했다. 이 사회에서는 가부장제가 노동을 조직화하는 데 효율적이었다. 그만큼 남성의 주도권이 강화됐다. 화석연료를 쓰는 시대의 사람들은 위계보다 평등을 중시하고 폭력은 용납하지 않는다. 인간이 화석화한 태양광 에너지를 효율적으로 추출할 수 있게 되면서 생산성이 치솟자 농노와 노예는 임금 노동자로 바뀌었다. 구시대 엘리트의 정치적 특권을 지키기 어려워지면서 민주주의가 뿌리를 내렸다. 사람들은 평등을 추구하면서도 빈부의 계층은 어느 정도 인정한다.

스미스는 위계보다 평등을 중시하고 구시대 엘리트의 특권을 거부하는 쪽으로 나아가는 가치관의 변화를 일찍이 알아보았다. 그는 농경 시대에서 화석연료 시대로 막 넘어가려는 사회를 보았다. 모리스는 기본적으로 물질이 가치관을 결정한다는 시각을 드러낸다. 스미스는 물질적인 필요보다는 상상하고 공감하는 인간에 주목했다. 그에게 가치관은 어떠한 가지 요인에 따라 결정되기보다는 사회적 상호작용을 통해 끊임없이 진화하는 것이었다.

모리스는 앞으로 100년 동안 인간의 본성과 가치관에 지난 10만 년 동안 일어난 변화보다 더 큰 변화가 나타날 것으로 본다. 호모 사피엔스가 네안데르탈인을 지구촌에서 밀어냈듯이 기술적 증강을 통해 인간의 한계를 뛰어넘은 포스트 휴먼이 그렇지 못한 현생 인류를 완전히 밀어내게 될지도 모른다. 그것은 분명 애덤 스미스가 내다볼 수 없었던 세계일 것이다. 포스트 휴먼도 스미스가 보았던 인간처럼 상상하고 공감하

우리는 모두 상인이다

며 자유와 평등과 정의를 추구하는 존재일까?

체스판의 말처럼

애덤 스미스는 체제 개혁을 반대하는 보수주의자였을까? 그가 『도덕감정론』에서 밝힌 개혁론을 들어보자.

한 나라에는 여러 사회계층과 집단이 있다. 모든 개인은 자연히 자신이 속한 계층이나 집단에 애착을 느낀다. 자신과 동료의 이익 및 허영 때문이다. 계층과 집단은 저마다 힘과 특권을 갖고 있다. 누구나 그 힘과 특권을 확장하고 싶어한다. 다른 계층이나 집단이 그것을 침해하려 하면 열심히 방어한다. 국가의 기본 구조는 계층과 집단이 어떤 식으로 나뉘고 각자의 힘과 특권이 어떻게 분배되는지에 달려 있다. 구조의 안정성은 각 계층이나 집단이 자신들의 힘과 특권을 다른 계층이나 집단의 침해로부터 얼마나 잘 지킬 수 있느냐에 달려 있다. 이때 모든 계층과 집단은 자신들의 안전을 위해 국가의 보호에 의존한다.

가장 당파적인 구성원도 모든 계층과 집단이 국가의 번영과 보존에 공헌해야 한다는 것을 인정한다. 그러나 흔히 국가의 번영과 보존을 위해 자기 계층이나 집단의 힘과 특권을 조금이라도 줄여야 한다고 그를 이해시키기는 어렵다. 당파성은 공정하지 않더라도 어떤 면에서 아예 쓸모가 없진 않다. 그것은 사회계층과 집단 사이에 확립된 균형을 유지하려는 경향이 있다. 유행과 인기에 따르는 섣부른 쇄신을 저지함으로써 체제의 안정에 도움을 주는 것이다.

우리의 나라 사랑은 보통 두 가지 원리를 따른다. 하나는 이미 확립된 체제를 존중하는 것이다. 이미 있는 국가의 기본 구조나 정부 형태는 함부로 바꿀 수 없다. 법을 존중하지 않고 집행관을 따르지 않는 이는 시민이 아니다. 다른 하나는 우리의 동료 시민들이 가능한 한 안전하고 존중받고 행복해질 수 있는 조건을 만들기를 진지하게 바라는 것이다. 힘이 닿는 한 모든 수단을 써서 동료 시민들과 사회 전체의 복리를 증진하기를 바라지 않는 이는 확실히 훌륭한 시민이라고 할 수 없다.

평화로운 시기에는 보통 이 두 가지가 같은 행동을 이끈다. 확립된 통치 체제를 지지하는 것은 분명 동료 시민들이 안전하고 존중받고 행복한 상태를 유지할 수 있도록 하는 가장 좋은 방도인 것 같다. 그러나 대중의 불만이 높아지고 당파 싸움과 무질서가 확산하는 시기에는 이 두 가지 원리가 우리를 다른 길로 이끈다. 이런 시기에는 사려 깊은 사람도 국가 구조나 정부 형태에 어떤 변화가 필요하다고 생각하는 경향이 있다. 실제로 그 체제로는 대중의 평온을 유지하기가 불가능하다는 것이 명백해 보이기 때문이다. 여기까지 설명한 스미스는 이렇게 매듭짓는다.

진정한 애국자라면 언제 기존 체제를 지지하며 그 권위를 재확립하기 위해 애써야 할지, 그리고 언제 더 담대하기는 해도 흔히 더 위험한 쇄신의 의지에 길을 내줘야 할지 결정할 수 있는 최고의 정치적 지혜가 필요할 것이다.(『도덕감정론』6부 2편 2장)

스미스는 언제 옛 체제를 지켜야 할지, 언제 새 체제로 바꿔야 할지 판단할 구체적인 기준을 제시하지는 않는다. "최고의 정치적 지혜"가 어

우리는 모두 상인이다

떤 것인지도 명확히 밝히지 않는다. 그러나 이어지는 이야기는 무릎을 치게 한다. 스미스는 체제 개혁의 바람이 어떻게 일어나는지 설명한다. 체제를 뜯어고침으로써 공공정신을 실현하려는 지도자가 있는가 하면 인간애를 바탕으로 공공정신을 실현하려는 지도자도 있다. 스미스는 제 멋대로 체제를 주무르고 뜯어고치려는 지도자의 전횡이 얼마나 위험한 지 경고한다. 마치 2세기 반을 뛰어넘어 오늘날의 정치와 사회를 보고 쓴 것 같다. 그의 이야기를 따라가보자.

다른 나라와 벌이는 전쟁과 나라 안에서 벌이는 당쟁은 공공을 위한 정신을 보여줄 가장 멋진 두 가지 기회다. 전쟁에서 나라를 위해 봉사한 영웅은 온 국민의 칭송을 받는다. 국내에서 불화가 심할 때 서로 다투는 정파의 지도자들은 동료 시민 중 절반의 칭찬을 받을지 몰라도 보통 다른 절반의 시민들에게는 욕을 먹는다. 그들의 봉사는 더욱 의심을 받는다. 전쟁에서 얻은 영광은 당쟁에서 얻은 것보다 언제나 더 순수하고 빛난다. 그러나 성공한 정파의 지도자가 충분한 권위를 발휘해 동료들이 참고 절제하며 행동하도록 설득할 수 있다면(보통은 그런 권위가 없다) 그는 가장 위대한 승리나 가장 광범위한 정복보다 국가에 훨씬 더 필요하고 중요한 일로 봉사할 수 있다. 그는 사회 구조를 재확립하고 개선할 수 있다. 한 정파의 지도자로서 의심스럽고 모호한 인물이 아니라 한 나라의 입법자이자 개혁가로서 가장 위대하고 고결한 인물처럼 행동할 수 있다. 그가 만든 지혜로운 제도는 여러 세대에 걸쳐 동료 시민들의 평온과 행복을 지켜줄 것이다.

당파 싸움에 따른 혼란의 소용돌이 속에서 어떤 '체제의 정신'은 인간 애를 바탕으로 한 공공정신과 뒤섞이기 쉽다. 인간애에 기반을 둔 공공정신은 동료 시민들이 겪을 불편과 고난에 관한 공감을 바탕으로 하는 것이다. 체제의 정신은 보통 온건한 공공정신에 활기를 불어넣는 데 그치지 않고 흔히 그 광기에 불을 붙여 광신주의로 몰아가기까지 한다. 불만을 품은 정파의 지도자들이 그럴듯한 개혁안을 내놓지 않는 경우는 드물다. 그 개혁안은 당장 불만을 사고 있는 불편을 없애고 고난을 완화할 뿐만 아니라 앞으로도 똑같은 문제가 생기지 않도록 예방하려는 것이다. 적어도 그들은 그렇게 꾸민다. 그들은 흔히 국가의 기본 구조를 바꿀 새로운 모형을 제시하며 통치 체제의 가장 본질적인 부분까지 바꾸자고 제안한다. 몇 세기 동안 대제국의 신민들이 평화와 안전, 그리고 영광까지 함께 누렸던 통치 체제를 바꾸려는 것이다. 그 정파의 다수는 보통 이상적인 체제를 상상하며 그 아름다움에 도취된다. 그것은 그들이 경험해보지 못한 체제이며, 지도자들의 웅변이 그려낸 가장 눈부신 색채로 표현된다.

그 지도자들의 애초 의도는 권력을 확대하는 것뿐이었다. 그렇더라도 시간이 지나면서 많은 지도자가 자신의 궤변에 속는다. (가장 속이기 쉬운 사람은 바로 자신이다!) 그리고 가장 약하고 어리석은 추종자들처럼 이 위대한 개혁을 열망하게 된다. 지도자들이 광신주의에서 벗어나 정신을 차리더라도 언제나 추종자들의 기대를 감히 저버리지는 못한다. 그들은 흔히 자신의 원칙이나 양심과는 반대로 공동의 망상에 빠진 것처럼 행동할 수밖에 없다. 정파의 격렬함은 모든 임시방편과 타협과 분별 있는 조정을 거부한다. 그들은 너무 많은 것을 요구함으로써 흔히 아무것도 얻지 못한다. 불편과 고난은 치유될 희망도 없이 고스란히 남아 있다. 조금만 누그러뜨리고 절제했더라면 상당 부분을 완화하고 제거할 수 있었

우리는 모두 상인이다

을 것들이다.

전적으로 인간애와 자비심을 바탕으로 한 공공정신을 지닌 지도자는 어떨까? 그는 이미 확립된 힘과 특권을 존중할 것이다. 그것들이 개인의 것이라도 존중할 테고 거대한 계층이나 집단의 것이라면 더더욱 그럴 것이다. 설사 그 힘과 특권 가운데 일부가 어느 정도 남용된다고 생각하더라도 거대한 폭력을 쓰지 않고서는 완전히 타파할 수 없는 것이라면 그 피해를 완화하는 데 만족할 것이다. 이성과 설득으로 힘과 특권을 남용하는 자들의 뿌리 깊은 편견을 물리치지 못하더라도 무력으로 그들을 제압하려 하지 않을 것이다.

"부모에게 폭력을 쓰지 않듯이 조국에 대해서도 절대 폭력을 쓰지 마라." 키케로는 이 말을 플라톤의 신성한 금언이라고 했다. 설득형 지도자는 이 금언을 신앙처럼 따를 것이다. 그는 가능한 한 확립된 관습과 편견을 고려하면서 공공의 제도를 적용할 것이다. 사람들이 복종하기를 꺼리는 규제들이 있다. 그 규제들이 없으면 겪을 불편도 있다. 이 지도자는 가능한 한 그런 불편함을 치유하려 할 것이다. 올바른 제도를 확립하는 것은 어려운 일이다. 그렇게 할 수 없을 때는 잘못된 제도를 개선하는 수도 있다. 이 지도자는 그 정도의 개선도 하찮게 여기지 않을 것이다. 그는 고대 그리스의 입법자인 솔론이 그랬듯이 최선의 법률 체계를 확립할 수 없을 때는 사람들이 참고 받아들일 수 있는 한도 내에서 최선의 체계를 수립하려 노력할 것이다.

반면에 체제형 지도자[3]는 제 딴에는 대단히 현명하다고 생각하기 쉽다. 그는 흔히 자신의 이상적인 통치 계획이 지니는 가상의 아름다움에 너무나 매혹돼 그중 어느 부분에서든 조금이라도 빗나가는 것을 참을 수 없다. 그는 그 계획에 반대할 수 있는 중대한 이해관계나 강력한 편견을 전혀 고려하지 않고 모든 부분에서 완전한 체제를 확립해나가려 한다. 그는 손으로 체스판의 여러 말을 벌여놓는 것처럼 광범위한 사회의 구성원들을 쉽게 배열할 수 있다고 생각하는 듯하다. 체스판의 말들에는 그 손이 힘을 가하는 대로 움직이는 것 말고는 달리 아무런 운동 원리가 없지만, 인간사회의 거대한 체스판에서는 말 하나하나가 자신의 운동 원리를 가지고 있으며 그 원리는 입법기관이 힘을 가하기 위해 선택할 수 있는 원리와 완전히 다르다는 것을 그는 고려하지 않는다.(『도덕감정론』 6부 2편 2장)

이 두 가지 원리가 일치해서 같은 방향으로 움직일 수도 있다. 그러면 인간사회의 게임은 순조롭고 조화롭게 진행될 것이다. 사람들은 행복하고 사회는 성공적일 것이다. 하지만 두 가지가 반대로 가면 게임은 비참하게 진행될 것이다. 사회는 언제나 가장 무질서한 상태에 머물 게 틀림없다.

정치가의 견해에는 방향성이 있어야 한다. 완벽한 정책과 법률에 관한 전반적이고 체계적인 구상이 필요하다는 것은 두말할 필요도 없다. 그러나 그 구상을 실현하는 데 필요한 모든 것을, 온갖 반대에도 불구하고 한꺼번에 확립하겠다고 고집하는 것은 틀림없이 가장 큰 오만이다. 이는 자신의 판단을 최상의 기준으로 삼아 옳고 그름을 가리는 것이다. 또 자신이 그 나라에서 유일하게 현명하고 가치 있는 사람이라 생각하는 것이며, 그가 동료 시민들에게 맞춰가는 것이 아니라 그들이 그에게

우리는 모두 상인이다

맞춰가야 한다고 생각하는 것이다.

그러므로 모든 정치적 공론가 가운데 한 나라의 군주들이야말로 가장 위험한 이들이다. 앞서 말한 오만을 가장 흔히 보여주기 때문이다. 그들은 자신의 판단이 엄청나게 우월한 것이라는 데 어떤 의문도 품지 않는다. 황제나 왕들이 개혁가로서 짐짓 겸허하게 자신이 통치하는 나라의 기본 구조를 숙고해볼 때도 자기 의지를 실행하지 못하게 가로막을 만큼 크게 잘못된 점을 알아보는 경우는 거의 없다. 그들은 플라톤의 금언을 업신여기면서 자신이 국가를 위해 존재하는 것이 아니라 국가가 자신을 위해 만들어졌다고 생각한다. 따라서 그들의 개혁에서 가장 큰 목표는 그런 걸림돌을 제거하고, 귀족들의 권위를 떨어트리고, 도시와 지방의 특권을 줄이고, 탁월한 개인과 거대한 사회계층들이 가장 약하고 하찮은 사람처럼 자신의 명령에 반대할 수 없게 하는 것이다.

스미스가 말한 체제형 지도자는 어떤 사람일까? 자기 뜻대로 체제를 주무른 스탈린이나 마오쩌둥 같은 독재자는 확실히 그런 유형에 속할 것이다. 스미스는 모든 체제 개혁을 거부하는 극단적인 보수주의자가 아니었다. 오히려 급진적이고 근본적인 개혁을 지지할 때도 많았다. 그는 고대 아테네의 솔론을 "최선의 법률 체계를 확립할 수 없을 때는 사람들이 참고 받아들일 수 있는 한도 내에서 최선의 체계를 수립하려 노력"하는 입법자의 모델로 제시했다.(도덕 6.2.2) 그렇다면 솔론은 어떤 개혁을 했을까?

솔론은 기원전 594년에 아르콘이라 불리는 집정관이 된다. 당시 아테네는 엘리트층과 보통 사람들 사이의 권력 균형을 잡는 문제로 갈등이 심했다. 가장 민주적인 '언덕의 사람들'(산지당)과 과두정치 성향이 강한

'평원의 사람들'(평지당), 혼합형 체제를 선호하는 '해안의 사람들'(해안당)이 당파를 이뤄 맞섰다. 솔론은 "어느 쪽도 부당하게 승리하도록 허용하지 않는" 개혁을 추진했다.[4] 그는 상인이자 존경받는 군사령관이었다. 부유한 이들은 그의 부를 보았고 가난한 이들은 그의 정직성을 보았다. 솔론의 개혁은 엘리트층에 맞서는 민중의 역량을 키워주면서도 엘리트층의 이익을 근본적으로 위협하지 않으려는 것이었다.

아리스토텔레스에 따르면 솔론의 시대 이전의 모든 대부는 채무자인 사람을 담보로 잡는 것이었다. 당시 아테네에는 빚을 갚지 못해 남의 종이 된 시민이 민회에서 배제되는 경우가 많았다. 솔론은 그 족쇄를 풀어 시민들의 정치 참여를 확대했다. 채무자를 담보로 잡는 대부는 금지됐다. 그는 더 자유롭고 적극적인 시민을 늘리고자 했다. 그러자면 채무 노예를 풀어주는 것만으로는 부족했다. 솔론은 토지 개혁도 단행했다. 소작인들은 지주에게서 풀려났다. 이주 제한도 풀렸다. 시민들의 민회 참여가 늘면서 기존의 권력 균형은 빠르게 재편됐다. 그는 또 아르콘을 아홉 명으로 늘려 정치적 대표성을 높였다. 하지만 전체 인구를 토지 소득에 따라 네 계급으로 나누고 상위 두 계급의 남성들만 아르콘이 될 수 있게 했다. 엘리트층은 계속해서 아르콘 회의와 사법기구(아레오파고스)를 통제할 수 있었다. 새로운 평의회(불레)에는 전통적인 네 부족이 같은 대표성을 갖도록 했다.

법 앞의 평등을 위한 사법 개혁도 단행했다. 부당한 대우를 받는 이는 누구나 소송을 제기할 수 있었다. 솔론의 개혁이 어떤 것이었는지는 '오만법'이 압축적으로 말해준다. 누구라도 오만한 행동으로 굴욕을 주거나 위협하면 소송을 당할 수 있었다. 오만의 죄를 반복적으로 저질러 처

우리는 모두 상인이다

형을 당하는 이들도 있었다. 보존된 법조문에는 상대가 어린이나 여성, 심지어 노예라도 오만의 죄를 저질러서는 안 된다고 적혀 있다.

솔론은 기존의 규범과 제도 개혁 사이에서 복잡한 줄타기를 했다. 스미스는 그가 추구한 균형을 높이 산 것으로 보인다. 솔론은 기존 체제와 규범을 완전히 뒤엎지 않았다. 하지만 보기에 따라서 대단히 근본적이고 급진적인 개혁을 단행했다. 그렇다면 그를 바람직한 개혁의 모델로 제시한 스미스가 근본적이고 급진적인 개혁을 무조건 반대하면서 기존 체제의 틀을 벗어나지 않는 현실적인 타협과 기계적인 균형만을 추구했다고 보기 어렵다.

스미스는 『국부론』에서도 솔론의 법을 이야기한다. 맥락은 이렇다. 1772년의 법률로 곡물 수출입 규제가 많이 누그러졌다. 그러나 수출장려금을 폐지하지 않은 것을 비롯해 스미스의 기대에 못 미치는 대목이 많았다. 스미스는 『국부론』 초판에서 그 법을 매우 비판적으로 평가했다. 법을 설계한 에드먼드 버크(1729~1797)는 유명한 비유를 들어 항변한다. "기하학적으로 정확한 도안을 상상하는 것은 철학자들의 특권이다. 그러나 공학자는 흔히 마찰과 저항의 불규칙성을 극복하기 위해 기계의 단순성은 물론 그 대칭의 손상도 감수해야 한다."

2년 후에 나온 『국부론』 2판에서 스미스는 상당히 유연한 자세를 보인다. "이 모든 결함에도 불구하고 우리는 이 법에 대해 사람들이 솔론의 법에 대해 했던 것과 같은 말을 할 수 있다. 그 법은 그 자체로 최선은 아닐지라도 그 시대의 이해관계와 편견, 그리고 풍조가 허용하는 한 최선이다. 그것은 때가 되면 더 나은 법률로 가는 길을 낼 수 있다."(국부 4.5) 스미스는 중농주의의 이상론을 비판할 때 이렇게 썼다.

만약 한 나라가 완전한 자유와 완전한 정의를 누리지 않고서는 번영할 수 없다면, 세상에서 번영할 수 있는 나라는 하나도 없었을 것이다.(『국부론』 4편 9장)

중상주의 성토에 목소리를 높이던 스미스는 중농주의에 대해서는 칭찬을 아끼지 않는다. 물론 초점은 이 학설의 잘못을 비판하는 데 있었다. 중농주의는 프랑스가 지나치게 중상주의로 치달은 데 따른 반작용이었다. 루이 14세 때의 재상 콜베르는 "중상주의 체계의 모든 편견"을 받아들였다. 그는 "언제나 자국민들에 반하는 독점을 요구하는 상인과 제조업자들에게 속아넘어간" 것으로 보였다. 프랑스는 외국 상품 수입을 제한함으로써 자국 제조업을 우대했다. 도시 산업을 지원하려고 농촌을 억눌렀다. 도시에 값싼 식량을 공급하려고 곡물 수출을 전면 금지했다.

프랑스 중농주의 학자들은 "한쪽으로 너무 구부러진 막대기를 바로 잡으려면 반대쪽으로 그만큼 세게 구부려야 한다"는 속담을 받아들인 듯했다. 그들은 "토지 생산물이 모든 나라에서 수입과 부의 유일하거나 주요한 원천"이라고 했다. 토지 소유자와 경작자는 생산계급이지만 제조업자와 상인들은 비생산계급으로 보았다. 제조업과 상업 부문의 고용주나 노동자는 모두 생산계급의 하인일 뿐이었다. 그러나 그들은 아주 쓸모 있는 하인이었다. 생산계급과 비생산계급 중 어느 한쪽을 억누르는 것은 다른 쪽의 이익이 될 수 없다. 중농주의 학설 체계의 "독창적이고 깊이 있는 기초자"인 케네는 "매우 사변적인" 의사였다.

사변적인 의사들은 식사와 운동을 통한 어떤 정확한 섭생법으로만 사람몸의 건강을 유지할 수 있다고 생각한 것 같다. 그 섭생법을 조금만 어겨도 그때마다 위반의 정도에 비례해 어느 정도 질병이나 장애가 반드시 나타난다는 것이다.(『국부론』 4편 9장)

스미스는 중상주의를 비판할 때도 섭생법의 비유를 들었다. "가장 튼튼한 사람만이 몸에 좋지 않은 섭생법으로도 살아가고 건강을 누릴 수 있듯이 모든 산업에서 대단한 우위를 보유한 나라들만이 그런 (폭넓은) 세금을 물려도 존속하고 번영할 수 있다. 유럽에서는 네덜란드가 그런 나라다."(국부 4.2) 그는 중농주의를 비판할 때 다시 그 비유를 들고나온다. 섭생법의 비유는 경제를 순환하는 체계로 이해하는 이 학파에 적합한 것이었다. 경험에 비춰볼 때 사람의 몸은 건강에 좋다는 것과는 거리가 먼 섭생법으로도 완벽한 건강 상태를 유지하는 경우가 많다. 사람의 몸 안에서 잘못된 섭생법의 나쁜 효과를 예방하거나 바로잡을 수 있는 원리가 작동하기 때문일 것이다.

케네의 생각은 달랐다. "매우 사변적인 의사인 케네는 인간의 신체와 같이 국가의 정체도 어떤 정확한 섭생법으로만 번창할 수 있다고 생각한 것 같다. 완전한 자유와 완전한 정의라는 섭생법이 그것이다. 그는 모든 사람이 자신의 조건을 개선하려고 끊임없이 노력하는 것이 어느 정도 편향되고 억압적인 정치경제 체계의 나쁜 효과를 예방하고 바로잡을 수 있는 행동 원리라는 점을 고려하지 않은 것 같다." 다행히 "자연의 지혜"는 인간의 어리석음과 부정의에 따른 나쁜 효과를 치유해줄 넉넉한 대비책을 마련해주었다.

스미스가 보기에 제조업자와 상인들을 싸잡아 비생산적인 계급으로 치부한 것은 중농주의의 가장 큰 잘못이었다. 토지를 경작하는 것만이 생산적인 노동이라고 본 것은 지나치게 편협한 생각이었다. 그러나 스미스는 중농주의가 "그 모든 결함에도 불구하고 정치경제학의 주제로 발표된 학설 가운데 아마도 진리에 가장 가까울" 것이라고 했다. 특히 국가의 부는 화폐가 아니라 그 사회의 노동으로 해마다 생산하는 재화에 있다는 생각, 그리고 완전한 자유의 체제가 연간 생산을 최대화하는 유일하게 효과적인 길이라는 생각을 높이 샀다.

당시 유럽 여러 나라가 제조업과 대외 무역을 중시한 것과 대조적으로 중국은 농업을 중시하며 대외 무역을 억눌렀다. 중국은 스스로 고립을 택한 나라였다. 이 제국에는 광활한 영토와 거대한 인구, 광범위한 수상운송 체계가 있었다. 유럽의 모든 나라를 합한 것만큼이나 큰 국내 시장에서 분업을 통한 제조업 발전을 꾀할 수 있었다. 스미스가 강조했듯이 제조업 발전은 분업에 의존하며 분업은 시장의 크기에 달려 있다. 외국과 자유롭게 교역하며 시장을 더 키웠다면 중국 제조업의 생산력은 놀랄 만큼 커졌을 것이다. 중국은 다른 나라에서 생산할 수 있는 모든 기계를 스스로 제작할 수도 있었을 것이다. 그러나 이 나라에는 중농주의자들이 강조하는 자유가 없었다. 스미스는 "지금과 같은 정책으로는 중국이 스스로 발전할 기회가 거의 없다"라고 했다.

중농주의 비판에서 보듯이 스미스는 사변적인 이론과 확실치 않은 추론, 이상론을 경계했다. 한쪽 극단으로 쏠렸던 학설 체계가 다시 그 반대편 극단으로 쏠리는 문제도 지적했다. "한쪽으로 구부러진 막대를 바로잡으려 반대쪽으로 그만큼 세게 구부려야 하는" 것은 모든 대립하는 진영이 안고 있는 문제일 것이다.

혁신의 예언자

애덤 스미스는 "정도의 차이는 있어도 모든 사람이 이득을 볼 가능성은 과대평가하고 대부분의 사람이 손실을 볼 가능성은 과소평가한다"라고 밝혔다.(국부 1.10) 이러한 낙관은 사실 기업을 일으키고 투자를 감행하는 데 필요한 것이다. 훗날 케인스는 리스크에 대한 이러한 태도를 "야성적 충동"으로 표현했다. 경제의 활력을 잃지 않게 하려면 자본을 가지고 기꺼이 리스크를 안으려는 이들을 억누르지 말고 자유롭게 활동할 수 있도록 해야 한다.

요제프 알로이스 슘페터는 스미스 사후 한 세기쯤 지났을 때 오스트리아-헝가리제국 모라비아(지금의 체코 동부) 지방의 소도시에서 태어났다. 자본주의 체제를 뒤엎는 혁명이 왜 불가피한지 증명하려 했던 마르크스가 사망한 해였다. 슘페터는 합스부르크 제국의 최후를 지켜보며 자본주의라는 수수께끼를 푸는 데 열중했다. 영국을 "자본주의 문명의 극치"로 본 그는 20대 초반에 런던에 갔다. 그는 대영박물관의 쥐죽은 듯 고요한 독서실에 앉아 있곤 했다. 형편없는 옷차림의 마르크스가 『자본론』을 쓰던 그 자리였다.

슘페터는 마르크스 이론의 폭과 깊이를 높이 평가하면서도 그가 잘못 짚은 여러 가지를 반박한다. 사회계급을 지나치게 단순화한 마르크스는 생산수단을 소유한 자본가와 그렇지 못한 노동자를 대립시켰다. 노동력은 결코 자본이 아니며 노동자는 "시장에 하나의 상품으로 자신의 가죽을 내놓는다 해도" 자본가가 아니었다.[5] 슘페터는 노동자를 단순히 하나의 계급으로만 봐서는 안 된다고 본다. 비범한 지성과 열정을 지

닌 노동자가 사업을 일으켜 스스로 자본가로 거듭날 수 있기 때문이다.[6]

슘페터는 또 마르크스가 기업가와 자본가를 구별하지 못했다고 지적한다. 기업가는 그저 일상적인 생산과 소비의 과정을 지켜보는 제조업자나 상인을 일컫는 말이 아니다. 단순히 사주나 경영자를 의미하는 말도 아니다. 기업가는 비전 있는 리더로서 끈질기게 혁신을 추구하며 미래를 만들어가는 사람이다. 그를 움직이는 추동력은 돈에 대한 사랑이 아니라 나만의 제국을 건설하고 지배하겠다는 욕망과 창조하고 성취하는 기쁨이다.[7] 자본주의 제도 아래서는 자본이 없는 사람도 기업을 꾸릴 기회를 얻을 수 있다. 자본가가 아닌 기업가는 사업에 실패할 때 다른 사람의 돈을 잃게 된다. "기업가적 이윤"은 성공한 혁신에 대한 보상이다.

낡은 기업이 밀려나고 새 기업이 탄생하는 자본주의 체제는 승자와 패자를 낳게 마련이다. 승리자들이 모든 보상을 독차지하더라도 그것은 한때뿐이다. 모방자들이 혁신을 베끼게 되면서 결국 경쟁이 이익을 갉아먹는다. 사회계급의 상층부도 물갈이된다. "사람들이 꽉 들어찬 호텔 같아도 그곳에 머무는 사람은 늘 달라지는" 것이나 마찬가지다. '창조적 파괴'라는 말은 슘페터가 낡은 것을 대체하는 자본주의적 혁신을 설명하려고 1942년에 처음으로 쓴 말이다. 창조적 파괴가 진보를 위한 대가라면 올바른 순서가 중요하다. 창조와 파괴의 순서를 뒤바꾸려고 시도했을 때는 흔히 참혹한 결과가 따랐다. 1960년대 중국의 문화대혁명 때 마오쩌둥의 강령은 이랬다. "먼저 파괴하라. 그러면 건설은 따라올 것이다."[8]

슘페터가 보기에 자본주의는 내재적인 회복력을 지닌 역동적인 체제였다. 창조적 파괴는 자본주의의 본질적인 요소였다. '안정된 자본주의'는 모순된 말이었다. 그가 『자본주의·사회주의·민주주의』에서 썼듯이

우리는 모두 상인이다

기업가는 "발밑에서 무너지는 땅에 서 있는" 사람들이다. 가만히 서 있으면 살아남을 수 없다. 자본주의 체제의 혁신 경쟁은 냉혹하다. 누군가는 피를 흘리게 된다. 시장은 혁신에 실패한 기업을 가차 없이 몰아낸다. 기술과 시장 변화가 갈수록 빨라지는 가속의 시대에는 아무리 혁신적인 기업이라도 한순간에 무너질 수 있다. 파괴적 혁신이 몰고 올 불안과 공포는 극대화된다. 한때 14만 명의 직원을 거느렸던 132년 전통의 코닥은 인스타그램에 밀려 무너졌다. 페이스북이 인스타그램을 10억 달러에 사들일 때 이 회사 직원은 고작 열다섯 명이었다.

콜레주 드 프랑스 교수인 필리프 아기옹의 혁신과 성장에 관한 이론은 '슘페터 패러다임'으로 불린다. 혁신은 창조적 파괴의 과정이며 혁신가들이 기존의 혁신가를 밀어내고 또 다른 혁신가에게 밀려나는 체제를 규명하기 때문이다. 아기옹에 따르면 혁신을 장려하기 위해서는 특허 제도를 통해 혁신에 따른 수익을 보호해주는 것이 중요하다. 하지만 혁신가가 왕관을 너무 오래 쓰고 있으면 혁신을 저해할 수도 있다. 그는 자신의 혁신을 무용지물로 만들어버릴 새로운 혁신이 등장하는 것을 막으려고 자원을 쏟아부을 것이다. 그렇게 되면 결국 기득권만 살아남고 혁신적인 기업가는 소멸해버릴지도 모른다.

실제로 오늘날 혁신의 동력은 약해지고 있을까? 학자들의 견해는 엇갈린다. 노스웨스턴대학의 경제사학자 로버트 고든은 대표적인 비관론자다. 그는 낮은 가지의 과일을 다 따 먹었을 때처럼 혁신의 열매를 얻기란 갈수록 힘들어지리라 본다. 1958년 보잉 707기가 첫 비행을 했을 때 로스앤젤레스에서 뉴욕까지 날아가는 데 4.8시간이 걸렸다. 오늘날 두 도시를 오가는 항공기들의 평균 비행 시간은 5.6시간이다. 같은 대학의 경제사학자 조엘 모키르의 견해는 그 반대다. 정보통신 기술 혁명으로 혁신적인 아이디어는 더 쉽게 지구촌 전체로 퍼져나갈 수 있다. 혁신으로 얻을 수 있는 이익이 커진 만큼 혁신하지 않는 데 따르는 손실도 더 커졌다. 생명과학의 발전은 뇌의 노화 속도도 늦춰줄 것이다. 그만큼 혁신적인 아이디어를 떠올릴 시간도 늘어날 것이다.

아기옹은 낙관론자 편에 선다. 그가 보기에 미래는 얼마든지 달라질 수 있다. 하지만 그 낙관은 가장 혁신적인 기업 생태계를 만들어가려는 의지와 정책을 전제로 한다. 그는 셀린 앙토냉, 시몽 뷔넬과 함께 쓴 『창조적 파괴의 힘』에서 혁신을 중시하는 경쟁 정책을 강조한다. 혁신을 통해 슈퍼 스타가 된 기업은 이미 사회적 자본을 많이 쌓아놓았고 모방하기 어려운 노하우를 갖고 있다. 스타벅스나 월마트 같은 기업을 신생 기업이 추월하기 힘든 이유다. 정보통신 기술은 슈퍼 스타 기업이 더 많은 영역을 장악할 수 있게 해준다. 인수합병으로 덩치는 더 커진다. 그럴수록 나머지 기업은 혁신하고 경쟁할 의욕을 잃을 수 있다. 슈퍼 스타 기업의 혁신은 단기적으로 성장을 촉진해도 길게 보면 혁신과 성장을 저해할 수 있다. 이런 구도에서는 경쟁 정책 자체를 혁신해야 한다. 시장점유율과 가격에만 초점을 맞출 것이 아니라 기업 인수나 합병이 혁신적인 신진 기업의 시장 진입과 경쟁사의 연구개발 투자를 방해할 가능성을 따져봐야 한다.

슘페터식 패러다임으로 본 한국 경제는 어떨까? 아기옹은 1997년의 위기가 한국 경제에 전화위복이 됐다고 본다. 1960년대부터 계속된 고속 성장은 정부와 재벌의 합작품이었다. 정부의 적극적인 지원을 받는 수출 대기업들이 선진국 기업들을 따라잡는 동안 신생 기업들의 시장

우리는 모두 상인이다

진입과 경쟁은 사실상 제한됐다. 이렇다 할 금융 혁신도 외국 투자자들과의 경쟁도 없었다. 위기가 닥치자 몇몇 재벌은 무너졌다. 살아남은 재벌은 글로벌 경쟁에 노출됐다. 충격 요법은 혁신과 역동성을 되살렸다. 1990년대 초 한국 기업이 미국에서 출원한 특허는 독일의 8분의 1이었다. 2012년 한국은 독일보다 30퍼센트 많은 특허를 출원했다. 특히 비재벌 기업의 특허 증가 속도가 빨랐다. 정체됐던 생산성도 다시 높아졌다. 위기는 비재벌 기업들이 경쟁 체제에 진입하는 계기를 만들어주었다.[9]

18세기의 애덤 스미스는 혁신적인 기업가에 관해 깊이 논하지 않았다. 그가 비판한 상인과 제조업자들은 진정한 혁신과 창조적 파괴보다는 정치적 영향력과 계략으로 독점적 이익을 확보하려는 이들이었다. 19세기의 마르크스는 노동자의 고혈을 짜는 자본가를 공격했다. 노동가치설을 믿은 마르크스가 놓친 것은 상상력과 기업가 정신이었다.[10] 20세기의 슘페터는 창조적 파괴를 주도할 혁신적인 기업가를 변호하고 응원했다. 21세기에는 어떤 사람들이 변화를 주도하고 부를 창출할 수 있을까?

제 10 장

스미스 씨의
벌통

애덤 스미스의 동상에는 산업을 상징하는 벌통이 있다. 벌처럼 사회를 이루고 협력하는 인간은 공정의 가치를 중시한다. 인간의 본성에 대한 지칠 줄 모르는 탐구자였던 그는 생의 마지막에 부에 대한 갈망보다는 덕성에 대한 열망을 고취하려 했다. 당파와 광신, 가난한 이들에 대한 멸시와 같은 도덕적 타락을 경계한 그는 평등과 자유, 정의의 철학자였다.

글로벌 금융위기의 암운이 짙어지던 2008년 여름 어느 날 애덤 스미스는 에든버러 로열 마일에 우뚝 선다. 청동 입상이다. 그는 자신이 살다가 묻힌 캐넌게이트를 내려다본다. 더 멀리는 포스만 너머에 그가 태어난 커콜디가 있다. 동상에는 그의 삶과 생각이 녹아 있다. 그가 걸친 가운은 도덕철학자 스미스를 떠올리게 한다. 자유무역을 주창한 그는 지구의 위에 손을 올려놓고 있다. 뒤쪽에는 그가 살던 시대의 쟁기가 있다. 그는 농업의 시대를 뒤로하고 산업의 시대를 맞았다. 옆에는 벌통이 있다. 벌통은 산업을 상징한다. 산업은 진보였다.

희곡 『파랑새』의 작가로 1911년 노벨문학상을 탄 모리스 메테를링크는 꿀벌과 개미의 사회생활을 탐구했다. 그는 『꿀벌의 생활』에서 벌들의 분업을 묘사한다. 이 사회에는 꽃꿀과 꽃가루, 물과 소금을 모아오는 일꾼뿐만 아니라 벌집을 만드는 건축가, 침입자를 막는 파수꾼, 여왕의 시녀, 유충을 돌보는 유모가 있다. 밀랍을 만들어 벌집 틀을 짜고, 날개로 바람을 일으켜 온도를 조절하며, 침에서 나오는 산으로 꿀의 보존 상태

를 관리하고, 집을 청소하고 시체
를 내다 버리는 일을 나눠서 한다.
"사람들은 (…) 부지런하며 공평한
노동이 지닌 도덕적 가치를 배우러
그곳에 모여들었다. 일벌들은 노동
의 도덕성뿐만 아니라 여가를 즐기
는 방법까지 알려주었다. (…) 일상
의 환희를 그 작은 날개로 밑줄을
쳐가며 강조했다."[1] 그러나 벌집의
정신은 냉정하다. 그 정신은 "매우
조심스럽게 (…) 민족 전원의 부와
행복, 자유와 삶을 인도"한다. 여왕

에든버러 로열 마일에 있는
애덤 스미스 동상

의 수정 후 수벌들은 가차 없이 살육된다. 세상의 모든 정치 체제가 그
렇듯 여기서도 개체와 전체의 자유와 행복은 복잡하게 얽혀 있다.

애덤 스미스의 벌통은 사회를 탐구하고 분업을 강조한 그의 사상 체
계뿐만 아니라 그의 방법론도 상징한다. 영국의 경험주의 철학자 프랜시
스 베이컨(1561~1626)은 관찰과 실험을 통한 새로운 지식의 발견을 중시
했다. 인간이라는 종과 개인의 처지, 언어, 전통적인 권위에서 비롯된 편
견과 선입견은 참된 지식에 이르지 못하게 하는 '우상'이라고 했다. 베이
컨은 자연 철학자라면 개미나 거미보다 꿀벌을 닮아야 한다고 했다. 개
미는 부지런히 모으기만 하고 거미는 스스로 풀어내기만 한다. 꿀벌은
모아온 것을 자기 방식으로 처리한다. 잡다한 경험을 모으기만 하는 귀
납법이나 논리적으로 풀어내기만 하는 연역법은 둘 다 과학의 방법으로

는 미흡하다. 물론 그의 방법론에도 약점이 있었다. 베이컨은 과학의 발전에서 수학이 맡는 중심적 역할을 인정하지 않았다. 훗날 뉴턴은 수학적인 정밀성과 상상력을 동원한 이론화를 결합했다.

스미스는 베이컨의 생각을 많이 받아들였다. 그는 자연의 사실과 인간의 경험에 바탕을 둔 이론을 폈다. 그러나 인간의 상상력을 중심에 둠으로써 훨씬 정교한 방법론을 발전시켰다. 무엇보다 스미스의 이론은 동적이었다. 베이컨의 이론은 정적이었다. 베이컨은 변화보다는 본질을 생각했다. 어떤 대상이 무엇을 하는지가 아니라 그것이 무엇인지를 물었다. 그와 달리 스미스는 변화에 민감했다.[2] 뉴턴처럼 스미스도 귀납적 일반화의 한계를 잘 알았다. 지금껏 관찰한 모든 백조가 흰색이어서 '백조는 희다'라는 일반화가 가능했더라도 내일 검은 백조가 나타나면 그 말은 참이 아니게 되는 것이다. 자연과학이 아니라 인간의 과학이라면 더욱 그렇다. 뉴턴은 인간의 광기를 계산할 수 없다고 하지 않았나?

스미스는 인간이 과학 법칙으로 그 움직임을 예측할 수 있는 원자나 천체와 같이 행동한다고 생각하지 않았다. 각자 "자신의 행동 원리에 따르는" 인간을 체스판의 말처럼 다루려는 생각은 어리석다. 스미스가 어떤 사안에 대해서든 예측을 거의 하지 않은 까닭이 여기에 있다. 그는 단순히 변화를 의식하는 데 그치지 않고 진화 개념을 발전시킨다. 인간의 소통을 통한 언어의 진화를 연구하고, 공감을 통한 도덕 규범의 진화를 밝히며, 시장의 교환을 통한 상업사회의 진화를 규명한다. 인간의 과학은 인간의 진보를 탐구하는 것이었다.

스미스는 찰스 다윈(1809~1882)에게도 커다란 영향을 미친다.[3] 다윈은 스미스가 세상을 떠나고 한 세대가 지났을 때 에든버러에서 의학을 공부했으나 행복하지 않았다. 케임브리지로 와서 신학을 배우던 그는 한 편지에서 "내가 공부하는 것은 애덤 스미스와 로크"라고 밝히기도 했다. 프랑스 학자가 스미스의 분업 개념을 인체 기관들에 적용하는 것을 보고는 생태계 내 종들의 분화와 특화의 개념을 채택하기도 했다. 다윈이 생각한 진화는 자연선택의 원리에 따라 더 성공적인 특성이 다음 세대로 전해지는 것이다. 스미스의 도덕 규범도 그렇게 진화한다. 사회적인 상호작용 과정에서 더 성공적인 규범이 선택되고 세대 간에 전달되는 것이다.

『도덕감정론』은 공감하는 인간이 마음속의 위대한 재판관인 공정한 관찰자의 눈으로 자신의 행동을 판단하면서 도덕 규범을 형성해가는 원리를 밝힌다. 버나드 맨더빌의 이기적 인간은 스미스의 도덕적 인간으로 재조명된다. 그는 『꿀벌의 우화』를 다시 쓴다. 물론 인간은 부와 권력을 추앙하는 것처럼 도덕적 타락으로 이끌리는 성향도 있고, 더 광범위한 공동체가 아니라 작은 집단에 이로운 쪽을 선택하기도 하지만 길게 보면 사회에 더 유익한 규범들이 확산된다. 개인에게는 유리하지만 사회에는 부정적인 영향을 미치는 행동을 억제하거나 처벌하는 규범과 가치는 제도로 진화한다. 그것은 인간의 상호작용에 따라 아래로부터 형성되는 것이며 신성한 계시처럼 위에서 내려오는 것이 아니다.

세상에서 가장 멍한 사람

우리는 지금까지 애덤 스미스의 생각을 좇아왔다. 이제 그의 삶에 좀더 가까이 다가가보자. 스미스 사후 한 세기가 지난 1895년에 그의 전기를 낸 존 레이는 지나가던 집시 무리가 네 살 된 스미스를 "훔쳐"가려 했던 일화를 소개하며 "그는 가난한 집시가 됐을 것"이라고 했다. 집시의 생존 논리와는 어울리지 않은 멍한 아이였다는 뜻으로 읽힌다. 그는 저명한 학자가 된 후에도 이따금 멍하니 정신이 팔린 듯한 모습을 보였다. 그와 관련된 유명한 일화도 많다.

그의 부음 기사에 나오는 이야기다. 한번은 스미스가 찰스 톤젠드 (1725~1767)와 함께 글래스고의 제조업체들을 둘러보러 갔다. 그들이 어떤 무두질 공장에 들렀을 때였다. 자신이 가장 좋아하는 주제인 노동의 분업에 관해 톤젠드에게 설명하는 데 너무나 열중했던 스미스는 그만 웅덩이에 빠지고 만다. 가죽에서 나오는 지방과 석회, 가스가 뒤섞인 역겨운 웅덩이였다. 그를 끌어낸 사람들은 옷을 벗기고 담요를 두른 다음 가마에 태워 집에 보냈다.

애덤 스미스를 알고 지낸 한 부인의 일기에 나오는 이야기다. 그 부인은 스미스가 "세상에서 가장 멍한 사람"이라며 또 다른 부인이 전한 일화를 적었다. 어떤 아침 식사 자리에서 담론에 빠져든 그는 버터 바른 빵 한 조각을 집어들어 동그랗게 말고 또 말았다. 그러더니 찻주전자에 그것을 넣고 물을 부었다. 얼마 지난 다음 그걸 컵에 따랐다. 맛을 본 그는 지금껏 마셔본 차 중에서 최악이라고 말했다.

『국부론』을 쓰려고 연구에 몰두할 때였다. 어느 일요일 아침 사람들이 종소리를 따라 교회에 가고 있을 때 스미스는 정신이 완전히 다른 데 팔린 상태에서 실내복만 입은 채로 커콜디에서 던펌린까지 15마일을 걸어갔다. 그는 평생 뭔가를 골똘히 생각했다. 넋을 놓은 것 같은 멍한 모습은 그가 직접 보고 느낀 것들과 몸소 겪으며 깨달은 것들이 그의 머릿속을 가득 채우고 있었기 때문이었으리라.

애덤 스미스는 1723년 6월 5일에 세례를 받았다. 아기 넷 중 하나는 유아기에 죽던 시대였다. 부모들은 아기가 태어나자마자 세례받기를 바랐다. 그는 세례를 받기 직전에 태어났을 것이다. 아이는 특이했다. 혼자 있을 때나 친구들과 함께 있을 때나 혼잣말을 했다. 그가 나고 자란 커콜디는 포스만을 사이에 두고 에든버러와 마주 보는 항구도시였다. 포스만의 반짝이는 바다 저편을 보면 북해로 나아가는 길목에 메이섬의 등대가 있었다. 아버지 애덤 스미스(그와 이름이 같다)는 그가 태어나기도 전에 세상을 떠났으나 후견인이 여럿 있었다. 소년 스미스는 후견인 중 한 명인 제임스 오즈월드가 소유한 철공소에서 못 만드는 작업을 봤을 것이다. 분업이나 무역, 밀수 같은 것은 소년 시절부터 관찰했을 가능성이 크다. 인간의 타락을 경계하는 엄격한 칼뱅파 교회는 억압적으로 느껴졌을 것이다. 훗날 스미스는 스코틀랜드 장로교에 회의적인 태도를 보이며 자연적 자유를 누리려는 인간의 의지를 중시하게 된다. 스미스는 열네 살 때 글래스고대학에 들어간다. 스물일곱 살 때는 이 대학 논리학 교수가 되고 곧이어 도덕철학 교수가 된다. 이 대학 입학 후 50년이 지난 1787년에는 명예총장(로드 렉터)이 된다. 프로테스탄트 도시인 글래스고는 변화의 흐름을 잘 탔다. 1688년 명예혁명 때는 오렌지 공 윌리엄과 메리 스튜어트가 왕좌에 오르는 것을 환영했다. 잉글랜드와 스코틀랜드의 연합은 이곳 상인들이 아메리카 식민지로 가는 길을 열어주었다. 상업과 무역의 흐름을 읽기 좋은 도시였다.

대학 시절 스미스에게 자연의 법칙에 따라 조화롭게 운행되는 우주의 거대하고 연결된 체계에 관한 스토아 철학은 깊은 인상을 남겼을 것이다. 도덕철학 교수 프랜시스 허치슨은 라틴어 대신 영어로 강의했다. 혁신적인 교수법이었다. 허치슨은 사람은 본래 이기적이라는 토머스 홉스나 버나드 맨더빌의 생각에 반대했다. 그는 우리에게는 타고난 도덕감각이 있다고 봤다. 정의의 집행이 안정된 사회의 전제 조건이며 경제발전에 도움이 된다고 했고, 어떤 물건의 사용가치와 교환가치, 교환의 매개로서의 화폐와 가치의 척도로서의 화폐, 노동 비용과 생산 기술에 좌우되는 재화의 공급과 그에 대한 수요에 관해서도 가르쳤다. 허치슨은 스미스가 "절대 잊지 못할" 스승이었다. 스미스는 고대와 현대를 통틀어 덕성을 자선에서 찾는 모든 철학자 가운데 "고故 허치슨 박사는 틀림없이 가장 예리하고 독특하며 철학적"이라고 상찬한다.(도덕 7.2.3)

스미스는 1740년 성직자를 위한 장학금을 받아 옥스퍼드로 간다. 말을 타고 6일에서 8일이 걸리는 거리였다. 그는 처음으로 잉글랜드를 여행하면서 모든 것을 비교할 수 있었다. 『국부론』에는 "귀리 죽을 먹는 스코틀랜드의 보통 사람들은 밀로 만든 빵을 먹는 잉글랜드의 같은 계급 사람들만큼 튼튼하지도 않고 잘생기지도 않았다"라고 쓴다. 중세에 학문의 전당으로 이름을 떨친 옥스퍼드는 그 빛이 바래고 있었다. 대학은 국교회와 왕실의 권위를 지지했다. 정치적으로는 쫓겨난 스튜어트 왕가의 복위를 바라는 재커바이트에 뚜렷이 기울었다. 스미스가 공부하던 베일리얼 칼리지는 토리당 성향에 당파적이고 돈을 많이 쓰며 스코틀랜드인을 싫어했다. 휘그당 성향에 당파를 싫어하고 돈 한 푼 없으며 스코틀랜드인인 스미스가 그곳에서 6년이나 버틴 것이 놀라울 따름이다.[4]

그곳에서 스코틀랜드 억양을 버리고 품격 높은 영어를 배운 것은 스미스에게 남다른 경쟁력이 된다. 옥스퍼드 시절 스미스는 독학자였다. 그는 영국 문학에 빠져들었다. 프랑스어와 이탈리아어도 공부했다. 번역도 즐겨 했다. 역사서를 읽으면서 다른 시대와 다른 나라의 사상 및 제도를 탐사했다. 마키아벨리, 데카르트, 라로슈푸코, 파스칼, 라신, 벨, 몽테스키외, 볼테르 같은 대륙의 사상가들도 접했다. 훗날 『도덕감정론』과 『국부론』은 이런 지적 토대 위에서 나온 것이다.

스미스는 젊은 시절부터 이따금 찾아오는 가벼운 우울증에 시달렸다. 홀로 깊은 생각에 몰두하면서 얻은 소모성 정신 질환이었을 것으로 추측된다. 누구보다 과학적인 사고를 중시하던 스미스가 당시 유행하던 송진과 물을 섞은 타르 워터를 어머니에게 권하는 모습을 보면 자못 애처롭기까지 하다. 그는 편지에 이렇게 쓴다. "이것이 고질적인 괴혈병과 머리가 흔들리는 증상을 완전히 낫게 해주었습니다. 어머니도 써보세요. 도움이 되리라고 생각합니다." 건강염려증 같은 심신의 병은 평생 그를 따라다닌다. 그의 "우울하고 불길한 마음"이 몸에도 영향을 미친 것으로 보인다. 머리가 저절로 흔들리고 팔다리가 저리는 것 외에도 피부 발진과 정신적인 무기력증, 신체의 쇠약이 그를 괴롭혔다. 흄은 훗날 그의 "고독에 대한 사랑"을 유감스러워했다.

스코틀랜드의 주류는 일찍이 가톨릭을 믿는 제임스 2세(스코틀랜드 왕으로서는 7세)를 거부하고 신교인 장로교를 택했다. 스미스는 스코틀랜드와 잉글랜드의 연합을 명백히 지지했다. 연합을 "이 나라에 무한한 이득을 낳은 조치"라고 했다. 1745년 재커바이트 봉기로 베일리얼 칼리지는 더 견디기 힘든 곳이 된다. '젊은 왕위 요구자' 찰스 에드워드 스튜어트가 이끄는 반란군은 에든버러를 장악하고 런던에서 불과 127마일 떨어진 곳까지 밀고 내려오기도 했다. 스미스는 반란군이 초기에 떨친 기세에 대해 "벌거벗은 하일랜드(고지대) 사람들이 이 나라의 더 발전된 지역을 차지했다"라고 쓴다. 그 사건은 "사람들의 용기를 가라앉히는 상업의 나쁜 효과"를 보여주는 사례였다. 목축을 주로 하는 하일랜드는 족장이 이끄는 전사들의 사회였다. 농업, 상업, 공업이 발전하고 직업 상비군에 의존하는 저지대와 뚜렷한 대조를 이뤘다.

스미스는 1746년 여름 아직 재커바이트 진압의 피비린내가 떠도는 스코틀랜드로 돌아온다. 그는 여름뿐만 아니라 겨울에도 감기에 걸리지 않으려고 포스만에서 해수욕을 한다. 에든버러는 '언덕 위 요새 옆의 도시'라는 뜻이다. 스미스가 태어날 때 3만5000명 남짓했던 인구는 그가 세상을 떠날 때쯤 8만4000여 명으로 불어났다. 스미스는 1775년 스코틀랜드 인구가 125만 명이라는 추정치에 대해 너무 낮게 잡았다며 150만 명이 더 정확한 숫자라고 했다. 존 케이가 그린 캐리커처에서 노년의 스미스는 한 손에 꽃다발을 들고 있다. 에든버러의 심한 악취를 막으려던 것으로 보인다.

스미스는 1748년 에든버러에서 프리랜서로 공개강좌를 맡아달라는 초청을 받는다. 공개강좌는 에든버러대학의 강의와 경쟁하는 것이었다. 그는 한 해 100파운드 넘는 수입을 올릴 정도로 성공적인 강사였다. 수사와 문학에 관한 강의는 이론적이면서도 실용적이었다. 그를 통해 데모스테네스, 투키디데스, 타키투스 같은 고대 그리스와 로마의 웅변가 및 역사가, 셰익스피어, 밀턴, 스위프트, 포프 같은 영국의 극작가와 소설가, 시인들을 배울 수 있었다. 스미스는 복잡하고 장황한 분석과 비유적 표현을 강조하는 전통적인 수사학을 거부했다. 언어의 표현력과 아름다움은 비유에 있다는 생각에 도전한 것이다. 효과적인 소통을 위해서는 말이든 글이든 이해하기 쉽고 명료해야 했다. 그는 상징과 은유에 지나치게 의존하는 낡은 방식보다 분명하고 정확한 표현을 쓰기를 바랐다.5 물론 "딱 맞고 자연스러운" 비유는 쓸 수 있다고 했다. 하지만 그는 자신의 '보이지 않는 손'이 훗날 얼마나 많은 곡해와 논란을 불러일으킬지는 몰랐으리라. 그는 또 상업이 도입되고 사회가 풍요로워지면 원시적인 부족이 계발한 시보다 산문적 표현이 발달한다고 생각했다. 산문은 비즈니스를 위한 언어이고 시는 즐거움과 재미를 위한 언어라는 것이었다. 누구도 시로 거래를 성사시킬 수 없으리라는 생각에 시인들은 동의할까?

철학자 스미스도 뚜렷이 모습을 드러내고 있었다. 그는 철학을 "자연의 원리들을 연결하는 과학"으로 보았다. 사람들은 연결이 끊어진 대상들을 마주하면 당황한다. 그럴 때는 상상을 통해 그 대상들을 연결함으로써 마음의 평정을 되찾으려고 한다. 과학적인 가설이나 이론은 상상으로 그것들을 이어주는 다리와 같은 것이다. 처음 발명된 기계는 매우 복잡하나 발전된 기계는 점점 단순해지듯이 혼란스러운 현상들을 연결하는 원리들도 갈수록 단순해지며 궁극적으로 하나의 원리로 수많은 현상을 설명할 수 있게 된다. 스미스는 과학의 역사를 꿰어본다. 특히 천문학사에 관심이 많았다. 그는 프톨레마이오스와 코페르니쿠스, 데카르트, 뉴턴의 체계를 정리했다. 뉴턴의 체계는 "다른 어떤 철학적 가설의 체계보다 더 엄밀히 연결된" 것이었다. 자연적인 법칙에 따라 움직이는 조화로운 우주라는 스토아 철학의 관념과 더불어 뉴턴의 자연법칙 체계는 스미스의 생각에 큰 영향을 준다.

스미스는 1750년쯤 마침내 데이비드 흄을 만난다. 스코틀랜드 계몽주의의 큰 별인 흄은 스미스에게 가장 큰 영향을 미친 철학자다. 스미스는 흄의 공감 개념을 자신의 것으로 만들어 발전시켰다. 어느 공동체에서든 금과 은이 아니라 사람과 물자가 진정한 힘이라거나 이웃 나라를 거지로 만들려는 시도는 어리석은 것이라는 스미스의 생각은 흄에게서도 찾아볼 수 있다. 『국부론』에는 '흄 씨'가 다섯 번 나온다. 스미스는 끊임없이 전쟁에 시달리고 노예처럼 종속돼 있던 시골 주민들에게 점차 좋은 정부와 질서를 불러오고 개인의 자유와 안전을 증진하는 것이 상업과 제조업의 가장 중요한 효과라면서 "내가 아는 한 흄 씨는 지금까지 이 점에 주목한 유일한 저자"라고 했다. 물론 그 점에 주목했던 사상가들은 그 전에도 많았다. 다만 『국부론』의 그늘에 묻혔을 뿐이다. 『도덕감정론』에서는 흄의 이름을 밝히지는 않으면서도 가장 높이 치켜세운다. 효용이 즐거움을 주는 까닭은 최근에 "독창적이고 호감을 주는 철학자"가 밝힌 것이라며 그는 "가장 깊은 사고와 가장 우아한 표현을 결합하며 가장 난해한 주제들을 가장 완벽한 명쾌함과 가장 활기찬 웅변으로 표현하는 비범하고 행복한 재능을 지닌 사람"이라고 밝힌다. (한 문장에 최상급 수식어가 몇 개인가?)

스미스는 1750년 겨울 케임스 경(헨리 흄)과 3대 아가일 공작(아치볼드 캠벨)의 지원으로 글래스고대학의 논리학과 형이상학 교수로 선임된다. 스물일곱 살 때였다. 그는 이듬해 10월 글래스고에 도착한다. 수강자는 모두 300~400명에 이르렀다. 이 젊고 혁신적인 교수는 한 해 급여와 수업료로 적게는 150파운드, 많게는 300파운드를 벌었다. 그는 탁월한 교수였다. 스미스의 시대에 도덕철학은 당시 대학 교육과 스코틀랜드 계몽주의 운동의 핵심이었다. 흄과 달리 스미스는 창조주가 없는 세계는 생각하지 않았다. "아버지 없는 세계"를 생각하는 것은 "무한하고 이해할 수 없는 공간이 끝없는 불행과 비참함만으로 채워지리라는 가장 우울한 감상"과 같은 것이라고 했다.(도덕 6.2.3)

당시 글래스고 상인들은 먼저 설탕과 럼을 수입해 돈을 벌었고 담배 교역과 아마 제품으로 더 큰 부를 쌓아갔다. 글래스고가 상업 발전에서 앞서나가고 있었던 만큼 학생들은 경제 문제에 더 많은 호기심을 보였을 것이다. 스미스는 이곳의 여러 클럽과 협회에서 내로라하는 거상과 금융가들을 만난다. 그의 정치경제학에 관한 분석도 그만큼 정교해졌다. 러시아 유학생 두 명도 그의 가르침을 받았다. 뛰어난 젊은이들을 외국에 보내 배워오게 하려는 예카테리나 대제의 계획에 따른 것이었다. 두 사람 다 돌아가서 모스크바대학 법학 교수가 됐다. 그들은 재정과 조세, 독점 규제를 비롯해 스미스의 정책 제안들을 반영한 개혁안을 냈다. 러시아에서는 『국부론』이 나오기 한참 전에 이미 스미스의 조언들을 새겨듣고 있었다.

스미스는 글래스고에서 보낸 13년을 "지금까지 내 삶에서 가장 유익하고, 그래서 가장 행복하고 영광스러운 시기"였다고 회고한다. '글래스고대학 도덕철학 교수 애덤 스미스'가 1759년 출간한 『도덕감정론』은 6판까지 나왔다. 세상 사람들은 대부분 『국부론』만 기억했으나 스미스는 『도덕감정론』이 더 뛰어난 책이라고 생각했다. 그가 마지막까지 이 책의 개정판 작업에 매달렸다는 사실만 보더라도 그는 부의 본질을 탐구하는 것보다 도덕적 기초를 밝히는 데 더 심혈을 기울였음을 알 수 있다. 이 책은 그의 사후에도 잘 팔렸다. 저작권 표시로 확인된 것은 7750부에 이른다.[6] 이 책을 읽은 칸트는 "독일에서 도덕의 특성에 관해 이렇게 잘 쓸 수 있는 사람은 어디 있는가"라고 물었다. 볼테르는 이렇게 말했다고 한다. "우리에게는 그와 견줄 만한 이가 아무도 없다. 동포들이 창피해할 만하다."

당파와 광신

스미스는 1764년 프랑스로 첫 해외여행을 떠난다. 한 젊은 귀족의 긴 수학여행에 스승으로 동행한 것이다. 스코틀랜드의 대지주 버클루 공작의 미망인과 결혼한 찰스 톤젠드는 의붓아들 헨리 캠벨 스콧을 지도해 달라고 스미스에게 청했다. 영국 정계에 혜성처럼 나타난 톤젠드는 실권이 없는 총리 밑에서 막강한 재무장관이 된다. 그는 1767년에 아메리카 식민지로 들어가는 차에 세금을 물리는 시한폭탄 같은 법을 통과시킨다. 그는 스미스에게 500파운드의 연봉과 연 300파운드의 연금을 평생 받는 조건으로 버클루 공(헨리)의 스승으로 같이 프랑스로 가달라고 요청한다. 인구가 영국의 세 배나 되는 나라를 공부할 좋은 기회였다. 특히 의회의 힘이 강한 영국과 절대왕정 체제의 프랑스를 비교해보는 것은 스미스에게 아주 흥미로운 주제였다. 톤젠드는 버클루가 휘그 성향의 스미스에게서 모든 지혜를 배우기를 바랐다. 또 프랑스의 왕정이 지닌 "체제의 은밀한 오류"를 찾아보라고 주문했다. 이 나라는 엄청난 경제력에도 불구하고 7년전쟁에서는 바다와 육지에서 모두 패퇴하지 않았던가.

제3장에서 이야기한 것처럼 스미스는 툴루즈에서 장 칼라스 사건의 충격파를 느낀다. 이때 그의 영웅 볼테르와도 만난다. 당파와 광신에 대

한 스미스의 깨달음은 오늘날 우리 사회에도 깊은 울림을 준다.

시민적인 것이든 종교적인 것이든 적대적인 당파 사이의 증오는 흔히 적대적인 국가 사이의 증오보다 훨씬 더 맹렬하고 서로에 대한 행동은 훨씬 더 잔학하다. (…) 당파 싸움으로 어지러운 나라에서도 언제나 그에 전염되지 않고 판단력을 잃지 않는 소수가 분명히 있다. 그들은 영향력도 없이 고립된 개인으로 여기저기 흩어져 있을 따름인데 그들의 공평함 때문에 어느 당파의 신뢰도 얻지 못하고 배제된다. 그런 이는 가장 현명한 사람일 수도 있으나 바로 그 때문에 반드시 사회에서 가장 하찮게 취급된다. 그런 사람들은 모두 양 당파의 맹렬한 광신자들에게 경멸과 조롱, 혐오의 대상이 된다. 진정으로 당파적인 사람은 공평한 이를 미워하고 멸시한다. 실제로 당파적인 사람들 사이에서는 바로 그 공평함이라는 단 하나의 미덕만큼 효과적으로 당원의 자격을 박탈할 수 있는 악덕은 없다. (…) 도덕감정을 타락시키는 모든 것 가운데 당파와 광신은 언제나 단연 가장 큰 것이었다.(『도덕감정론』 3부 3장)

스미스는 과학이 "광신과 미신의 독에 대한 훌륭한 해독제"라고 믿는다.(국부 5.1)

그는 프랑스에서 중농주의자들과 만나면서 많은 영감을 얻는다. 특히 경제를 우리 몸이 피돌기를 하듯이 순환하는 체계로 이해하고, 자유로운 거래를 통해 자기 이익을 추구하는 개인을 강조하며, 경제적 가치의 원천으로서 노동에 초점을 맞추는 학설이 인상적이었을 것이다. 그들의 생각은 혁명적이면서도 유토피아적이었다. 모든 거래의 완전한 자유

스미스 씨의 벌통

를 추구하는 자유방임은 스미스가 아니라 중농주의자들의 주장이었다. 프랑스에서 이런 경제이론가들을 만난 것은 스미스의 지적 발전 과정에서 흄을 만난 것에 버금가는 사건이었다. 『국부론』의 구상은 이 시기에 구체화된다. 그 내용은 물론 그 전의 강의 때부터 발전해온 것이었다.

스미스의 사랑에 관해서는 정확히 알려진 사실이 별로 없다. 그 부분은 전기작가들에게 황무지나 다름없다. 파리 사교계의 유명한 여성들이 드나드는 살롱에서 스미스는 그의 큰 이빨과 거친 목소리, 서투른 불어에도 불구하고 깊은 학식과 공감의 철학으로 존경을 받았다. 1766년 봄에 스미스를 만난 배우이자 소설가인 마리-잔 리코보니는 그가 악마처럼 못생겼다고 했다. 하지만 그의 선한 마음이 그녀의 마음을 돌렸다. 그해 10월 다른 사람에게 보낸 편지에서 리코보니는 "악마가 다른 문인들을 다 데려가고 스미스를 돌려줬으면 좋겠다"라고 썼다. 어떤 프랑스의 후작 부인도 그를 쫓아다닌 것으로 알려졌다. 프랑스 북부 아브빌로 짧은 여행을 갔을 때 스미스는 분명히 니콜 부인이라는 잉글랜드 여성에게 매혹당했다고 한다. 스미스와 버클루가 프랑스에서 받은 어떤 편지에 그런 언급이 있다. 스미스가 아주 많이 사랑한 스코틀랜드 파이프 지역 여성에 대한 암시도 있다. 듀걸드 스튜어트는 스미스가 젊었을 때 아름답고 교양 있는 여성과 사랑하는 사이였으나 어떤 이유에서인지 결혼은 하지 않기로 했다고 전한다. 스미스가 마지막 12년을 에든버러에서 살 때 자주 만났던 헨리 매켄지(1745~1831)는 그가 "성격이 완전히 다른 (…) 미스 캠벨과 진지하게 사랑"을 했다는 기록을 남겼다. 하지만 그의 전기를 쓴 이언 로스는 "그의 성생활에 대해서는 (욕구의) 승화의 기록에 각주 하나를 다는 것 말고는 전기작가가 할 수 있는 일은 거의 없다"

라고 썼다.

스미스가 프랑스에서 돌아올 즈음 흄은 그의 인기 있는 잉글랜드 역사서를 계속 쓰자는 출판사의 제안에 "나는 너무 늙고 너무 뚱뚱하고 너무 게으른 데다 너무 부유하다"라고 답한다. 커콜디로 돌아온 스미스는 『국부론』 집필에 몰두한다. 고독한 작업이었다. 이때 그의 건강이 나빠진 것 같다. 스미스는 오랫동안 산책도 하고 포스만에서 다시 수영도 했다. 그는 다른 재밋거리가 없고 한 가지를 너무 골똘히 생각하느라 건강이 나빠져 탈고가 늦어진다고 했다. 1773년 12월에는 미국 독립혁명의 불씨가 되는 보스턴 차 사건이 일어난다. 아메리카 식민지 문제는 가장 중요하고도 긴급한 사례 연구 대상이었다. 그는 정계의 요인들에게 자유시장에 관한 이론에 바탕을 둔 정책 조언을 한다. 그의 주장은 "대영제국의 상업 체계 전체에 대한 매우 격렬한 공격"이었다.

1000쪽이 넘는 『국부의 본질과 원인에 관한 탐구』는 1776년 3월 9일 세상에 나왔다. 1판은 500부 혹은 750부를 찍었다.[7] 가죽 장정을 안 한 것은 1파운드 16실링, 한 것은 2파운드 2실링이었다. 초판은 6개월 안에 다 팔렸다. 이듬해에는 2판 500부를 찍었다. 1784년에 3판 1000부, 1786년에 4판 1250부, 1789년 5판 1500부를 찍고, 스미스가 세상을 떠난 후 1791년에 6판 2000부를 찍었다. 2018년에는 스미스가 가지고 있었던 『국부론』 초판이 경매에서 90만8750파운드에 팔리기도 했다. 2020년에는 같은 책 초판이 12만5000달러에 팔렸다.

흄은 자신이 죽은 후 스미스가 『자연종교에 관한 대화』를 출간해주기를 바랐다. 스미스는 지나친 신중함으로 그 부탁을 들어주지 않는다. 흄은 마지막이 다가올 때 스미스와 다른 몇몇 친구를 불러 식사를 했다.

스미스가 그를 데려가는 세상이 잔인하다고 하자 흄은 이렇게 말했다. "아니, 아니요. 여기 있는 나는 도덕적, 정치적, 종교적 적의를 불러일으킬 속셈으로 그 모든 주제에 관해 썼지만 내게 적은 아무도 없어요. 모든 휘그파와 모든 토리파, 그리고 모든 기독교인만 뺀다면." 죽어가는 흄에게 스미스는 이렇게 쓴다. "나의 가장 소중한 벗 (…) 나는 언제나 당신에게 가장 애정을 느끼는 친구입니다." 흄은 마지막 답장을 보낸다. "내 가장 소중한 벗 (…) 아듀, 내 소중한 벗이여." 스미스는 흄이 죽음 앞에서 의연했다고 전한다. 흄은 그리스 신화에 빗대어 자신의 심경을 표현하기도 했다. 죽은 자의 영혼을 저승으로 데려다주는 뱃사공 카론을 만나면 자기는 이렇게 부탁했으리라고 했다. "조금만 참아주시오, 너그러운 카론이여. 나는 대중의 눈을 뜨게 하려고 애썼습니다. 몇 년만 더 산다면 만연한 미신의 체계가 무너지는 걸 보며 만족할 수 있을 텐데요." 노한 카론은 이렇게 외칠 것이라고 했다. "그런 일은 몇백 년 안에는 일어나지 않을 것이다. (…) 당장 배에 타라."

흄을 기리는 공개서한에서 그의 지혜와 덕망을 상찬한 스미스는 기독교계로부터 무신론을 부추겼다는 거센 비난을 받는다. 스미스는 "전혀 해를 끼치지 않는 한 장의 종이 때문에 영국의 상업 체계 전반에 아주 격렬한 공격을 가했을 때보다 열 배나 많은 욕을 먹었다"라며 냉소했다. "런던에 싫증 난 사람은 인생에 싫증 난 사람"이라는 경구로 유명한 문학가 새뮤얼 존슨(1709~1784)과 애덤 스미스는 사이가 좋지 않았다. 두 사람이 만나기 전에 스미스는 존슨이 펴낸 영어 사전을 비판한 적이 있다. 존슨의 전기를 쓴 제임스 보즈웰에 따르면 존슨은 스미스가 "개처럼 둔한" 사람이라고 흉을 봤다. 존슨이 본 스미스는 "와인을 조금 마시면

입안에 거품이 이는 (…) 가장 비위에 거슬리는 친구"였다. 존슨은 흄을 기리는 스미스를 비난했다. 소설가 월터 스콧이 전하는 일화에 따르면 흄이 마지막까지 평정을 잃지 않았다는 것은 사실이라는 스미스에게 존슨은 "거짓말"이라며 공격했다. 스미스는 바로 이렇게 쏘아붙였다고 한다. "당신은 개자식이야!"[8]

스미스는 자유무역의 교리를 설파했다. 물론 전면적인 자유방임을 주창한 것은 아니었다. 국방은 풍요보다 중요하므로 교역을 제한할 수 있다고 했다. 그가 생의 마지막 12년 동안 교역을 제한하고 금지하는 법체계의 집행자로 일한 것은 역설적이다. 그는 1778년 버클루의 도움으로 에든버러 세관 위원으로 선임된다. 스코틀랜드의 밀수가 기승을 부리던 시절이었다. 복잡한 스코틀랜드 해안선은 밀수에 더 유리했다. 스미스는 1780년 한 편지에서 얼마나 밀수가 흔했는지 시사하는 이야기를 들려준다. 스미스는 세관 위원이 되고 일주일쯤 지났을 때 수입 금지 품목을 검토하다 자신의 옷차림을 살펴본다. "경악스럽게도 스타킹과 스카프, 주름 장식, 손수건 할 것 없이 영국 내에서 사용이 금지되지 않은 것이 거의 없었습니다. 모범을 보이고 싶어서 모두 태워버렸습니다." 이제 연 300파운드의 연금에 600파운드의 급여(이 중 100파운드는 소금세)를 벌게 된 그는 그중 상당 부분을 남몰래 다른 사람들을 돕는 데 썼다.

소년 시절 월터 스콧은 스미스의 팬뮤어 하우스에 초대받아 갔을 때를 기억한다. 스미스의 외가 쪽 사촌으로 그 집 살림을 맡고 있던 재닛 더글러스가 차탁에 앉아 있다. 더글러스는 스미스에게 앉으라고 권한다. 그 말을 완전히 무시한 채 방 안을 빙빙 돌며 걷던 스미스는 이따금 걸음을 멈추고 그릇에 담긴 설탕 한 덩어리를 슬며시 집어간다. 더글러스는 급기야 "가장 낭비적인 약탈자에게서 설탕을 지킬 유일한 방법"으로 그릇을 자기 무릎 위에 올려놓을 수밖에 없다. 스미스가 설탕을 달라고 끝없이 조르는 듯한 모습은 "말로 표현할 수 없는" 것이었다. 스미스는 그 달콤한 맛을 즐기며 무슨 생각을 했을까? 『국부론』에는 설탕 산업과 그 업자들에 관한 이야기가 여러 차례 나온다. 식민지에서 수입되는 흑설탕에 매기는 관세는 6실링 4펜스(76펜스)였다. 백설탕을 수입할 때는 1파운드 1실링 1페니(253펜스)를 내야 했다. 한두 번 더 정제해 덩어리로 만든 설탕을 들여오자면 4파운드 2실링 5펜스(989펜스)를 물어야 했다. 의회는 고부가가치 제품 수입을 막으려는 업자들의 로비에 넘어갔다. 상인과 제조업자들은 식민지의 산업 발전을 틀어막았다. 자본과 노동을 가장 유리한 방법으로 사용하지 못하게 막는 것은 "인간의 가장 신성한 권리에 대한 명백한 침해"였다.

당대의 지도자들에게 스미스가 지적으로 얼마나 큰 영향을 미쳤는지 말해주는 전설이 있다. 한번은 스미스가 런던 윔블던에 있는 헨리 던다스의 저택으로 초대받아 갔다. 유력 정치인이었던 던다스는 총리 겸 재무장관을 지낸 조지 그렌빌(1763~1765년 재직), 훗날 총리가 될 윌리엄 피트(1801년, 1804~1806년 재직)와 헨리 애딩턴(1801~1804년 재직), 젊은 정치인 윌리엄 윌버포스를 함께 초대했다. 스미스가 거의 맨 나중에 방으로 들어오자 미리 와 있던 참석자들이 모두 일어섰다. "신사분들 앉으시지요." 스미스가 말하자 피트가 대답한다. "아닙니다. 당신이 먼저 앉을 때까지 서 있겠습니다. 우리는 모두 당신의 학생들이니까요." 총리가 된 피트는 실제로 스미스의 조언을 따르는 충실한 학생의 면모를 보여준다. 스미스는 식민지 문제와 관련해 대서양 연방의 개념을 제시한다. 정치

지형의 변화를 수용하면서 경제적 역동성을 유지하고 오래된 갈등을 극복할 새로운 제도를 구축하며 자유와 평등을 추구하는 새로운 혁명의 정신이 발휘되도록 하려는 것이었다.

나 는 더 많 은 일 을 할 수 있 었 네

스미스는 생의 마지막 몇 년을 『도덕감정론』 개정에 바친다. 『국부론』은 1789년 2월에 5판이 나왔다. 하지만 저자가 제대로 고친 것은 5년 전에 나온 3판이 마지막이었다. 스미스는 경제보다는 도덕의 문제를 탐구하고 조언하는 데 남은 에너지를 쓰고 싶어한 것으로 보인다. 혁명과 반혁명의 시대였다. 그가 옹호한 원리에 따라 새로운 부를 거머쥔 이들은 도덕적인 문제에 혼란을 느꼈다. 한편으로는 그들 자신이 혼란을 불러일으키기도 했다.

스미스는 1790년 『도덕감정론』 6판을 내면서 31년 전 초판을 낼 때 약속했던 것을 다 이행하지 못할 것 같다고 '공지'한다. 그는 법과 정부의 일반적인 원리들과 다른 시대에 겪었던 변혁들을 따로 설명하겠다고 했었다. 사법뿐만 아니라 행정과 재정, 국방에 관한 더 넓고 깊은 논의를 펼치겠다는 약속이었다. 그는 "국부의 본질과 원인에 관한 연구를 통해 이 약속의 일부를 이행했다"라고 했다. 적어도 행정과 세수, 군비에 관한 내용은 『국부론』에서 다뤘다. 그러나 오랫동안 계획했던 법학 이론은 완성하지 못한 채 남겨두었다.

스미스는 평생 공감과 자유, 정의에 관해 넓고 깊게 탐사하며 기록했

스미스 씨의 별롱

다. 그런데도 여전히 못다 한 일이 많다며 아쉬워한다. '공지'에는 체념과 바람이 엇갈린다. "이제 나이가 많아서 이 방대한 작업을 스스로 만족할 만큼 이행할 수 있으리라는 기대는 거의 남지 않았음을 인정해야 한다. 그러나 이 계획을 완전히 포기하지는 않았으며, 의무감을 가지고 내가 할 수 있는 일을 계속하고 싶다. 그래서 내가 공언한 모든 것을 이행할 수 있으리라고 조금도 의심하지 않았던 30여 년 전에 쓴 문구를 그대로 남겨두기로 했다." 그는 생의 마지막이 다가오자 친구들에게 자신의 자료를 파기해달라고 부탁하며 가슴 아픈 말을 한다. "나는 더 많은 일을 하려고 했네. 내게는 자료가 많이 있고 그걸로 아주 많은 걸 만들 수도 있었지. 하지만 이제 그건 불가능하군."

젊은 시인 새뮤얼 로저스(1763~1855)는 말년의 스미스가 보여준 친절에 깊은 인상을 받는다. "그는 매우 다정하고 호감을 주는 분으로 그의 초대를 다 받아들였다면 날마다 그와 점심과 저녁을 해야 했을 것이다." 죽음을 앞둔 스미스의 자기 통제는 스토아적이었다. 1790년 1월 스미스는 양자인 데이비드 더글러스에게 "갈수록 손이 떨려 글을 쓸 수 없다"라고 전한다. 2월에는 한 방문자에게 육신은 이미 소진됐음을 털어놓는다. "이 기계는 망가졌소. 나는 미라보다 나을 게 없소."

1790년 7월 17일 자정쯤에 67세의 애덤 스미스는 친구이자 유저遺著 관리자인 조지프 블랙과 제임스 허턴이 지켜보는 가운데 눈을 감았다. 작가 헨리 매켄지는 스미스가 "자네들과 함께해서 좋았네. 하지만 자네들을 남겨두고 다른 세계로 떠나야 할 것 같네"라는 말을 남겼다고 전한다. 그러나 이는 문학적으로 꾸민 것으로 보인다. 제임스 허턴이 전한 말이 더 믿을 만하다. "우리는 다른 곳에서 다시 만나야 할 것 같네." 그는 닷새 후 캐넌게이트 교회에 묻혔다. 그가 기독교의 내세관을 믿었는지는 의문이다. 묘비에는 이렇게 씌어 있다. "여기 『도덕감정론』과 『국부론』의 저자 애덤 스미스의 유해가 있다." 그 아래 판석에는 이렇게 새겨져 있다. "모든 사람이 자신의 노동에 대해 갖는 소유권은 다른 모든 재산의 근원이자 토대이므로 신성하며 누구도 침해할 수 없다."

이언 로스는 "애덤 스미스와 그가 가르친 교훈에 대한 어떤 환원주의적인 견해도 허울만 그럴듯한 것일 뿐"이라고 했다. 스미스는 인간의 본성에 대한 지칠 줄 모르는 탐구자였다. 그는 자신의 조건을 개선하려고 끊임없이 노력하는 인간을 보았다. 그는 흔히 오해하듯이 마술사처럼 교묘하게 손을 놀려 인간의 오만한 자기애를 칭찬할 만한 동기로 바꿔놓지 않았다.[9]

애덤 스미스는 상업사회의 문제를 부인하거나 냉소하기보다는 그 본질을 꿰뚫어보면서 현실적인 해법을 찾으려 했다. 생의 마지막까지 부에 대한 갈망보다는 덕성에 대한 열망을 고취하려 했다. 가난하고 약한 자들을 멸시하는 도덕적 타락을 경계하며 당파와 광신에 매몰되는 사회의 병리를 경고했다. 그의 평등과 자유, 정의의 철학은 오늘날 더 깊은 울림을 줄 수 있다.

스미스 씨의 벌통

에필로그

상상하라

"무거운 독수리가 어떻게 공기를 가로지르며 날갯짓하는지 보라. 인간도 큰 날개를 달고 바람을 거슬러 몸을 띄우는 법을 배울 수 있으리라."[1]

1452년 어느 봄날 피렌체공화국의 조그만 식민도시 빈치에서 위대한 르네상스인으로 자랄 한 아기가 태어났다. 조선에서 단종이 임금이 되던 해였다. 다빈치 가문의 사생아 레오나르도가 어릴 적부터 품었던 솔개의 환상은 훗날 새의 비상에 관한 숙명적인 연구로 이어진다. 그에게 새는 수학 법칙에 따라 움직이는 기계였다. 인간은 새의 모든 동작을 재현하는 기계를 만들 수 있다. 부족한 것은 새의 영혼밖에 없다. 레오나르도 다빈치는 자연을 관찰하며 영감을 얻었다. 하늘의 구름이나 해안의 자갈들처럼 순전히 우연으로 생겨난 것들을 가만히 들여다보면 기적 같은 발명을 생각해낼 수 있었다. 5세기 전 그의 상상력은 오늘날 비행기와 헬리콥터, 장갑차, 로봇의 원형을 그려냈다.

조선에서 영조가 즉위하기 한 해 전 스코틀랜드의 조그만 항구도시에서 훗날 인류 역사상 가장 영향력 있는 정치경제학자로 자랄 한 아기가 태어났다. 애덤 스미스의 유복자 애덤 스미스는 인간의 마음을 들여다봤다. 그 역시 관찰과 상상을 중시했다. 생각하는 인간(호모 사피엔스)은 상상하는 인간(호모 이마기난스)이다. 인간의 상상은 더불어 사는 이들과 공감할 수 있게 해준다. 공감은 도덕적 판단의 바탕이 된다.

혁신과 창조를 위한 상상은 물질적 진보를 낳는다. 공감과 정의를 위한 상상은 자유와 평등을 확장한다. 두 가지 상상이 우리의 미래를 열어줄 것이다. 미래는 과거와 현재에서 도약하는 것일 수도 있고 굴러떨어지는 것일 수도 있다.

행복은 판돈에 있지 않다

우리는 참으로 숨 가쁘게 달려왔다. 한국은 지구촌에서 둘도 없는 성장신화를 이뤘다. 한국전쟁의 잿더미에서 태어난 이는 지금까지 한국 경제 생산액이 1300배 넘게 늘어나는 것을 보았다. 그의 평생에 1인당 소득은 500배 넘게 늘었다.[2]

광복 후 한 세대 넘게 지날 때까지도 우리에게 일본은 도저히 넘을 수 없는 벽처럼 보였다. 그러나 반세기에 걸친 눈물겨운 추격전 끝에 우리는 적어도 1인당 실질 구매력 면에서는 이미 일본을 제쳤다. 20세기에는 일본이 사실상 유일하게 세계 20대 부국에 들어갔다. 21세기에 한국이 그 클럽에 들어갈 수 있을지는 미지수다.

물론 GDP가 모든 성취의 잣대가 될 수는 없다. 이 무심한 지표는 인간적인 미덕과 공동체의 가치를 나타내지 않는다. 이미 반세기 전 미국

[그림 a] 반세기의 추격전

1인당 실질 GDP (2011년 달러 기준)

[달러]

4만
3만 5천
3만
2만 5천
2만
1만 5천
1만
5천

한국
일본

한국 외환위기 (1997)

일제 강점기 (1910~1945)

한국 경제의 추격

1911 1920 1930 1940 1950 1960 1970 1980 1990 2000 2010 2018 [년]

출처: 매디슨 프로젝트 데이터베이스 2020

[그림 b] 골든 크로스

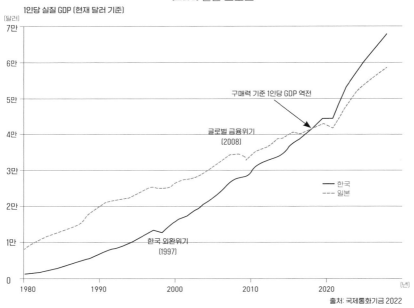

1인당 실질 GDP (현재 달러 기준)

[달러]

7만
6만
5만
4만
3만
2만
1만
0

구매력 기준 1인당 GDP 역전

글로벌 금융위기
(2008)

한국
일본

한국 외환위기
(1997)

1980 1990 2000 2010 2020 [년]

출처: 국제통화기금 2022

의 대선 주자였던 로버트 케네디가 지적했듯이 이 지표는 "아수라장이 된 사고 현장의 구급차와 우리의 문을 잠그는 특수한 자물쇠와 그것들을 부수는 사람들을 가둘 감옥"은 포함하나 "우리 자녀들의 건강이나 교육의 질, 혹은 그들이 놀이에서 얻는 즐거움"은 고려하지 않는다.³ 부자가 되려는 열망을 안고 사는 우리는 안전의 가치를 돌볼 겨를이 없었다. 거대한 고층 아파트의 덜 마른 바닥이 무너지면서 16개 층이 찢겨나간다. 멀쩡하던 백화점이 한순간에 무너져 내려 500여 명이 목숨을 잃는다. 그들을 구하려는 사투와 탐욕의 잔해를 철거하는 작업, 그 자리에 새 건물을 올리는 일은 모두 GDP로 잡힌다. GDP는 성장을 위해 희생한 가치들을 따지지 않는다. 미래 세대의 성장 잠재력을 얼마나 갉아먹는지도 따지지 않는다.

한국 경제는 이미 한 해 소득의 열 배 가까운 부(국민순자산)를 쌓았다. 떨어지기만 하던 사망률이 오름세로 반전되면서 한국은 대상속의 시대를 맞고 있다. 자신의 노력으로 얻는 소득보다 선대가 물려주는 부가 갈수록 중요한 비중을 차지하게 되는 것이다. 부의 불평등이 심화될수록 계층과 세대, 진영 간 단층은 더 거대한 지진을 일으킬 수 있다.

기술과 시장의 격변은 문제 해결을 더욱 어렵게 한다. 지금 내가 쓰고 있는 컴퓨터는 1993년에 처음으로 써본 386 노트북보다 비싸지 않을 것이다. 하지만 정보처리 속도는 100배 이상 빠르고, 저장 용량은 1만 배 이상 뛰어난다. 인터넷 덕분에 이 작은 도우미 하나로 얻을 수 있는 정보는 거의 무한히 늘어났다. 그 모든 일을 손안의 슈퍼 컴퓨터인 휴대전화로도 할 수 있다. 한 세대 전에는 상상할 수 없었던 일이다. 가속이라는 건 무서운 말이다. 체스판의 첫 번째 칸에 쌀 한 톨을 놓고 한 칸씩 나아갈 때마다 두 배로 늘려가면 어떻게 될까? 마지막 64번째 칸에 이르면 쌀로 에베레스트산을 쌓고도 남는다. 기술 발전은 체스판의 쌀이 불어나는 것과 같다. 공상과학에나 나오던 미래는 서서히, 그러다 갑자기 현실이 된다. 막걸리를 훔쳐야 하는 젊은이의 앞날은 더 막막해질 것이다.

우리가 나눌 파이를 최대한 키워야 한다는 것은 두말할 필요가 없다. 파이를 키우지 못하면 더 나눌 것도 없다. 동시에 우리 사회를 갈라놓을 단층을 메워야 한다. 부와 소득, 기회와 리스크의 가장 공정한 분배 시스템을 만들어가야 한다. 인적 자본이 소득과 부의 가장 중요한 원천이라면 양극화 해소는 무엇보다 교육 개혁과 학습 혁명에서 찾을 수 있을 것이다. 그 모든 것을 운에 맡길 수는 없다. 애덤 스미스는 공정하고 현명한 경기를 하는 데서 행복을 찾으라고 했다.

경기의 판돈을 따는 데서 행복을 찾는다면 우리의 힘이 못 미치고 우리의 지휘를 벗어난 원인에 의존하는 것이다. 끝없이 두려워하고 불안해하며 자주 쓰라린 실망감에 자신을 내맡겨야 할 것이다. 그러나 공정하고 현명하며 능숙하게 경기를 하는 데서 찾는다면, 요컨대 우리 행동의 적정성에서 행복을 찾는다면 (…) 우리의 행복은 운에 좌우되지 않고 온전히 확보될 것이다.(『도덕감정론』 7부 2편 1장)

미래는 우리 손에 달려 있다

흄과 더불어 스코틀랜드 계몽주의의 거인이었던 애덤 스미스는 미국 독립전쟁과 프랑스혁명이 일어나고 산업혁명과 근대 자본주의가 태동하던 격변의 시대를 살았다. 마르크스 이후 스미스에 대한 평가는 극명히 엇갈렸다. 스미스는 오늘날 새로운 기술이 낡은 체제를 뒤엎고, 거대 기업이 시장을 주름잡고, 극심한 양극화가 사회를 갈라놓는 것을 보지 못했다. 그러나 인간의 본성에 관한 그의 통찰은 지금도 깊은 울림을 준다.

그가 3세기를 건너뛰어 우리에게 올 수는 없다. 오늘날 우리가 맞닥뜨린 구체적인 문제를 단숨에 풀어줄 비법을 전해줄 수도 없다. 부를 창출하고 자유와 평등, 정의의 체제를 이뤄가는 문제에 관한 그의 견해는 열려 있는 것이었다. 그는 시장을 정치경제학의 중심에 올려놓았다. 그러나 그 시장은 규범과 도덕을 초월한 세계가 아니었다. 그는 사람을 보라고 했다. 이기적이고 합리적인 인간이 아니라 공감하고 상상하는 인간을.

국부는 환경이나 신성이 아니라 인간이 창조하는 것이다. 미래는 우리 손에 달려 있다. 지적, 정치적, 사회적 혁신을 추구하는 한국 사회에 스미스가 던지는 메시지는 이것이다. 우리에게는 끊임없는 혁신과 창조적 파괴로 부를 창출하는 상상력과, 부당한 지배와 불평등을 넘어 더 큰 자유로 나아가는 상상력이 절실하다. 열린 자세로 공감하고 공론의 장에서 함께 숙고하려는 노력이 중요하다.

늘 힘센 자가 이기는 대화는 안 된다. 1950년 노벨문학상을 받은 영국 철학자 버트런드 러셀은 "메뚜기와 닭이 말다툼할 때 잘못은 언제

상상하라

나 메뚜기에 있다"라고 했다. 메뚜기의 논리가 바르더라도 상대를 곧 잡아먹을 듯한 닭 앞에서라면 제대로 통할 리 없다. 극단적인 진영 논리도 벗어나야 한다. "도덕감정을 타락시키는 모든 요인 가운데 당파와 광신은 언제나 가장 큰 것"이라는 스미스의 통찰을 곱씹어봐야 할 때다.

『국부론』을 쓰던 애덤 스미스는 해 질 녘이면 커콜디 앞바다를 걸으면서 이웃에 사는 한 소년과 말동무를 했다. 소년은 세 살 때 천연두를 앓고 난 후 앞을 보지 못했다. 스미스는 소년의 선생님이 돼주었다. 스미스의 부탁을 받은 흄은 그가 에든버러대학의 장학금을 받도록 해주었다. 소년은 훗날 화학에 관한 대중 강연으로 이름을 알린 자연 철학자가 된다.[4]

나는 꽤 오랫동안 애덤 스미스에게 말을 걸었고 그와 함께 산책했다. 그의 마음을 다 읽을 수는 없었다. 내 문제의식은 용기를 주었으나 사유의 깊이는 늘 부족했다. 내가 독자에게 할 수 있는 최선의 제안은 300년 전에 태어난 이 세속의 철학자에게 한번쯤 말을 걸어보고 함께 산책해보라는 것뿐이다. 나는 감히 답을 주려 하기보다는 생각하고 상상하게 이끄는 이야기를 하고 싶었다.

경제학이라는 말만 들어도 고개를 절레절레 흔드는 이라도 스미스 씨와의 가벼운 산책은 즐거울 수 있다. 그는 도저히 알아들을 수 없는 암호로 자기네끼리만 대화하는 오늘날의 경제학자들과는 다르다. 그는 정치경제학자이기 전에 도덕철학자였다. 후세에 만들어진 신화를 벗겨낸 진짜 애덤 스미스를 만나보면 좋겠다. 그의 이름으로 탐욕과 불평등을 정당화하는 것이 얼마나 큰 잘못인지 알게 될 것이다.

그에 대해 학계의 고승들이 내린 심판이라도 다 믿지는 말기 바란다.

이념과 진영 논리로 덧칠한 상투적인 해석은 뒤집어보기 바란다. 확신에 찬 결론에 안심하기보다는 끝없는 의문에 단련되기를 바란다. 애덤 스미스에서 시작된 300년의 울림이 그만큼 많은 생각을 불러일으키기를 기대한다.

실제로 만나본 애덤 스미스는 저마다 마음속에서 바라던 사람이 아닐 수도 있다. 그렇다면 불편하고 당혹스러울 것이다. 나는 칼 세이건의 말로 이 책을 시작했다. 그는 진실에 관해 이렇게 말했다. "진실은 당혹스러울 수 있다. 그것을 알아내려면 얼마간의 노력이 필요할 것이다. 진실은 직관에 반할 수 있다. 깊이 간직한 편견에 반할 수도 있다. 우리가 참이기를 간절히 바라는 것과 일치하지 않을 수도 있다. 하지만 무엇이 진실인지 결정하는 것은 우리의 선호가 아니다."[5]

상상하라

마술의 교과서

경제학을 배우기 시작하는 단계의 교과서에서 애덤 스미스가 빠지는 경우는 거의 없다. 중고등학교 사회·역사 교과서와 고등학교 경제 교과서, 대학의 경제학 원론 교과서에서 애덤 스미스와 그의 사상을 어떻게 소개하는지 보자.

"간섭하지 말고 그대로 내버려두십시오. 시장은 모든 문제를 해결할 것입니다. 그러면 국가의 부가 증대될 것입니다."[1] 우리나라 중학교 교과서에 나오는 내용이다. 애덤 스미스의 사상을 이렇게 압축할 수 있다는 것이다. 이는 스미스의 말을 직접 인용한 것이 아니라 저자가 해석한 것이다. 우리는 이 세 문장에 생략된 조건이나 논리적 비약이 없는지 살펴봐야 한다. 위의 말은 어떤 경우에도 정부가 시장에 개입하지 말고 그대로 두어야 한다는 말일까? 아니면 부당한 간섭을 해서는 안 된다는 뜻일까? 시장은 모든 문제를 해결해줄까? 아니면 어떤 문제는 시장이 해결할 수 없거나 해결하기 어려워서 정부가 개입해야 할까? 시장을 그냥 내버려두기만 하면 곧 국부가 증진될까?

중고등학교의 다른 교과서도 보자. 대부분의 교과서가 애덤 스미스를 극단적인 자유방임을 주장하는 시장 만능주의자로 그리고 있다. 비교적 정확한 서술도 있다. 그러나 지나친 단순화로 오해를 불러일으킬 만한 내용이 많다. 스미스가 하지도 않은 말을 겹따옴표를 써서 직접 인용하는 사례도 있다.

A. (중학교 사회 2 교과서)

애덤 스미스: 『국부론』의 저자로, 개인이 자신의 이익을 추구하도록 내버려두면 시장 원리에 의하여 사회 전체의 이익이 달성된다고 주장하였다.

B. (중학교 사회 2 교과서)

'경제학의 아버지'라고 불리는 애덤 스미스는 『국부론』에서 다음과 같이 시장 가격의 중요성을 강조하였다. "우리가 매일 식사를 마련할 수 있는 것은 푸줏간 주인과 양조장 주인, 그리고 빵집 주인의 자비심 때문이 아니라 그들이 자기 자신의 이익을 위해 일하기 때문이다. 각 개인은 (…) 공공의 이익을 증진하려고 의도하지 않고, 자신이 얼마나 공공의 이익을 촉진하는지도 모른다. (…) 오로지 자신의 이익을 위할 뿐이다. 이 경우 그는 많은 다른 경우에서처럼 '보이지 않는 손'에 이끌려 그가 전혀 의도하지 않았던 목적을 달성하게 된다.

C. (고등학교 통합사회 교과서)

마술의 교과서

자본주의에 대한 사상가들의 주장을 파헤쳐보자.

애덤 스미스: "개인의 이익 추구가 사회 전체의 조화와 이익을 가져온다. 정부의 시장 개입을 최소화하는 '자유방임주의'가 적합하다."

D. (고등학교 경제 교과서)

개인은 공공의 이익을 증진할 의도도 없고 그가 얼마나 공익을 증진하는지도 모른다. 개인은 자신의 사적 이익만 추구하고 이 과정에서 그들이 의도하지 않은 어떤 목적을 달성하기 위해 '보이지 않는 손'에 인도되고 있다. 그렇지만 개인이 그 목적 달성을 의도하지 않았다고 해서 사회적으로 불리한 것은 아니다. – 애덤 스미스, 『국부론』.

"개인의 자유로운 이익 추구는 보이지 않는 손에 의해 이루어집니다."

E. (고등학교 경제 교과서)

개인은 공공의 이익을 의도적으로 증진하려고 하지 않으며, 자신이 얼마나 공공의 이익을 증진하고 있는지 알지도 못한다. 외국 산업보다 국내 산업에 대한 지원을 선호하는 것은 그들 자신의 안위만을 염두에 두고 있기 때문이며, 그 산업을 운영하는 것도 자기 자신만의 이득을 염두에 두기 때문이다. 이때 다른 많은 경우에서처럼 개인은 '보이지 않는 손'에 이끌려 자신이 전혀 의도하지 않았던 목적을 달성하게 된다. – 애덤 스미스, 『국부론』.

'보이지 않는 손'은 시장경제에서 정부나 개인의 인위적인 조절 없이도 가격을 통해 자원이 배분되는 것을 은유적으로 표현한 것으로, 애덤 스미스가 처음 사용하였다. 애덤 스미스는 개인의 이익 추구가 결과적으로 사회의 이익을 증진한다고 보았다.

F. (고등학교 경제 교과서)

우리가 맛있는 저녁 식사를 할 수 있는 것은 푸줏간 주인이나 제빵사들의 박애심 덕분이 아니다. 오히려 그들의 돈벌이에 관한 관심 덕분이다. 돈을 벌기 위해 열심히 일하는 것이 사회 전체에도 이익을 가져다준다. '보이지 않는 손'이 경제를 알아서 돌아가게 한다. – 애덤 스미스, 『국부론』.

애덤 스미스가 '경제학의 아버지'라고 불리는 것은 그가 만든 사상이 현대의 대부분 국가에서 채택하고 있는 시장경제 체제의 바탕을 이루고 있기 때문이다. 애덤 스미스는 시장에 참가하는 구성원들의 자발적인 선택과 행위가 사회 전체의 이익에 이바지한다고 보았다.

G. (고등학교 경제 교과서)

시장경제에서는 가격이 서로 독립된 수많은 경제 주체의 의사 결정과 경제활동을 자동으로 조정해준다. 그래서 이를 '보이지 않는 손'이라고 부른다. '보이지 않는 손'이란 가격이 수요와 공급을 조절하는 기능을 은유적으로 표현한 것으로, 애덤 스미스가 『국부론』에서 처음으로 사용하였다.

그렇다면 이런 교과서를 가지고 선생님들은 어떻게 가르치고 있을까? 한 참고서는 이렇게 설명한다.[2] '시장이 모든 문제를 해결해준다는 믿음은 하나의 종교가 됐다. 보이지 않는 손은 시장의 마법이다. 애덤 스미스의 이론은 자유방임의 시장경제 체제를 만들어냈다. 자유방임은 기업 활동에 어떤 개입도 하지 않는 것이다. 개인의 이기심이나 이익에 호소할 때 결과적으로 사회의 이익도 증대된다. 국부를 증대시키는 것은 개인의 이기심이다. 이 마술 같은 일이 가능한 것은 보이지 않는 손 덕분이다. 기업가의 이기심에 따라 자유롭게 행동할 수 있게 보장해주면 국내 산업이 성장하고 해외 무역이 확대되면서 지속적으로 부가 증대될 수 있다. 시장을 바탕으로 한 자본주의는 영구적으로 발전할 것이다.'

교과서나 참고서는 흔히 애덤 스미스의 생각을 소개한 다음에 "시장이 무조건 조화로운 결과를 보장하는 만병통치약은 아니라는 사실을 진지하게 고민할 필요가 있다"라고 결론짓는다. 하지만 바로 그것이 애덤 스미스의 생각이었다는 말은 하지 않는다. 스미스는 시장이 모든 문제를 저절로 해결해준다고 생각하지 않았다. 보이지 않는 손은 그런 마법을 부리는 시장이나 가격이 아니다. 중고등학교 교과서나 참고서는 스미스가 실제로 말하지도 않은 내용을 서술한 후 그에 대한 비판으로 스미스의 진짜 생각과 일치하는 논점을 제시하는 경우가 많다.

대학생들은 어떻게 배울까? 경제학 원론 과정의 뛰어난 교과서가 많이 나와 있다. 여기서는 그동안 국내에서 가장 많이 읽힌 교과서 중 하나와 현재 세계적으로 가장 인기 있는 교과서 가운데 하나를 살펴본다.

먼저 조순의 『경제학 원론』이다. 1974년 초판이 나온 후 세 차례 개정을 거쳐 1988년에 나온 판본을 보자. 이 책에서 애덤 스미스는 아홉 차례 등장한다. 자본주의 체제와 고전학파 경제학, 시장과 가격 기능, 정부의 역할, 생산과 성장, 교역에 관한 이론, 상업사회와 개인주의에 관해서다. 이 중 다섯 차례는 보이지 않는 손에 관한 설명이다. 책은 "자본주

체제의 이론적 바탕은 애덤 스미스와 그가 창시한 고전학파의 사상"이었다고 소개한다. 또 "모든 경제 주체가 건전한 사회제도의 배경 아래서 건전한 윤리관에 기초를 둔 이기심에 따라 자유롭게 경쟁을 전개하면, 그것이 시장 기구라는 엔진을 통해 국민경제 전체에 부와 번영을 가져다준다는 이론"이라고 설명한다. "이기심은 중세의 사람들이 생각한 것처럼 천한 것이 아니라 비능률과 불합리를 제거하는 유일한 요소가 되며 (…) 아무런 사전 조정이 없는 개개인의 자유경쟁은 보이지 않는 손에 인도되어 국민경제 전체에 질서를 가져다주며 부를 극대화해준다는 것이 고전학파의 경제관"이라는 것이다.[3]

책은 또 스미스와 초기 자본주의의 국가관은 "이기적 경제활동을 저해하는 모든 국가의 간섭, 통제, 보호를 철폐해야 하며, 국가의 역할은 국방이나 치안 등에 국한돼야 한다는 이른바 야경국가의 국가관"[4]이라고 설명한다. 보이지 않는 손은 이렇게 풀이한다. "시장에 있어서는 조화나 협력보다 경쟁이나 이해의 상충이 오히려 다반사"이지만 "이러한 개개의 경쟁관계가 마침내는 전체에 있어서 하나의 조화를 이루게 되고 혼란이 결국에는 큰 질서를 낳게 하며, 서로 상충되는 이해관계가 오히려 모든 거래 당사자에게 이익을 가져다준다는 것은 애덤 스미스의 이른바 보이지 않는 손의 작용이며 자유시장의 묘미요 매력"이다.[5]

국내에서도 많이 읽히는 그레고리 맨큐의 교과서를 보자. 2007년 판 『맨큐의 경제학』에서 애덤 스미스는 다섯 군데 등장한다. 보이지 않는 손과 시장의 기적, 비교우위의 원리, 핀 공장의 교훈, 기업가들의 가격인상 공모에 관해서다. 여기서도 보이지 않는 손을 시장의 마술로 풀이한다. "고전학파 경제학자 애덤 스미스는 『국부론』에서 경제학의 가장 중요한 발견을 했다. 그것은 가계와 기업들이 마치 보이지 않는 손에 이끌리는 것처럼 행동해 바람직한 시장 성과를 나타낸다는 것이다. 경제학의 목표 중 하나는 보이지 않는 손이 어떻게 이런 마술을 하는지 배우는 데 있다." 책은 "보이지 않는 손이 경제활동을 조정하기 위해 사용하는 수단이 가격"이라며 "가격은 대부분 경우에 개별 의사 결정자들이 사회 복지를 극대화하는 의사 결정을 내리도록 유도한다는 것이 애덤 스미스의 위대한 발견"이라고 설명한다. 그러나 "보이지 않는 손은 강력하지만 전지전능하진 않다"라며 파이를 키우거나 파이를 나누는 방식을 바꾸기 위해 정부가 시장에 개입할 수 있다고 쓴다. 또 시장이 자유롭게 돌아가도록 맡겨두었는데 효율적인 자원 배분을 이루지 못하는 경우를 시장 실패라고 한다며 "보이지 않는 손은 모든 사람이 좋은 음식과 좋은 옷, 충분한 의료 혜택을 누리도록 보장하지는 못한다"고 지적한다.[6]

맨큐는 이렇게 묻는다. 왜 분산된 의사 결정 구조를 가진 시장경제가 효율적으로 움직이는 것일까? 사람들이 서로 사랑과 친절로 대하기 때문일까? 물론 그렇지 않다. "인간은 늘 다른 사람에게 도움을 받아야 한다. 그러나 그것을 남들의 호의에만 의존하는 것은 헛된 일이다. 남들의 이기심을 자신에게 유익한 방향으로 유도할 수 있고, 그가 원하는 것을 해주는 것이 그들에게도 이롭다는 사실을 보여줄 수 있다면 그 사람은 더 유리한 입장에 서게 될 것이다." 개인은 자신의 사적 이익만 추구하나 그 과정에서 그들이 의도하지 않은 어떤 목적을 이루도록 보이지 않는 손에 인도된다. "개인은 자신이 의도적으로 사회적 공익을 증진하려고 하는 경우보다, 자신의 사적 이익을 추구하는 과정에서 사회적 공익을 효과적으로 증진하는 경우가 많다."[7]

주_註

프롤로그

1. 기름진 청어는 선비를 살찌운다는 뜻으로 비유어_{肥儒魚}라고 했다. 한류성 어종인 청어는 소빙하기가 끝나는 1800년대 중반까지 한반도 근해에서 많이 잡혔다. 애덤 스미스는 『국부론』에서 청어잡이를 장려하는 정책의 효과를 세밀하게 논한다. 자세한 내용은 제8장에서 다시 이야기한다.

2. 정약전은 흑산도의 어부 장창대(덕순)의 도움으로 1814년에 완성한 『자산어보』에 이렇게 썼다. 권경순·김광년이 옮긴 책 41쪽.

3. 강준식, 『다시 읽는 하멜 표류기』, 웅진지식하우스, 1995, 274쪽.

4. 무항산 무항심_{無恒産 無恒心}. 『맹자』 양혜왕 상_上 편.

5. 황민지추하, 여수취하_{況民之趨利, 如水就下}. 정약용 『시문집 11』 전론_{田論} 편. 중국 춘추시대 제나라의 정치가 관중의 사상이 담긴 『관자』에도 "백성이 이익을 좇음은 물이 낮은 곳으로 흐르는 것과 같다_{民之從利也 如水之走下}"라는 말이 나온다.

6. 『국부론』 4편 5장.

7. 애덤 스미스는 1776년에 『국부론』을 펴냈다. 북학파의 박제가는 이태 후인 1778년 『북학의』를 완성했다.

8. 일모일발 무비병이_{一毛一髮 無比病耳}. 정약용의 『경세유표』 서문.

9. 『도덕감정론』 3부 3장에서 인용했다.

10. 스미스의 종교적 성향은 가톨릭이 아니라 프로테스탄티즘(스코틀랜드 장로교) 쪽이었다.

11. 대장성 관리인 이시카와 에이사쿠_{石川暎作}가 1880년부터 번역을 시작했으나 끝내 못하고 1886년 28세로 요절했다. 사가 쇼사쿠_{嵯峨正作}가 이어받아 1888년에 마쳤다.

12. 서진수, 「국부론 번역 40년」, 『경제학의 역사와 사상』 창간호, 나남출판, 1998,

319

주

324~350쪽. 서진수에 따르면 『국부론』 번역본 가운데 최민기의 것(1957)은 최초 번역이나 부분적인 것이었고 김종원의 것(1960)은 발췌 번역이었다. 최호진·정해동이 1957년부터 1962년까지 1, 2, 3부로 나눠 낸 것이 첫 완역이었다. 이를 하나로 묶은 완역본은 1971년에 나왔다. 최임환(1970), 유인호(1977), 김수행(1992)도 잇따라 완역본을 냈다. 1992년에는 최호진·정해동의 개역판이 나왔다.

13. 영국의 조선 시장 점유율은 1900년 63퍼센트에서 1960년 16퍼센트로 떨어졌다. 일본은 1956년에 영국을 제쳤고, 한국은 2000년에 일본을 추월했다. 김병수·조근태, 「산업주도권 변천 과정 분석을 통한 산업주도기업의 혁신전략 도출: 한국 조선 산업의 사례」, 『기술혁신학회지』 제16권 4호, 2013, 1134~1162쪽.

14. 이날은 그가 세례를 받은 날이다. 정확한 출생일은 알 수 없다. 부모들이 가능한 한 서둘러 세례를 받게 하려 했던 당시 상황을 생각하면 이날을 생일로 보더라도 큰 무리는 없을 것이다.

15. 프리캐리아트precariat는 불안정하고 위태로운precarious 무산계급proletariat을 뜻한다.

16. 인간의 본성을 설명하는 가장 중요한 문구 가운데 하나이므로 원문을 그대로 옮긴다. How selfish soever man may be supposed, there are evidently some principles in his nature, which interest him in the fortune of others, and render their happiness necessary to him, though he derives nothing from it except the pleasure of seeing it.

제1장

1. 베아트리스 베른, 『패션』, 이유리·정미나 옮김, 97쪽.

2. 『국부론』 1편 11장.

3. Grass, Milton and Anna, *Stockings for a Queen: The Life of the Rev. William Lee, the Elizabethan Inventor*, A. S. Barnes, 1969.

4. 1부셸 2페크의 밀가루를 말한다. 1부셸은 4페크다. 도량형 기준을 정확히 알 수 없지만 1부셸 2페크는 대략 20킬로그램들이 포대로 두 포대 반 남짓한 양으로 추정된다.

5. 조지프 슘페터, 『자본주의·사회주의·민주주의』, 변상진 옮김, 한길사, 2011, 160쪽.

6. 국가의 부를 가늠하는 지표로는 국민순자산, 소득을 측정하는 지표로는 국내총생산 (국내총소득)과 국민총생산(국민총소득) 통계가 주로 쓰인다.

7. 노동이 상품의 진실 가치를 가늠하는 객관적인 잣대라는 생각은 경제학자들의 가장 중요한 논쟁거리가 된다. 객관적 가치와 주관적 가치를 둘러싼 논쟁에 대해서는 Mark Carney, *Value(s)*를 보라.

8. 공산주의 체제가 무너지기 전 소련은 물질적 생산을 중시하고 서비스업은 대체로 무시 했다. 서비스를 소홀히 본 애덤 스미스의 생각은 그토록 오랫동안 영향을 미쳤다. 다이 앤 코일, 『GDP 사용설명서』, 김홍식 옮김, 부키, 2018을 보라.

9. 유엔의 「2020 국제이주 보고서」에 따르면 태어난 나라 밖에서 살아가는 이들은 2020 년에 2억8100만 명에 이르는 것으로 추산된다.

10. 병인양요(1866)와 신미양요(1871), 운요호 사건(1875)이 모두 그 무렵에 일어났다.

11. 글로벌 경제 전쟁을 그린 그의 저서 *Head to Head*, 203~204쪽. 서로가 제시한 1870 년 구매력 기준 1인당 소득 상위 20국은 호주, 영국, 벨기에, 스위스, 네덜란드, 미국, 뉴질랜드, 덴마크, 캐나다, 프랑스, 아르헨티나, 오스트리아, 이탈리아, 독일, 스페인, 노 르웨이, 아일랜드, 포르투갈, 스웨덴, 칠레다. 1988년 대내 구매력 기준 소득 상위 20 국은 아랍에미리트, 미국, 캐나다, 스위스, 노르웨이, 룩셈부르크, 호주, 아이슬란드, 쿠 웨이트, 스웨덴, 서독, 핀란드, 일본, 프랑스, 덴마크, 영국, 이탈리아, 벨기에, 네덜란드, 오스트리아다.

12. 위의 책, 205쪽.

13. 2022년 10월 IMF 세계 경제 전망 데이터베이스.

14. 2022년 영국의 비스킷 생산은 34억 파운드에 이른다. 우리 돈으로 5조 원이 넘는 규 모다. 유나이티드 비스킷은 이 시장에서 약 4분의 1을 차지한다.

15. 알랭 드 보통, 『일의 기쁨과 슬픔』, 정영목 옮김, 82~83쪽.

16. 위의 책, 84쪽.

17. 그레고리 맨큐, 『맨큐의 경제학』, 김경환·김종석 옮김, 341쪽.

18. 가장 유명한 인용문 가운데 하나이므로 원문을 함께 싣는다. It is not from the

benevolence of the butcher, the brewer, or the baker that we expect our dinner, but from their regard to their own interest. We address ourselves, not to their humanity, but to their self-love, and never talk to them of our own necessities, but of their advantages. 여기서 '자비심'을 '자선'으로 옮기거나 '인간애'를 '박애'로 옮길 수도 있다.

19. 대런 애스모글루는 MIT 경제학 교수이며, 제임스 A. 로빈슨은 시카고대 공공정책대학원 정치학 교수다. 두 사람은 『국가는 왜 실패하는가』와 『좁은 회랑』을 함께 썼다.

제2장

1. 1688년 명예혁명 당시 프랑스로 망명한 제임스 2세의 아들은 제임스 3세라 자칭하며 왕위 복귀를 꾀한다. '늙은 왕위 요구자'로 불린 그의 아들이 '젊은 왕위 요구자'다. 재커바이트는 제임스의 라틴어 이름 '야코부스'에서 유래한 말로 스튜어트 왕가의 복원을 꾀하는 제임스의 추종자들이다.

2. 오스트리아 왕위 계승 전쟁 때 프로이센에 슐레지엔을 잃은 마리아 테레지아가 실지 회복을 위해 일으킨 전쟁. 유럽뿐 아니라 남·북아메리카와 카리브해, 인도, 아프리카의 식민지까지 번졌다.

3. 1파운드는 20실링, 1실링은 12펜스다. 1기니는 1파운드 1실링(21실링)이다.

4. 김수행이 옮긴 『국부론』의 역자 서문. 마르크스는 스미스가 창조한 경제학의 용어와 개념을 한편으로는 계승하고 다른 한편으로는 비판하고 수정하면서 자신의 이론 체계를 완성했다. 평생 마르크스 경제학을 연구한 김수행은 바로 그 때문에 『국부론』에 관심을 가지고 번역까지 하게 됐다고 밝혔다.

5. 여기에는 불변자본이 빠져 있다. 상품의 가치는 불변자본(생산수단) 중 소모된 부분과 가변자본(노동력)의 가치에 잉여가치를 더한 값이다.

6. 『자본론 Ⅱ』 19장의 설명을 조금 고쳐 썼다.

7. 『자본론 Ⅰ』 24장.

8. 『자본론 Ⅱ』 10장.

9. 『자본론 I』 10장.

10. 『자본론 I』 10장. 마르크스는 이 책을 온통 '피'의 수사로 물들인다. "아동의 피를 자본으로 주조하는 것"(자본 I, 10), "물고기의 피(찬 피)를 가진 공론가"(자본 I, 25), "피와 불의 글자로 쓴 인류의 역사"(자본 I, 26)라는 표현이 나온다.

11. 『자본론 III』 48장.

12. 『자본론 I』 24장.

13. Glory M. Liu, *Adam Smith's America*, 1쪽.

14. 위의 책, 2쪽.

15. 위의 책, 4쪽.

16. 글로리 M. 리우는 *Adam Smith's America*에서 스미스가 현대의 좌파에 더 가까울 수 있다는 견해를 제시한다.

17. 2007년에 나온 20파운드짜리 지폐 뒷면에는 애덤 스미스의 초상화가 있었다. 2020년부터는 화가 윌리엄 터너의 얼굴을 그린 20파운드 지폐가 유통되고 있다.

18. 스코틀랜드를 상징하는 타탄은 이 지역 직물의 독특한 무늬로 색깔과 굵기가 다른 직선이 서로 엇갈리는 형태다.

19. Margaret Thatcher, *Margaret Thatcher: The Downing Street Years*, 618쪽.

20. 2005년 12월 13일 런던 채텀하우스에서 열린 고든 브라운의 휴고 영 추모 강연.

21. 고든 브라운처럼 에든버러대학에 다녔던 스코틀랜드 작가 로버트 루이스 스티븐슨(1850~1894)의 대표작 『지킬 박사와 하이드 씨』에 나오는 지킬은 선량하고 고매한 인품으로 존경받는 인물이지만 내면에 억눌려 있던 저열하고 악한 본성이 드러나는 하이드로 변신한다.

22. Jesse Norman, *Adam Smith*, ix쪽.

23. Jacob Viner, 'Adam Smith and Laissez-Faire', *Journal of Political Economy*, Vol. 35, No. 2, 1927, 198~232쪽.

24. 토머스 홉스, 『리바이어던』, 최공웅·최진원 옮김, 131쪽.

25. 필립 페팃, 『왜 다시 자유인가』, 곽준혁·윤채영 옮김, 27~28쪽.

26. 세 계급은 중농주의자들의 분류상 토지 소유자계급과 경작자계급, 그리고 수공업자

나 제조업자, 상인 같은 비생산자 계급을 말한다. 애덤 스미스는 현실에서 완전한 정의와 자유, 평등의 체제를 이룰 수 있으리라고 생각하지는 않았다. 이 문제는 제9장에서 더 자세히 다룬다.

27. 앞부분 두 문장의 원문은 이렇다. All systems, either of preference or of restraint, therefore, being thus completely taken away, the obvious and simple system of natural liberty establishes itself of its own accord. Every man, as long as he does not violate the laws of justice, is left perfectly free to pursue his own interest his own way, and to bring both his industry and capital into competition with those of any other man, or order of men.

28. 에드워드 6세 때인 1551년의 법은 누구든 곡물을 되팔려고 사는 사람은 불법 매점자로 보고 곡물을 몰수하고 금고형에 처하도록 했다.

29. 은행 규제의 문제는 제5장에서 다시 다룬다.

30. Paul Sagar, *Adam Smith Reconsidered*, 65쪽.

31. 스미스는 도덕적인 차원뿐만 아니라 경제적인 효율성 면에서도 노예제는 바람직하지 않다고 봤다. "자유민이 하는 일은 결국 노예가 수행하는 작업보다 싸게 먹힌다고 생각한다."(국부 1.8) "어느 시대 어느 나라의 경험을 보더라도 노예가 하는 노동은 그 비용이 그들의 생계비뿐인 것처럼 보일지라도 결국 가장 비싼 것임을 나는 믿는다. 아무 재산도 얻을 수 없는 이는 가능한 한 많이 먹고 가능한 한 적게 노동하는 것밖에는 아무 관심도 없다."(국부 3.2)

32. 그레고리 맨큐, 『맨큐의 경제학』, 김경환·김종석 옮김, 15쪽.

제3장

1. 조세희, 『난장이가 쏘아올린 작은 공』, 13쪽.

2. 수학 교사는 이 답도 틀렸다고 했다. 두 아이는 함께 똑같은 굴뚝 청소를 했다. 그러므로 한 아이의 얼굴은 깨끗한데 다른 아이의 얼굴은 더러울 리가 없다.

3. 『도덕감정론』에는 'sympathy'라는 단어가 187회 나오고 'empathy'는 나오지 않는

다. 이 책을 우리말로 옮기고 관련 논문과 저서를 많이 낸 김광수 성균관대 교수는 'sympathy'를 동감으로 번역한다. 그는 '독자들은 종종 혼동하는 경향이 있지만, 동감은 이타적 감정인 연민이나 동정, 타인과의 감정 교류에 해당하는 감정이입과는 전혀 다르다'라고 밝힌다(『도덕감정론』 해제). 또 '스미스의 윤리 이론에서 동감은 보편적인 사회적 본능으로서 이기적 동기나 이타적 동기 모두에 이입하여 감정을 비교하고 판단하며 승인한다. 이처럼 동감은 광의로 정의되고 있으므로, 단순히 감정이입, 공감, 인애심, 자혜 등과 혼동해서는 안 된다'라고 설명한다(같은 책 91쪽 각주).

4. 감정의 성질(nature)이 원인에 합당하면(suitable) 적정한(proper) 것이다. 감정의 강도(intensity)가 원인에 비례하면(proportionate) 품위 있는(decent) 것이다.

5. 김천봉이 옮기고 엮은 로버트 번스 시선 『다정한 입맞춤』에서 뽑아 썼다. 이 책의 번역 중 '제기랄 놈'은 '빌어먹을 놈'으로, '염병할 속도'는 '가증스러운 속도'로 고쳐 썼다.

6. 마이클 샌델, 『정의란 무엇인가』, 김명철 옮김, 김선욱 감수, 와이즈베리, 2014, 182~183쪽.

7. 위의 책, 189쪽.

8. Ian Simpson Ross, *The Life of Adam Smith*, 148~149쪽.

9. 피치의 높낮이는 소리가 얼마나 빠르게 진동하는지를 나타낸다. 톤은 피치와 강도를 포함한 음의 질적인 특성을 말한다.

10. 『도덕감정론』 4부 1장. 원문을 조금 고쳐 썼다.

11. 제인 오스틴, 『이성과 감성』, 윤지관 옮김, 121~122쪽. 원문에서 일부 문장을 빼고 압축했다.

12. 테오필러스 리(1691~1785)는 1726년부터 사망할 때까지 학장으로 있었다. 제인의 아버지와 오빠들도 옥스퍼드에서 공부했다.

13. 『태고의 시간들』의 번역 출간에 맞춰 저자가 출판사 은행나무와 한 인터뷰.

14. 같은 인터뷰.

15. Jesse Norman, *Adam Smith: Father of Economics*, 146~147쪽.

제4장

1. 아리스토텔레스, 『니코마코스 윤리학』, 천병희 옮김, 175~217쪽.

2. 존 롤스, 『정의론』, 황경식 옮김, 옮긴이 해제.

3. 프랭크 러벳, 『롤스의 정의론 입문』, 김요한 옮김, 169쪽의 사례를 빌려왔다.

4. 원칙 A의 기대이익은 $(50+14-10)/3=18$이다. 원칙 B를 선택하면 $(15+10+8)/3=11$, 원칙 C 를 선택하면 $(10+10+9)/3≒9.6$의 이익을 기대할 수 있다.

5. 위의 책, 164쪽.

6. 토마 피케티, 『21세기 자본』, 장경덕 옮김, 이강국 감수, 글항아리, 2014, 572쪽.

7. 아마르티아 센, 『정의의 아이디어』, 이규원 옮김, 지식의 날개, 2019, 65쪽.

8. 재화의 분배에 대한 아리스토텔레스의 목적론적 추론의 예다. 마이클 샌델, 『정의란 무 엇인가』 김명철 옮김, 김선욱 감수, 와이즈베리, 2014, 278~281쪽.

9. 아마르티아 센, 『정의의 아이디어』, 이규원 옮김, 지식의 날개, 2019, 17쪽.

10. 아마르티아 센, 『세상은 여전히 불평등하다』, 정미나 옮김, 21세기북스, 2018, 239쪽.

11. 아마르티아 센, 『정의의 아이디어』, 이규원 옮김, 지식의 날개, 2019, 서문.

12. 물론 여기서 보상은 물질적 보상만을 뜻하는 것은 아니다.

13. 아마르티아 센, 『정의의 아이디어』, 이규원 옮김, 지식의 날개, 2019, 49쪽.

14. Fleischacker, *On Adam Smith's Wealth of Nations*, 204쪽.

15. 위의 책, 205쪽.

16. 당시 나는 매일경제신문 특파원으로 런던에 가 있었다. 인터뷰는 그해 노벨경제학상 수상자가 발표된 직후에 한 것이다.

17. 실비아 나시르, 『사람을 위한 경제학』, 김정아 옮김, 반비, 2013, 684쪽.

18. 아마르티아 센, 『자유로서의 발전』, 김원기 옮김, 유종일 감수, 갈라파고스, 2013, 276~277쪽.

19. 아마르티아 센, 『세상은 여전히 불평등하다』, 정미나 옮김, 21세기북스, 2018, 238쪽.

제5장

1. 『맥베스』 3막 2장.

2. 볼테르, 『오이디푸스』 3막.

3. 오비디우스, 『변신 이야기』, 천병희 옮김, 도서출판 숲, 2017, 692쪽. 옮긴이 해제.

4. 위의 책, 529쪽. 제12권 '카이네우스의 최후'. 행갈이는 달리했다.

5. 보이지 않는 손은 다음 문장에 등장한다. Fire burns, and water refreshes; heavy bodies descend, and lighter substances fly upwards, by the necessity of their own nature; nor was the invisible hand of Jupiter ever apprehended to be employed in those matters.

6. 보이지 않는 손이 나오는 문장은 이렇다. They consume little more than the poor, and in spite of their natural selfishness and rapacity, though they mean only their own conveniency, though the sole end which they propose from the labours of all the thousands whom they employ, be the gratification of their own vain and insatiable desires, they divide with the poor the produce of all their improvements. They are led by an invisible hand to make nearly the same distribution of the necessaries of life, which would have been made, had the earth been divided into equal portions among all its inhabitants, and thus without intending it, without knowing it, advance the interest of the society, and afford means to the multiplication of the species.

7. Ian Simpson Ross, *The Life of Adam Smith*, xxvi쪽.

8. 보이지 않는 손이 나오는 문장은 이렇다.

He generally, indeed, neither intends to promote the public interest, nor knows how much he is promoting it. By preferring the support of domestic to that of foreign industry, he intends only his own security; and by directing that industry in such a manner as its produce may be of the greatest value, he intends only his own gain; and he is in this, as in many other cases, led by an invisible hand to promote an end which was no part of his intention.

9. 에마 로스차일드는 *Economic Sentiments*에서, 새뮤얼 플라이새커는 *On Adam Smith's Wealth of Nations*에서 보이지 않는 손에 대한 오해와 왜곡을 상세히 논의한다. 라이언 패트릭 핸리가 엮은 *Adam Smith: His Life, Thought, and Legacy*도 스미스의 생각을 다양한 각도에서 조명한다. 여기서는 로스차일드를 비롯한 여러 애덤 스미스 연구자의 견해를 종합적으로 고려한다.

10. Emma Rothschild, *Economic Sentiments*, 127쪽.

11. 위의 책, 129쪽.

12. 애덤 스미스가 개인의 이익 추구는 반드시 사회의 이익으로 귀결되리라 보았다고 해석하는 이들은 흔히 다음 문장을 근거로 든다. "모든 개인은 그가 지배할 수 있는 자본은 무엇이든 가장 유리하게 이용할 길을 찾아 스스로 끊임없이 애쓴다. 그의 의도는 사실 사회가 아니라 그 자신에게 유리한 길을 찾는 것이다. 그러나 그 자신에게 유리한 길을 알아내려는 노력은 자연히, 어느 정도 필연적으로, 그가 사회에 가장 유리한 방식으로 (자본을) 이용하는 길을 선호하도록 이끈다."(국부 4.2) 그러나 이를 개인의 이익 추구는 어떤 경우에도 사회의 이익을 증진한다는 뜻으로 해석하는 것은 무리다.

13. Ian Simpson Ross, *The Life of Adam Smith*, 293쪽.

14. 조순, 『경제학 원론』, 법문사, 2001, 735쪽. 국내외 교과서가 보이지 않는 손과 이기심을 어떻게 서술했는지는 부록 '마술 교과서'를 보라.

15. 위의 책, 739쪽.

16. 위의 책, 740~741쪽.

17. 스코틀랜드 철학자 듀걸드 스튜어트(1753~1828)에 따르면 자유방임은 17세기에 잉글랜드와 네덜란드 사상가들에게 영향을 받은 프랑스 상인들이 주장한 것이었다. 그는 루이 14세 시대의 재상 콜베르를 만난 르 장드르라는 상인이 "우리를 그냥 놔두라 laissez nous faire"고 말한 데서 유래했다. 케네를 비롯한 중농주의자들은 그와 같은 자유방임을 주장했다.

18. 다이달로스는 그리스 신화에서 미노스 왕의 미궁 라비린토스를 만든 전설적인 장인이다. 그의 아들 이카로스는 아버지가 깃털과 밀랍으로 만든 날개를 달고 하늘로 날

아올랐는데, 아버지의 경고를 잊고 태양에 너무 가까이 갔다 날개가 녹는 바람에 추락한다.

19. 마크 뷰캐넌은 이론물리학자이자 과학저술가다. 주로 복잡계 물리학의 사고 틀을 갖고 세상의 모든 격변을 해부한다. 사람들을 사회적 원자로 보면서 왜 부자들은 갈수록 더 큰 부자가 되는지를 설명하며 금융의 물리학으로 '균형' 개념을 맹신하는 기존 경제학은 틀렸다고 비판한다.

20. 베버리지 보고서가 권고한 정책 가운데 유아와 아동, 산모 지원을 확대하고, 5세 이하 어린이가 있는 어머니와 가족들에게 연료와 우유를 지원하며, 어린이들에게 무료로 학교 급식을 제공하는 프로그램을 비롯해 일부 정책은 전쟁 중에 시행됐다. 노동당 정부는 보고서 실행을 위해 1945년 가족수당법, 1946년 국민보험법과 국민건강보험법, 1948년 국민부조법을 제정했다.

21. 대런 애쓰모글루·제임스 A. 로빈슨, 『좁은 회랑』, 장경덕 옮김, 시공사, 2020, 148~152쪽.

22. 니컬러스 웝숏, 『케인스 하이에크』, 김홍식 옮김, 부키, 2014, 41쪽.

23. 실비아 네이사, 『사람을 위한 경제학』, 김정아 옮김, 반비, 2013, 613쪽.

24. 케인스의 동료인 오스틴 로빈슨이 말한 것이다.

제6장

1. 에즈라 보걸, 『덩샤오핑 평전』, 심규호·유소영 옮김, 민음사, 2014, 64쪽.

2. 버나드 맨더빌, 『꿀벌의 우화』, 최윤재 옮김, 문예출판사, 2010, 106, 119~120쪽. 최윤재의 번역을 조금씩 고쳐서 옮겼다.

3. 위의 책, 32~39쪽. 이 문장은 『꿀벌의 우화』에 실은 '사회의 본질을 찾아서'라는 글 마지막에 나온다. 원문은 이렇다. Private Vices by the dextrous Management of a skilful Politician may be turned into Publick Benefits.

4. 장 자크 루소, 『인간 불평등 기원론/사회계약론』, 최석기 옮김, 동서문화사, 2016, 81~82쪽 원주. 'amour propre'는 번역자에 따라서 이기심이 아니라 자만심이나 자존심,

자존감으로 옮기기도 한다. 자기 사랑과 자기 편애를 대비하기도 한다.

5. George Stigler, 'Smith's Travels on the Ship of State', Andrew Skinner and Thomas Wilson eds., *Essays on Adam Smith*, 1975, 237쪽.

6. '사적 이익private interest'은 열여섯 차례 나온다.

7. 이 이야기는 수학자 존 레슬리(1776~1832)가 스미스 사후인 1797년에 쓴 편지에 나온다. 그는 스미스의 양자 데이비드 더글러스를 가르쳤다. 레슬리 역시 전해 들은 이야기를 옮긴 것이지만, 스미스가 베일리얼 칼리지 시절에 데이비드 흄의 철학을 깊이 알게 된 것은 틀림없어 보인다.

8. 장경덕, 『정글 경제 특강』, 에쎄, 2012, 55~56, 60쪽.

9. 150(0.5)-100(0.5)=25

10. 50(0.5)-200(0.5)=-75

11. 스미스는 사람들이 손실을 볼 확률을 지나치게 낮게 평가한다는 점을 지적했다. 오늘날의 행동경제학자들이 실험으로 밝혀낸 것은 손실을 볼 확률이 주어질 때 사람들이 이득보다 손실을 더 꺼린다는 것이다. 둘은 모순되지 않는다.

12. 존 퀴긴, 『경제학의 5가지 유령들』, 정수지 옮김, 21세기북스, 2012, 92쪽.

13. Jesse Norman, *Adam Smith: Father of Economics*, 220~223쪽.

14. 토마 피케티, 『21세기 자본』, 장경덕 옮김, 이강국 감수, 글항아리, 2014, 46쪽.

제7장

1. 오노레 드 발자크, 『고리오 영감』, 임희근 옮김, 열린책들, 2009, 130쪽. 이하 소설 내용은 이 책에서 옮겼다.

2. 피케티는 자본의 수익률(r)이 언제나 경제의 성장률(g)보다 높다는 것을 부등식 r 〉 g로 표현한다. r 〉 g라는 부등식은 과거에 축적된 부가 생산과 임금보다 더 빨리 증가한다는 것을 의미한다. 불평등의 동학을 설명하는 피케티의 가장 기본적인 명제다.

3. 토마 피케티, 『21세기 자본』, 장경덕 옮김, 이강국 감수, 글항아리, 2014, 39쪽.

4. 토마 피케티는 자신의 주장을 다음과 같은 두 개의 간단한 식으로 압축했다.

(1) α=r×β

(2) β=s/g

여기서 식 (1)은 전체 국민소득에서 자본이 차지하는 몫(α)은 자본수익률(r)과 자본/소득 비율(β)을 곱한 것과 같다는 뜻이며, 피케티는 이를 '자본주의의 제1기본법칙'이라고 부른다. 식 (2)는 자본/소득 비율은 장기적으로 저축률(s)을 경제성장률(g)로 나눈 값과 같다는 뜻으로, 피케티는 이를 '자본주의의 제2기본법칙'이라고 일컫는다.

5. 이 가운데 순금융자산은 781조 원에 불과하고 나머지는 모두 비금융자산이다. 누군가의 금융자산(2경1073조 원)은 다른 누군가의 금융부채(2경291조 원)이므로 그 차액만 국민순자산에 포함한다.

6. 한 해 국민소득 대비 연간 상속 재산의 비율(연간상속액/국민소득)은 사망자의 평균자산이 생존자의 평균자산보다 많을수록(사망자 평균자산/생존자 평균자산), 전체 인구 대비 사망자가 많을수록(사망자/전체 인구), 소득 대비 자본축적(국민순자산/국민소득)이 많을수록 높아진다.

7. 통계청과 한국은행, 금융감독원이 전국 2만 가구를 표본으로 조사한 가계금융복지조사 결과. 여기서는 가구원 수가 서로 다른 가구 사이의 복지 수준을 비교할 수 있게 소득을 가구원 수의 제곱근으로 나눈 값(균등화 소득)을 분석한다. 균등화하지 않은 가구당 평균소득은 6125만 원, 중위소득은 4836만 원이었다.

8. 토마 피케티, 『21세기 자본』, 장경덕 옮김, 이강국 감수, 글항아리, 2014, 8쪽.

9. 위의 책, 32쪽.

10. 함규진, 『정약용 조선의 르네상스를 꿈꾸다』, 한길사, 2012, 37쪽.

11. 토마 피케티, 『21세기 자본』, 장경덕 옮김, 이강국 감수, 글항아리, 2014, 604쪽.

12. 존 퀴긴, 『경제학의 5가지 유령들』, 정수지 옮김, 21세기북스, 2012, 182쪽.

13. 진정한 가치가 무엇인지 부연 설명은 없다. 시장의 수요와 공급에 따라 결정되는 가격과 다른 본질적인 가치를 상정한 것이어서 논란의 여지를 남긴다.

14. 한사限嗣상속은 'entail'을 옮긴 말인데 우리말 사전에는 없다. 일본 용어를 가져온 것이다. 한사상속은 물려받은 빚을 상속 재산 한도 내에서 갚도록 하는 한정상속과는 다르다.

15. 통계청의 2021년 사회조사에서 그런 응답은 전체의 50.1퍼센트였다. 도와줄 사람이 있다는 응답자는 30대에서 60.7퍼센트로 가장 많았고 60대 이상에서는 35.4퍼센트에 그쳤다.

16. 이런 회사가 투자한 무형자본은 기계처럼 되팔 수 없는 매몰된sunk 비용으로 인식된다. 이런 회사의 혁신은 거의 무한히 확장할 수 있고scalable, 다른 혁신과 어우러져 상승효과synergy를 내며, 그 효과가 경제 전체로 확산spillover한다. 조너선 해스컬과 스티언 웨스틀레이크의 『자본 없는 자본주의』는 새로운 아이디어와 지식, 소프트웨어, 브랜드, 네트워크, 신뢰관계 같은 무형의 자본이 갈수록 중요해지는 세계를 그린다.

17. 애덤 스미스는 오늘날의 생활임금과 같은 개념을 가지고 있었다. 그의 셈법은 이렇다. 태어난 아이의 절반은 어른이 되기 전에 죽는다. 가난한 노동자도 자녀 둘을 어른이 되게 하려면 아이 넷을 낳아 길러야 한다. 아이 넷의 생활비는 어른 한 명의 생활비와 같다. 그러므로 한 가족을 부양하려면 부부가 노동해서 그들 자신의 생존에 필요한 것보다 좀더 많이 벌 수 있어야 한다.(국부 1.8)

18. Jesse Norman, *Adam Smith: Father of Economics*, 154쪽.

19. 조슈아 B. 프리먼, 『더 팩토리』, 이경남 옮김, 시공사, 2019, 180쪽.

제8장

1. 피트 정부는 수입 차에 대한 징벌적 세제를 완화함으로써 세수를 늘리는 효과를 얻을 뿐만 아니라 중국과의 교역을 활성화함으로써 당시 지나친 빚에 시달리던 영국 동인도회사를 도울 수 있다고 판단했다. 동인도회사는 인도산 아편을 중국에 팔고 대신 차를 수입해 영국 시장에 팔았다.

2. Walter Scott, *Guy Mannering*, Public Domain, 48쪽. 집시들이 어린 스미스를 데려갈 뻔했던 사건은 제10장을 보라.

3. 피터 안드레아스는 『밀수꾼의 나라 미국』에서 "그러니 애덤 스미스가 밀수꾼을 존경한 이유도 납득할 만하다"라고 썼다.

4. 『국부론』 4편 8장. 드라콘은 기원전 621년 아테네 최초의 성문법 제정을 맡았던 법률

가다. 고질적인 무법 상태와 피 흘리는 복수, 폭력의 덫에 걸린 사회를 다루는 드라콘의 법은 가혹한 법률의 대명사가 됐다.

5. 비교우위는 어떤 상품을 다른 생산자보다 더 적은 기회비용으로 만드는 능력이다. 여기서 기회비용은 어떤 상품을 생산하기 위해 다른 상품을 얼마나 포기해야 하는지를 나타낸다. 영국이 옷 한 벌을 더 만들려면 와인을 약 0.833(≒100/120)병 포기하면 된다. 포르투갈은 그보다 많은 1.125(=90/80)병을 포기해야 한다. 따라서 영국은 옷 생산에서 포르투갈보다 비교우위를 갖는다.

6. 17세기 정치가 제임스 해링턴의 정치철학을 담은 저서 『오세아나 공화국The Commonwealth of Oceana』에 나오는 이상적인 정치 체제.

7. 1976년 프리드먼의 몽펠르랭 소사이어티 연설.

8. 밥 우드워드, 『공포: 백악관의 트럼프』, 장경덕 옮김, 딥인사이드, 2019, 191쪽.

9. 데이비드 랜즈, 『국가의 부와 빈곤』, 안진환·최소영 옮김, 한국경제신문, 2009, 569~570쪽.

10. 'Japan's Amazing Auto Machine', 『뉴욕타임스』, 1981년 1월 18일.

11. 김문기 외, 『해양사의 명장면』, 산지니, 2019, 255쪽.

12. 위의 책, 252~257쪽.

13. 러셀 쇼토, 『세상에서 가장 자유로운 도시, 암스테르담』, 허형은 옮김, 책세상, 2016, 58쪽.

14. 김문기 외, 『해양사의 명장면』, 산지니, 2019, 269쪽.

15. 1780년 친구인 윌리엄 이든 의원에게 보내는 편지.

16. 애덤 스미스는 그를 "프랑스 왕의 대사로 칭기즈칸의 아들 중 한 명에게 파견된 수도승 플라노 카르피노"라고 밝힌다.

17. 아킬 모저, 『당신에게는 사막이 필요하다』, 배인섭 옮김, 더숲, 2013, 141~142쪽.

18. Peter L. Bernstein, *The Power of Gold*, 135쪽.

19. Allianz SE, 「The world is moving East, fast」, 2021년 1월 18일.

제9장

1. 애덤 스미스는 핀 공장 이야기를 했다.

2. Elizabeth Anderson, 'Adam Smith on Equality', Ryan Patrick Hanley ed., *Adam Smith: His Life, Thought, and Legacy*, 157쪽.

3. 체제형 지도자man of system를 '체제 신봉자'로 옮기는 이들도 많다. 김광수 역 『도덕감정론』(한길사, 2016)을 참조하라.

4. 대런 애쓰모글루·제임스 A. 로빈슨, 『좁은 회랑』, 장경덕 옮김, 시공사, 2020, 88~95쪽.

5. 『자본론 II』, 252쪽.

6. 토머스 매크로, 『혁신의 예언자』, 김형근·전석헌 옮김, 글항아리, 2012, 467쪽.

7. 실비아 네이사, 『사람을 위한 경제학』, 김정아 옮김, 반비, 2013, 296쪽.

8. 토머스 매크로, 『혁신의 예언자』, 김형근·전석헌 옮김, 글항아리, 2012, 666쪽.

9. 필리프 아기옹·셀린 앙토냉·시몽 뷔넬, 『창조적 파괴의 힘』, 이민주 옮김, 에코리브르, 2022, 242~245쪽.

10. 토드 부크홀츠, 『죽은 경제학자의 살아 있는 아이디어』, 류현 옮김, 한순구 감수, 김영사, 2009, 278쪽.

제10장

1. 모리스 마테를링크, 『꿀벌의 생활』, 김현영 옮김, 이너북, 2010, 17쪽.

2. Jesse Norman, *Adam Smith: Father of Economics*, 165~166쪽.

3. 위의 책, 169~170쪽.

4. Jesse Norman, *Adam Smith: Father of Economics*, 24쪽.

5. Ian Simpson Ross, *The Life of Adam Smith*, 84~86쪽.

6. Ian Simpson Ross, *The Life of Adam Smith*, 188쪽.

7. 이는 추정치다. 『국부론』 초판 발행과 관련된 기록은 발견되지 않았다. Keith Tribe ed., *A Critical Bibliography of Adam Smith*, Routledge, 2002.

8. 몇 다리를 건너서 전해진 이야기여서 진실성에 대한 논란이 있는 일화다. 월터 스콧은 1829년에 제임스 보즈웰이 쓴 존슨 전기의 편집자(존 윌슨 크로커)에게 보내는 편지에서 이 이야기를 전한다.

9. Ian Simpson Ross, *The Life of Adam Smith*, 449쪽.

에필로그

1. 찰스 니콜, 『레오나르도 다빈치 평전』, 안기순 옮김, 고즈윈, 2007, 204~205쪽.
2. 명목 GDP는 1953년 13억 달러에서 2021년 1조8102억 달러로 늘어났다. 같은 기간 1인당 GDP는 65달러에서 3만4983달러로 증가했다.
3. 1968년 3월 19일 로버트 케네디의 캔자스대학 연설. 그는 국민총생산GNP 지표의 문제를 지적한다.
4. 그의 이름은 헨리 모예스(1750~1807)다.
5. Carl Sagan, 'Wonder and Skepticism', *Skeptical Inquirer*, Vol. 19, No. 1, Jan/Feb 1995, 27쪽.

부록

1. 천재교육에서 펴낸 중학교 사회·역사 교과서 중 사회 3 IX '시장경제의 이해'.
2. 이 부분은 중학교 교과서와 관련된 한 참고 도서의 내용을 요약한 것이다.
3. 조순, 『경제학 원론』, 21쪽.
4. 위의 책, 21쪽.
5. 위의 책, 204쪽.
6. 그레고리 맨큐, 『맨큐의 경제학』, 김경환·김종석 옮김, 13~16쪽.
7. 위의 책, 15쪽.

참고문헌

애덤 스미스가 생전에 펴낸 책과 그의 사후에 나온 강의록, 서간집은 1976년부터 글래스고 판본으로 편집돼 나왔다. 1976년 『도덕감정론The Theory of Moral Sentiments』과 『국부론An Inquiry into the Nature and Causes of the Wealth of Nations』, 1977년 『애덤 스미스 서간집The Correspondence of Adam Smith』, 1978년 『법학 강의Lectures on Jurisprudence』, 1980년 『철학 논집Essays on Philosophical Subjects』, 1983년 『수사학 강의Lectures on Rhetoric and Belles Letters』 등이다.

애덤 스미스의 원문을 우리말로 옮길 때 『도덕감정론』은 김광수 번역본, 『국부론』은 김수행 번역본을 주로 참고했으나 더 간결하고 읽기 쉽게 고쳐 쓰려고 애썼다. 참고문헌 가운데 번역서가 있는 책은 원서를 따로 표시하지 않았다. 이미 절판된 책은 번역서와 원서를 다 표시했다.

여기에 나오는 저자들은 모두 나의 거인이다. 나는 그들의 어깨를 빌려 조금이라도 더 멀리 볼 수 있었다. 애덤 스미스의 전기는 이언 심슨 로스, 니컬러스 필립슨, 제임스 버컨, 제시 노먼의 책을 주로 읽었다. 스미스의 보이지 않는 손에 관해서는 에마 로스차일드, 정의에 관해서는 아마르티아 센과 새뮤얼 플라이새커, 자유와 자유주의에 관해서는 폴 세이거와 에드먼드 포셋의 연구를 참고했다.

* * *

고든, 로버트 J., 『미국의 성장은 끝났는가』, 이경남 옮김, 김두얼 감수, 생각의힘, 2017.

그린스펀, 앨런·에이드리언 울드리지, 『미국 자본주의의 역사』, 김태훈 옮김, 장경덕 감수, 세종서적, 2020.

곽준혁, 『지배와 비지배: 마키아벨리의 「군주」 읽기』, 민음사, 2013.

김광수, 『국부론과 애덤 스미스의 융합학문』, 해남, 2019.

김광수, 『애덤 스미스, 정의가 번영을 이끈다』, 한길사, 2015.

김광수, 『애덤 스미스의 학문과 사상』, 해남, 2005.

김근배, 『애덤 스미스의 따뜻한 손』, 중앙북스, 2016.

김문기, 『해양사의 명장면』, 산지니, 2019.

김수행, 『청소년을 위한 국부론』, 두리미디어, 2010.

김한원·정진영(엮음), 『자유주의: 시장과 정치』, 부키, 2006.

나사르, 실비아, 『사람을 위한 경제학』, 김정아 옮김, 반비, 2013.

다이아몬드, 재레드, 『어제까지의 세계』, 강주헌 옮김, 김영사, 2013.

다이아몬드, 재레드, 『총, 균, 쇠』, 김진준 옮김, 문학사상사, 1998.

라스무센, 데니스 C., 『무신론자와 교수』, 조미현 옮김, 에코리브르, 2017.

라잔, 라구람 G., 『폴트 라인』, 김민주·송희령 옮김, 에코리브르, 2011.

랜즈, 데이비드, 『국가의 부와 빈곤』, 안진환·최소영 옮김, 한국경제신문, 2009. → David
    Landes(1998)를 보라.

러벳, 프랭크, 『롤스의 정의론 입문』, 김요한 옮김, 서광사, 2013.

로스, 앨빈, 『매칭: 숨은 시장을 발굴하는 강력한 힘』, 이경남 옮김, 알키, 2016.

로크, 존, 『통치론』, 강정인·문지영 옮김, 까치, 2017.

롤즈(롤스), 존, 『정의론』, 황경식 옮김, 이학사, 2003.

루소, 장 자크, 『인간 불평등 기원론/사회계약론』, 최석기 옮김, 동서문화사, 2016.

마르크스, 카를, 『자본론 Ⅰ』, 김수행 옮김, 비봉출판사, 2015.

마르크스, 카를·프리드리히 엥겔스(엮음), 『자본론 Ⅱ·Ⅲ』, 김수행 옮김, 비봉출판사,
    2015.

마르크스, 카를·프리드리히 엥겔스, 『공산당 선언』, 이진우 옮김, 책세상, 2018.

마코비츠, 대니얼, 『엘리트 세습』, 서정아 옮김, 세종서적, 2020.

마티니치, 엘로이시어스, 『홉스: 리바이어던의 탄생』, 진석용 옮김, 교양인, 2020.

매크로, 토머스, 『혁신의 예언자』, 김형근·전석헌 옮김, 글항아리, 2012.

매클린, 낸시, 『벼랑 끝에 선 민주주의』, 김승진 옮김, 세종서적, 2019.

맨더빌, 버나드, 『꿀벌의 우화』, 최윤재 옮김, 문예출판사, 2010.

맬서스, 토머스, 『인구론』, 이서행 옮김, 동서문화사, 2016.

메테를링크, 모리스, 『꿀벌의 생활』, 김현영 옮김, 이너북, 2010.

모건, 케네스 O. 엮음, 『옥스퍼드 영국사』, 영국사학회 옮김, 한울, 1997.

모리스, 이언, 『가치관의 탄생』, 이재경 옮김, 반니, 2016.

모리스, 이언, 『왜 서양이 지배하는가』, 최파일 옮김, 글항아리, 2013.

모저, 아킬, 『당신에게는 사막이 필요하다』, 배인섭 옮김, 더숲, 2013.

뭉크, 야스차, 『위험한 민주주의』, 함규진 옮김, 와이즈베리, 2018. → Mounk Yascha(2018)를 보라.

미크, R. L. 엮음, 『애덤 스미스의 법학 강의』, 서진수 옮김, 자유 기업원, 2002.

밀라노비치, 브랑코, 『우리는 왜 불평등해졌는가』, 서정아 옮김, 장경덕 감수, 21세기북스, 2017.

밀라노비치, 브랑코, 『홀로 선 자본주의』, 정승욱 옮김, 김기정 감수, 세종서적, 2020.

발자크, 오노레 드, 『고리오 영감』, 임희근 옮김, 열린책들, 2009.

버컨, 제임스, 『애덤 스미스, 경제학의 탄생』, 이경남 옮김, 청림출판, 2008.

번스, 로버트, 『다정한 입맞춤』, 김천봉 옮김, 글과글사이, 2017.

번스타인, 피터 L., 『황금의 지배』, 김승욱 옮김, 경영정신, 2001. → Peter L. Bernstein(2000)을 보라.

베른, 베아트리스 외, 『패션: 의상과 스타일의 모든 것』, 이유리·정미나 옮김, 시그마북스, 2013.

보걸, 에즈라, 『덩샤오핑 평전』, 심규호·유소영 옮김, 민음사, 2014.

보통, 알랭 드, 『일의 기쁨과 슬픔』, 정영목 옮김, 은행나무, 2012.

볼테르, 『오이디푸스』, 김덕희 옮김, 여운, 2016.

볼테르, 『관용론』, 송기형·임미경 옮김, 한길사, 2016.

부크홀츠, 토드, 『죽은 경제학자의 살아 있는 아이디어』, 류현 옮김, 한순구 감수, 김영사, 1994.

뷰캐넌, 마크, 『내일의 경제』, 이효석·정형채 옮김, 사이언스북스, 2014.

뷰캐넌, 마크, 『사회적 원자』, 김희봉 옮김, 사이언스북스, 2010.

브록만, 존(엮음), 『컬처 쇼크』, 강주헌 옮김, 와이즈베리, 2013.

샌델, 마이클, 『공정하다는 착각』, 함규진 옮김, 와이즈베리, 2020.

샌델, 마이클, 『돈으로 살 수 없는 것들』, 안기순 옮김, 김선욱 감수, 와이즈베리, 2012.

샌델, 마이클, 『정의란 무엇인가』, 김명철 옮김, 김선욱 감수, 와이즈베리, 2014.

센, 아마르티아, 『세상은 여전히 불평등하다』, 정미나 옮김, 21세기북스, 2018.

센, 아마르티아, 『자유로서의 발전』, 김원기 옮김, 갈라파고스, 2013.

센, 아마르티아, 『정의의 아이디어』, 이규원 옮김, 지식의날개, 2019.

센, 아마티아(아마르티아), 『센코노믹스: 인간의 행복에 말을 거는 경제학』, 원용찬 옮김, 갈라파고스, 2008.

셰익스피어, 윌리엄, 『맥베스』, 최종철 옮김, 민음사, 2004.

쇼토, 러셀, 『세상에서 가장 자유로운 도시, 암스테르담』, 허형은 옮김, 책세상, 2016.

슘페터, 조지프, 『자본주의 사회주의 민주주의』, 변상진 옮김, 한길사, 2011.

스미스, 애덤, 『국부론 1·2』, 유인호 옮김, 동서문화사, 2016.

스미스, 애덤, 『국부론 1·2』, 최임환 옮김, 올재클래식스, 2020.

스미스, 애덤, 『국부론 상·하』, 김수행 옮김, 비봉출판사, 2007.

스미스, 애덤, 『국부론 상·하』, 최호진·정해동 옮김, 범우사, 2006.

스미스, 애덤, 『도덕감정론』, 김광수 옮김, 한길사, 2016.

스미스, 애덤, 『도덕감정론』, 박세일·민경국 옮김, 비봉출판사, 2009.

스미스, 애덤, 『정의에 대하여』, 정명진 옮김, 부글북스, 2016.

스미스, 애덤, 『한 권으로 읽는 국부론』, 안재욱 옮김, 박영사, 2018.

스키너, 퀜틴, 『퀜틴 스키너의 자유주의 이전의 자유』, 조승래 옮김, 푸른역사, 2007.

스타인메츠, 그레그, 『자본가의 탄생』, 노승영 옮김, 부키, 2018.

스티글리츠, 조지프, 『불만 시대의 자본주의』, 박세연 옮김, 열린책들, 2021.

스티글리츠, 조지프, 『불평등의 대가』, 이순희 옮김, 열린책들, 2013.

스티글리츠, 조지프 E., 『끝나지 않은 추락』, 장경덕 옮김, 21세기북스, 2010.

아기옹, 필리프·셀린 앙토냉·시몽 뷔넬, 『창조적 파괴의 힘』, 이민주 옮김, 에코리브르, 2022.

아리기, 조반니, 『베이징의 애덤 스미스』, 강진아 옮김, 길, 2009.

아리스토텔레스, 『니코마코스 윤리학』, 천병희 옮김, 숲, 2018.

안드레아스, 피터, 『밀수꾼의 나라 미국』, 정태영 옮김, 글항아리, 2015.

알바레도, 파쿤도·뤼카 샹셀·토마 피케티·이매뉴얼 사에즈·게이브리얼 주크먼, 『세계 불
평등보고서』, 장경덕 옮김, 글항아리, 2018.

애쓰모글루, 대런·제임스 A. 로빈슨, 『국가는 왜 실패하는가』, 최완규 옮김, 장경덕 감수,
시공사, 2012.

애쓰모글루, 대런·제임스 A. 로빈슨, 『좁은 회랑』, 장경덕 옮김, 시공사, 2020.

앳킨슨, 앤서니 B., 『불평등을 넘어: 정의를 위해 무엇을 할 것인가』, 장경덕 옮김, 글항아
리, 2015.

오렐, 데이비드, 『거의 모든 것의 미래』, 이한음 옮김, 리더스북, 2010.

오렐, 데이비드, 『경제학 혁명: 신화의 경제학에서 인간의 경제학으로』, 김원기 옮김, 행성
B, 2011. → David Orrell(2010)을 보라.

오비디우스, 『변신 이야기』, 천병희 옮김, 숲, 2017.

오스본, 로저, 『처음 만나는 민주주의 역사』, 최완규 옮김, 시공사, 2012.

오스틴, 제인, 『이성과 감성』, 윤지관 옮김, 민음사, 2006.

오치 도시유키, 『세계사를 바꾼 37가지 물고기 이야기』, 서수지 옮김, 사람과나무사이,
2020.

와이트, 조나단 B., 『애덤 스미스 구하기』, 이경식 옮김, 북스토리, 2017.

와키모토 유이치, 강신규 옮김, 『거상들의 시대』, 한스미디어, 2008.

우드워드, 밥, 『공포: 백악관의 트럼프』, 장경덕 옮김, 딥인사이드, 2019.

웝숏, 니컬러스, 『케인스 하이에크』, 김홍식 옮김, 부키, 2014.

이근식, 『애덤 스미스 국부론』, 쌤앤파커스, 2018.

이근식, 『애덤 스미스의 고전적 자유주의』, 기파랑, 2006.

이근식, 『자유와 상생』, 기파랑, 2005.

이재유, 『스미스의 국부론: 인간 노동이 부를 낳는다』, EBS BOOKS, 2022.

이황희, 『애덤 스미스와 국가』, 경인문화사, 2019.

정민, 『18세기 조선 지식인의 발견』, 휴머니스트, 2007.

정약전, 『자산어보』, 권경순·김광년 옮김, 더스토리, 2021.

조순, 『경제학 원론』(제3전정판), 법문사, 1988.

챈슬러, 에드워드, 『금융 투기의 역사』, 강남규 옮김, 국일증권경제연구소, 2021.

카, E. H., 『역사란 무엇인가』, 김택현 옮김, 까치, 2015.

케네디, 폴, 『강대국의 흥망』, 이일수·전남석·황건 옮김, 한국경제신문, 1989.

코엔, 다니엘, 『악의 번영: 비판적 경제입문서』, 이성재 옮김, 글항아리, 2010.

코엔, 다니엘, 『호모 이코노미쿠스: 새로운 시대에 방황하는 선구자』, 박상은 옮김, 에쎄,
    2013.

코일, 다이앤, 『번영과 몰락의 성적표 GDP 사용설명서』, 김홍식 옮김, 부키, 2018.

코크란, 그레고리·헨리 하펜딩, 『1만 년의 폭발』, 김명주 옮김, 글항아리, 2010.

콜리어, 폴, 『자본주의의 미래』, 김홍식 옮김, 까치, 2020.

퀴긴, 존, 『경제학의 5가지 유령들』, 정수지 옮김, 21세기북스, 2012.

킨, 마이클·조엘 슬렘로드, 『세금의 흑역사』, 홍석윤 옮김, 세종서적, 2022.

킨들버거, 찰스 P.·로버트 Z. 알리버, 『광기, 패닉, 붕괴: 금융위기의 역사』, 김홍식 옮김, 굿
    모닝북스, 2006.

토카르추크, 올가, 『태고의 시간들』, 최성은 옮김, 은행나무, 2019.

퍼거슨, 니얼, 『금융의 지배』, 김선영 옮김, 민음사, 2010.

퍼거슨, 니얼, 『위대한 퇴보』, 구세희 옮김, 21세기북스, 2013.

퍼거슨, 니얼, 『광장과 타워』, 홍기빈 옮김, 21세기북스, 2019.

퍼거슨, 닐(니얼), 『제국』, 김종원 옮김, 민음사, 2006.

페팃, 필립, 『신공화주의: 비지배 자유와 공화주의 정부』, 곽준혁 옮김, 나남, 2012.

펠프스, 에드먼드, 『대번영의 조건』, 이창근·홍대운 옮김, 열린책들, 2016.

포즈너, 에릭·글렌 웨일, 『래디컬 마켓』, 박기영 옮김, 하상응 감수, 부키, 2019.

폭스, 저스틴, 『죽은 경제학자들의 만찬』, 윤태경 옮김, 랜덤하우스, 2010.

폴라니, 칼, 『거대한 전환: 우리 시대의 정치·경제적 기원』, 홍기빈 옮김, 길, 2009.

폴리, 던컨, 『아담의 오류』, 김덕민·김민수 옮김, 후마니타스, 2011.

프리드먼, 밀턴, 『자본주의와 자유』, 심준보·변동일 옮김, 청어람미디어, 2007.

프리드먼, 밀턴, 『화폐경제학』, 김병주 옮김, 한국경제신문, 2009.

프리먼, 조슈아 B., 『더 팩토리』, 이경남 옮김, 시공사, 2019.

프리스틀랜드, 데이비드, 『왜 상인이 지배하는가』, 이유영 옮김, 원더박스, 2016.

프릴랜드, 크리스티아, 『플루토크라트: 모든 것을 가진 사람과 그 나머지』, 박세연 옮김, 열린책들, 2013.

플레너리, 켄트·조이스 마커스, 『불평등의 창조』, 하윤숙 옮김, 미지북스, 2015.

플레밍, 피터, 『호모 이코노미쿠스의 죽음』, 박영준 옮김, 한스미디어, 2018.

피케티, 토마, 『21세기 자본』, 장경덕 옮김, 글항아리, 2014.

피케티, 토마, 『자본과 이데올로기』, 안준범 옮김, 문학동네, 2020.

하라리, 유발, 『사피엔스』, 조현욱 옮김, 이태수 감수, 김영사, 2015.

하라리, 유발, 『호모 데우스: 미래의 역사』, 김명주 옮김, 김영사, 2017.

하이에크, 프리드리히, 『노예의 길』, 김이석 옮김, 자유 기업원, 2018.

하일브로너, 로버트·레스터 서로, 『경제학은 무엇을 말할 수 있고 무엇을 말할 수 없는가』, 조윤수 옮김, 부키, 2009.

하일브로너, 로버트 L., 『세속의 철학자들』, 장상환 옮김, 이마고, 2008.

함규진, 『정약용 조선의 르네상스를 이끌다』, 한길사, 2012.

허버드, 글렌·팀 케인, 『강대국의 경제학』, 김태훈 옮김, 민음사, 2014.

헌트, E. K., 『E. K. 헌트의 경제사상사』, 홍기빈 옮김, 시대의창, 2015.

홉스, 토머스, 『리바이어던』, 최공웅·최진원 옮김, 교양인, 2016.

후쿠야마, 프랜시스, 『트러스트』, 구승희 옮김, 한국경제신문, 1996. → Francis Fukuyama(1995)를 보라.

Bernstein, Peter L., *The Power of Gold*, Wiley, 2000.

Berry, Christopher J., *Adam Smith: A Very Short Introduction*, Oxford University Press, 2016.

Buchan, James, *The Authentic Adam Smith: His Life and Ideas*, W. W. Norton, 1995.

Cannadine, David, *Margaret Thatcher: A Life and Legacy*, Oxford University Press, 2017.

Carney, Mark, *Value(s)*, Public Affairs, 2021.

Davies, Norman, *Europe: A History*, Oxford University Press, 1996.

Davies, Norman, *The Isles: A History*, Macmillan, 1999.

DeLong, J. Bradford, *Slouching Towards Utopia*, Basic Books, 2022.

Fawcett, Edmund, *Liberalism: The Life of an Idea*, Princeton University Press, 2014.

Fleischacker, Samuel, *Adam Smith*(Routledge Philosophers Series), Routledge, 2021.

Fleischacker, Samuel, *On Adam Smith's Wealth of Nations: A Philosophical Companion*, Princeton University Press, 2004.

Fukuyama, Francis, *Liberalism and Its Discontents*, Farrar, Straus and Giroux, 2022.

Fukuyama, Francis, *Trust: The Social Virtues and the Creation of Prosperity*, Free Press, 1995.

Galor, Oded, *The Journey of Humanity: The Origins of Wealth and Inequality*, Dutton, 2022.

Galor, Oded, *Unified Growth Theory*, Princeton University Press, 2011.

Hanley, Ryan Patrick(ed.), *Adam Smith: His Life, Thought, and Legacy*, Princeton University Press, 2016.

Heilbroner, Robert L., *The Essential Adam Smith*, W. W. Norton, 1987.

Hont, Istvan, *Politics in Commercial Society: Jean-Jacques Rousseau and Adam Smith*, Harvard University Press, 2015.

Iversen, Torben·David Soskice, *Democracy and Prosperity*, Princeton University Press, 2019.

Landes, David, *The Wealth and Poverty of Nations*, Little, Brown and Company, 1998.

Liu, Glory M., *Adam Smith's America: How a Scottish Philosopher Became an Icon of American Capitalism*, Princeton University Press, 2022.

Magnuson, William, *For Profit: A History of Corporations*, Basic Books, 2022.

Mankiw, N. Gregory Mankiw, *Principles of Economics*(4th ed.), Thomson, 2007.

McLean, Iain, *Adam Smith, Radical and Egalitarian*, Palgrave, 2007.

Miller, Chris, *Chip War*, Simon & Schuster, 2022.

Mounk, Yascha, *The People vs. Democracy*, Harvard University Press, 2018.

Muller, Jerry Z., *Adam Smith in His Time and Ours*, Princeton University Press, 1995.

Norman, Jesse, *Adam Smith: Father of Economics*, Basic Books, 2018.

Orrell, David, *econoMYTHS*, Wiley, 2010.

O'Toole, James, *The Enlightened Capitalists*, Harper Business, 2019.

Otteson, James R., *The Essential Adam Smith*, Fraser Institute, 2018.

Otteson, James R., *The Essential David Hume*, Fraser Institute, 2021.

Otteson, James R., *What Adam Smith Knew*, Encounter Books, 2014.

Paganelli, Maria Pia, 「Population as a GDP Proxy in Adam Smith」, *Journal of Scottish philosophy*, Vol. 19, No. 2, pp. 115-123, 2021.

Phillipson, Nicholas, *Adam Smith: An Enlightened Life*, Yale University Press, 2010.

Prasad, Chandran(ed.), *Adam Smith Lectures on Jurisprudence*, Lexicos Publishing, 2012.

Preston, Alex, *Winchelsea*, Canongate Books, 2022.

Rae, John, *Life of Adam Smith*, A Public Domain Book, 2011.

Roberts, Russ, *How Adam Smith Can Change Your Life*, Portfolio, 2014.

Ross, Ian Simpson, *The Life of Adam Smith*, Clarendon Press, 1995.

Rothschild, Emma, *Economic Sentiments: Adam Smith, Condorcet, and the Enlightenment*, Oxford University Press, 2001.

Rothschild, Emma, 「Adam Smith and the Invisible Hand」, *The American Economic Review*, Vol. 84, No. 2, pp. 319-322, 1994.

Ruggles, Rudy · Dan Holtshouse eds., *The Knowledge Advantage*, Capstone, 1999.

Sagar, Paul, A*dam Smith Reconsidered: History, and the Foundation of Modern Politics*, Princeton University Press, 2022.

Tepper, Jonathan · Denise Hearn, *The Myth of Capitalism*, Wiley, 2019.

Thatcher, Margaret, *Margaret Thatcher: The Downing Street Years*, Harper Press, 1993.

The Bank of England, *Can't We Just Print More Money?*, Penguin, 2022.

Thurow, Lester, *Head to Head*, Nicholas Brealey Publishing, 1993.

Tucker, Aviezer, *Democracy Against Liberalism*, Polity, 2020.

Unger, Roberto Mangabeira, *The Knowledge Economy*, Verso, 2019.

Wheen, Francis, *Karl Marx*, Fourth Estate, 1999.

Williams, Callum, *The Classical School*, PublicAffairs, 2020.

찾아보기

인명

ㄱ

고든, 로버트Gordon, Robert 278

그렌빌, 조지Grenville, George 300

그린스펀, 앨런Greenspan, Alan 60

ㄴ

노먼, 제시Norman, Jesse 61, 63

뉴커먼, 토머스Newcomen, Thomas 50

뉴턴, 아이작Newton, Isaac 156, 176~177, 284, 291

ㄷ

다윈, 찰스Darwin, Charles 284~285

대처, 마거릿Thatcher, Margaret 59~60, 161

던다스, 헨리Dundas, Henry 300

덩샤오핑鄧小平 164

데카르트, 르네Descartes, Rene 289, 291

ㄹ

랜즈, 데이비드Landes, David 251

로빈슨, 제임스 A.Robinson, James A. 41, 159~160

로스, 이언Ross, Ian 296, 303

로크, 존Locke, John 65, 285

롤스, 존Rawls, John 110~115, 122

루소, 장 자크Rousseau, Jean Jacques 56, 89, 170, 176

리카도, 데이비드Ricardo, David 179, 225

링컨, 에이브러햄Lincoln, Abraham 29, 74

ㅁ

마르크스, 카를Marx, Karl 52~55, 64, 101, 115, 179, 193, 203~204, 214~215, 257, 276~277, 280

마오쩌둥毛澤東 126, 164, 270

마키아벨리, 니콜로Machiavelli, Niccolo 289

매디슨, 앵거스Maddison, Angus 27

맨더빌, 버나드Mandeville, Bernard 56, 89, 166~169, 171, 193, 285, 288

맨큐, 그레고리Mankiw, Gregory 74

맬서스, 토머스Malthus, Thomas 178, 212

메테를링크, 모리스Maeterlinck, Maurice 282

모리스, 이언Morris, Ian 262~263

모키르, 조엘Mokyr, Joel 279

몽테스키외Montesquieu 289

밀, 존 스튜어트Mill, John Stuart 179, 197

ㅂ

바그와티, 자그디시Bhagwati, Jagdish 238 ~239

바이너, 제이컵Viner, Jacob 62

바이든, 조Biden, Joe 234

발자크, 오노레 드Balzac, Honore de 187

배젓, 월터Bagehot, Walter 52

버크, 에드먼드Burke, Edmund 272

번스, 로버트Burns, Robert 87

벌린, 아이제이아Berlin, Isaiah 65

베버리지, 윌리엄Beveridge, William 157~158

베이컨, 프랜시스Bacon, Francis 283~284

벤담, 제러미Bentham, Jeremy 148~150, 178~179

보스킨, 마이클Boskin, Michael 237~238

보통, 알랭 드Botton, Alain de 34~35

볼테르Voltaire 102, 131, 289, 294~295

부시, 조지 H. W.Bush, George H. W. 237~238

뷔넬, 시몽Bunel, Simon 279

뷰캐넌, 마크Buchanan, Mark 155

브라운, 고든Brown, Gordon 60~61

블레어, 토니Blair, Tony 60

블레어, 휴Blair, Hugh 147

ㅅ

새뮤얼슨, 폴Samuelson, Paul 39~40, 42

서로, 레스터Thurow, Lester 30, 32~33

센, 아마르티아Sen, Amartya 114, 122, 125

셰익스피어, 윌리엄Shakespeare, William 130, 290

솔론Solon 268, 270~272

쇼팽, 케이트Chopin, Kate 23

슘페터, 요제프 알로이스Schumpeter, Joseph Alois 22, 45, 276~277, 278, 280

스콧, 월터Scott, Walter 219, 299

스콧, 헨리 캠벨(버클루 공작)Scott, Henry Campbell(Duke of Buccleugh) 294

스튜어트, 듀걸드Stewart, Dugald 219, 296

스튜어트, 메리Stewart, Mary 287

스튜어트, 찰스 에드워드Stuart, Charles Edward 48, 289

스티글러, 조지Stigler, George 171

시진핑習近平 234

ㅇ

아기옹, 필리프Aghion, Philippe 278~279

아리스토텔레스Aristotle 109~110, 114, 116, 123, 176, 271

아베 신조安倍晉三 234~235

앙토냉, 셀린Antonin, Celine 279

애로, 케네스Arrow, Kenneth 132

애스모글루, 대런Acemoglu, Daron 41~42, 159~160

에드워드 4세Edward IV of England 21

에리크 14세Erik XIV of Sweden 21

엘리자베스 1세Elizabeth I 20~21, 222

오비디우스Ovidius 131

오스틴, 제인Austen, Jane 95~96, 187

와트, 제임스Watt, James 50~51

울피아누스, 도미티우스Ulpianus, Domitius 110

위트브레드, 새뮤얼Whitbread, Samuel 58

윌리엄 3세William III of Englad 49, 223~224

윌슨, 앤드루Wilson, Andrew 220

ㅈ

정약용 194, 243

제임스 2세James Ⅱ of England 48~49, 289

조순 147

조지 1세George I of Britain 49

조지 2세George II of Britain 48~49

조지 3세George III of Britain 49

존슨, 새뮤얼Johnson, Samuel 298~299

ㅊ

찰스 1세Charles I of England 48

찰스 2세Charles II of England 48, 223

ㅋ

칸트, 이마누엘Kant, Immanuel 88, 293

칼라스, 장Calas, Jean 101~104, 142, 294

케네, 프랑수아Quesnay, François 273~274

케인스, 존 메이너드Keynes, John Maynard 13, 45, 126, 160~161, 180, 197, 276

콘, 게리Cohn, Gary 235

콜베르, 장바티스트Colbert, Jean-Baptiste 273

퀴긴, 존Quiggin, John 183

크롬웰, 올리버Cromwell, Oliver 48

ㅌ

토카르추크, 올가Tokarczuk, Olga 100~101

톤젠드, 찰스Townshend, Charles 286, 294

투키디데스Thucydides 256, 290

트럼프, 도널드Trump, Donald 234~235

ㅍ

포드, 헨리Ford, Henry 212~216

포르티어스, 존Porteous, John 220~221

포셋, 에드먼드Fawcett, Edmund 66~67

프리드먼, 밀턴Friedman, Milton 59, 62~63, 150, 170, 227, 255

프리드먼, 토머스Friedman, Thomas 255

플라톤Platon 109, 176, 268, 270

피케티, 토마Piketty, Thomas 113, 187, 189, 194

피트, 윌리엄Pitt, William 58, 219, 233, 300

ㅎ

하이에크, 프리드리히 폰Hayek, Friedrich von 59, 157~161

허치슨, 프랜시스Hutcheson, Francis 90, 176, 288

헉슬리, 올더스Huxley, Aldous Leonard 214

헨리 7세Henry VII of England 21

포드, 헨리(2세)Ford II, Henry 215

홉스, 토머스Hobbes, Thomas 25, 56, 64, 88~89, 288

흄, 데이비드Hume, David 88~91, 142, 144, 177, 289, 291~292, 296~299

자료명

ㄱ

『가이 매너링Guy Mannering』 219

『가치관의 탄생』 262

『경제분석의 역사』 45

『경제학 원론』 147, 316

『고리대금을 위한 변론Defence of Usury』 148

『고용, 이자 및 화폐에 관한 일반 이론』(『일반 이론』) 160~161

「공정으로서의 정의Justice as Fairness」 110

『국가는 왜 실패하는가』 41

『꿀벌의 우화』 166, 193, 285

ㄴ

『노예의 길』 157~159

『니코마코스 윤리학』 110

ㄹ

『렉서스와 올리브나무』 255

『리바이어던』 64

ㅁ

「맥베스」 130

『멋진 신세계』 178, 212

「모던 타임스」 214

『목민심서』 194

「뫼비우스의 띠」 78

ㅂ

『변신 이야기』 131

ㅅ

「실크 스타킹 한 켤레」 23

ㅇ

『오이디푸스』 131

『이성과 감성』 95

『21세기 자본』 113, 187

ㅈ

『자본론 Ⅰ』 257

『자본주의·사회주의·민주주의』 277

『자연종교에 관한 대화』 297

『자유로서의 발전』 127

『자유주의: 어느 사상의 일생』 66

『자유헌정론』 161

『정치경제학과 과세의 원리에 대하여』 225

ㅊ

『창조적 파괴의 힘』 279

『철학 논집Essays on Philosophical Subjects』
132

ㅌ

『태고의 시간들』 100

「투덜대는 벌집」 166

ㅍ

『파랑새』 282

『포괄적 부 보고서Inclusive Wealth Report』
189

「포드 v 페라리」 215

애덤 스미스
함께 읽기

다시 보는 『도덕감정론』과 『국부론』

ⓒ 장경덕

1판 1쇄 2023년 2월 6일
1판 2쇄 2023년 12월 26일

지은이 장경덕
펴낸이 강성민
편집장 이은혜
편집 진상원
마케팅 정민호 박치우 한민아 이민경 박진희 정경주 정유선 김수인
브랜딩 함유지 함근아 박민재 김희숙 고보미 정승민 배진성
제작 강신은 김동욱 이순호

펴낸곳 (주)글항아리 | 출판등록 2009년 1월 19일 제406-2009-000002호

주소 10881 경기도 파주시 심학산로 10 3층
전자우편 bookpot@hanmail.net
전화번호 031-955-8869(마케팅) 031-955-5159(편집부)
팩스 031-941-5163

ISBN 979-11-6909-071-1 03320

www.geulhangari.com